習慣成功

與奧里森‧馬登對話

認識自我、抓住機遇、追求卓越 成功學大師的優秀人才養成術！

林庭峰、趙建　編著

對於時代青年所經驗的煩悶、消極等等滋味，我
亦未曾錯過……希望他們從馬登的書中，能獲
得與我同樣的興奮影響。

——林語堂

從一貧如洗到旅館業大亨，從目不識丁到哈佛
醫學院博士，比爾蓋茲、彼得杜拉克、賈伯斯等
商業鉅子們的精神導師——成功學的先驅
奧里森‧馬登的成功心法！

目 錄

目錄 |

第四章　優秀的品格是成功的基礎

中篇　抓住機遇，勇獲成功

第五章　讓目標達到沸點

目錄 |

第十二章　在困境中如何磨礪心志

目錄 |

前　言

奧里森・馬登（Orison. S. Marden, 1848～1924），美國成功學的先驅和最偉大的成功勵志導師，成功學之父。奧里森・馬登是美國著名的《成功》（Success）雜誌的創始人，它透過創造性地傳播成功學改變了無數美國人的命運，致力於馬登尚未完成的事業：把個人成功學傳授給每一個想出人頭地的年輕人。

為了生存，馬登開始了比一般山區孩子更加艱苦的掙扎。他先是寄人籬下，替人做工。他總是吃不飽飯，還要每天工作14小時以上；沒有同齡的朋友，還要受到主人孩子的嘲弄和虐待；沒有長輩的關愛，還要忍受主人的責罵和皮鞭。他先後換過五個主人，但情況沒有絲毫好轉。

在馬登14歲的時候，他決定要有所突破。一個星期日，馬登出逃了。在一家鋸木場找到工作之後，馬登開始抓緊一切時間和機會讀書。突然，一本書使他眼睛一亮，這就是塞繆爾・斯邁爾斯的《自勵》（Self-help）——一本著名的成功學著作。從那以後，奧里森・馬登就意識到，一個人要想成功必須依靠自己，把自己當作資本；只要肯付出努力，就一定能獲取成功。

在這個信念的支持下，馬登開始了漫長的奮鬥之路。之後，他先是斷斷續續地上了幾年學，同時努力工作養活自己。23歲時，奧里森・馬登走進了大學校門。9年後，他拿到了如下學位：奧拉托利會學士，波士頓大學碩士，哈佛醫學院博士，以及波士頓大學法學院學士，同時攻讀多個科目並未影響他的收入。畢業前夕，他累積了將近2萬美元的資本。

在此後的10多年裡，馬登馬不停蹄地奮鬥，在自己的信念的指導下，朝著自己的目標前進。40歲前後，馬登已經成了一位飯店業大亨。他的事業蒸

前言 |

蒸日上，似乎沒有任何變故能阻擋「幸運的馬登」走向成功。

當然，偶爾也會有不幸降臨。接下來的經濟大蕭條使得馬登的事業直線下滑，而且他最重要的一些飯店被大火夷為平地，傾注了大量心血的五千多頁的手稿也在大火中化為灰燼。但馬登沒有屈服，他始終堅信，只要自己活著，就能創造財富。

背著沉重的債務，馬登帶著永不褪色的夢想來到波士頓。他開始了成功學方面的創作。他覺得他更有資格投身這個事業。因為，在他四十多年的經歷中，在財富的階梯上，他曾經站在最高處，也曾被拋到谷底，所以，他更了解財富與成功的奧祕。

1894 年，馬登三十年的夢想成為現實。初試啼聲之作《偉大的勵志書》（Pushing to the Front）獲得了巨大成功，第一年就再版 11 次。到 1905 年前後，僅在日本就售出近 100 萬冊。

1897 年，馬登的《成功》雜誌創刊。很快，《成功》雜誌獲得了巨大的成功，發行量達 30 萬冊，員工達到 200 名。但是天有不測風雲。雜誌內部開始分裂，後來又因為得罪權貴而被告上法庭。1911 年，《成功》雜誌倒閉。又一次，馬登債務纏身。馬登多次表達過，對一個人真正的考驗是看他與失敗戰鬥的勇氣，真正的強者是「第一次不成功，那麼，再試一次」！像以前一樣，馬登再次用行動證明了強者的力量。他繼續堅持出書，並計劃再辦雜誌。1918 年，《新成功》創刊，即使在馬登去世之後，這本雜誌仍然激勵著千千萬萬的有志者，繼續著馬登的偉大事業。

馬登撰寫了大量鼓舞人心的著作，包括《意志力》（An Iron Will）、《人是自己的主宰》（Every Man A King）等 50 多部書。馬登的書在美國一上市，便受到了大眾的認同，很多公立學校指定為教科書或參考書，不少公司企業會發給員工閱讀，在商人、教育人士、政府官員和神職人員中也深

受歡迎。林語堂先生曾向人們推薦他的書:「對於時代青年所經驗的煩悶、消極等等滋味,我亦未曾錯過……希望他們從馬登的書中,能獲得（與我)同樣的興奮影響。」美國第 25 任總統威廉·麥金利（William McKinley)曾說:「馬登的書對所有具有高尚和遠大抱負的年輕讀者都是一個巨大的鼓舞。馬登的著作和他所倡導的成功原則改變了世界各地千百萬貧苦人民的命運,使他們由一貧如洗變為百萬富翁,從無名之輩變為社會名流。」

奧里森·馬登的人生本身就是一個最具勵志意義的奮鬥故事,而他的著作不僅包含著這個故事的所有精華,更經典地闡釋了「美國夢」的靈魂所在,書中那些使人奮進、令人熱血澎湃的文字激勵了一代又一代的年輕人走向成功。

本書以奧里森·馬登的經典成功學著作作為藍本,從中提煉出高效的理論原則,這些理論原則都是奧里森·馬登成功學的核心部分,都是經過無數成功人士驗證的勵志經典。另外,我們又結合當代年輕人的現狀,詳細闡述了在當下社會環境中,我們的年輕人應該如何活學活用奧里森·馬登的成功學理論。

毋庸置疑,這本書一定會成為你獲取成功的利器,也一定會讓你的人生從此改變!我們期待著,期待你透過這本書走進奧里森·馬登的精神世界,激揚文字,用心感受他所傳授給你的力量,發掘出自己的最大潛能,並最終造就屬於自己的美麗人生!

最後,讓我們用奧里森·馬登的一段偉大的勵志格言來共勉:

這個世界上沒有任何力量能夠阻礙我們走向成功。如果有,就是我們自己。

前言 |

上篇
認識自己，把握自我

第一章
把握好「自己」這筆財富

　　拯救自己！我們自己就是一筆巨額的財富，每個人都是如此。那些勇於認識自己，開發自己的巨額財富的人注定會取得成功。

最大的財富是你自己

　　成功立足點在於我們自己，我們每個人最大的財富其實就是我們自己。可是，在我們的身邊，很多人沒有意識到這一事實。這也正是大多數人的悲哀！如果有機會，你不妨問問那些已過而立或者不惑之年的人，問問他們 —— 為什麼前半生即將要過去了，他們仍然只能勉強維持生活？十個人中有九個會告訴你們這樣的理由：

　　「機遇始終沒有眷顧我。」

　　「我的才華被埋沒了。」

　　「我的環境不好，阻礙了我的個人發展。」

　　「我不像現在的年輕人，有那麼多的機遇。」

　　「我受的教育太少……」

　　類似這樣的理由還有很多很多……一千個人就會有一千個理由，然而事實上並非如此，奧里森‧馬登認為，我們每個人都有巨額的資本以獲取成功，我們每個人本身就是自己的一筆財富，那麼，既然擁有巨額財富還失敗，還終生碌碌無為……那只能表明一點：我們沒有「發現」自己，並很好地開發好「自己」這筆巨大的財富。

　　一個年輕男子對自己的貧困境況非常不滿，總是怨天尤人。在一個皓月當空的夜晚，男子一邊在海灘漫步，一邊在抱怨自己的命運，一邊還做著白日夢：

　　如果我有一輛新車該多幸福；

　　如果我有一座大房子該多幸福；

　　如果我有一份好工作該多幸福；

　　如果我有一個完美的妻子該多幸福；

　　如果我有……

「唉！」男子想到這裡嘆了一口氣，「我真的很不幸啊！什麼都沒有！一窮二白！」

就在男子抱怨的時候，有一個老人正好從旁邊經過。老人聽到了男子的抱怨，微笑著對年輕的男子說：「你貧窮嗎？年輕人！你具有如此豐厚的財富，為什麼還要怨天尤人呢？」

「我？我有巨大的財富？在哪裡呢？我怎麼沒看見？你在嘲笑我吧？」青年急切地問。

「你的一雙眼睛，只要你能給我你的一雙眼睛，我就可以把你想得到的給你。」老人說。

「不，我不能失去我的眼睛。」年輕人堅定地回答。

「好吧，那麼把你的一雙手給我吧。為此，我可用一整袋黃金作為交換。」老人又說。

「不，我的雙手也不能失去。」年輕人的態度仍然很堅定。

老人沒有再繼續提出要求，只是很平靜地說：「有一雙眼睛，你就可以學習：有一雙手，你就可以勞動。現在，你自己看到了吧，你有如此豐厚的財富啊！」

聽了老人的話，年輕人恍然大悟。

實際上，任何成功的人，都是能從根本上看重自己、都是能很清楚地意識到並能很好地利用自己這筆巨大的「財富」的人。如果所有人都像例子中的年輕人一樣，整天怨天尤人，不思進取，誰都不會成功。

在馬登臨終前，有人問他，從一個生活窘迫的孤兒到聞名世界的成功學大師，這其中有什麼成功的祕訣嗎？馬登用盡最後的力氣回答說：「拯救自己！我們自己就是一筆巨額的財富，每個人都是如此。那些勇於認識自己，開發自己的巨額財富的人注定會取得成功。」

　　這就是馬登成功的答案！一個非常簡單的答案。馬登的這一句話，從某個角度道出了一個成功的真諦：我們每個人都是一筆巨大的財富，我們每個人最大的財富就是我們自己，利用好我們自己，開發好我們自己的這筆巨大的財富，我們就能夠獲得成功。

　　像馬登這樣，相信自己，能正確認識自己的人大有人在。

　　亨利・沃德・比徹（Henry Ward Beecher）曾說過：「每個人應該思考的不是他已經有什麼，而是他應該做什麼。」也就是說，即使你碰巧出身名門，家財萬貫，或者家世顯赫 ── 再或者這些條件都具備 ── 但是如果你自己沒有自立的意識，總是抱著「背靠大樹好乘涼」的想法，那麼對不起，你永遠都不可能以成功者的姿態出現在眾人面前。

　　林肯曾經和好心的克勞福德太太開玩笑，說將來某一天自己可能會成為美國的總統。面對克勞福德太太的嘲笑，年輕的林肯這樣回應道：「哦，我會刻苦學習，時刻做好準備，然後說不定機會就降臨到我頭上了呢。」如果不是這個男孩下定決心鍛鍊自己的能力，不遺餘力地培養身為領袖的素養，那麼你認為世界上有什麼力量能讓白宮對這個出身貧寒、成長於偏僻林區而且舉止笨拙的孩子敞開大門呢？

　　法拉第年輕時在一家藥局工作。當時他就夢想著能夠成為科學家進行各種科學實驗，那時他會想些什麼呢？他會認為：「只有擁有一間設備齊全的實驗室，我才能做出舉世震驚的成就嗎？」當然沒有。他從來沒有在空想上浪費任何時間。他就在小小的閣樓裡利用粗糙的儀器完成了非凡的實驗，將科學研究推進了一大步，並且因此贏得了英國皇家學會會長漢弗里・戴維爵士的青睞。如果這個藥局的小學徒整天只是空想，等待有一天擁有很多儀器再去進行實驗的話，你會覺得當別人問起戴維爵士他眼中最偉大的科學發現是什麼時，他還會回答說「麥可・法拉第的發現」嗎？

　　米開朗基羅利用其他藝術家丟棄的大理石廢料雕出絕妙的雕塑〈大衛〉，將機遇緊緊地握在手中。因為他懂得利用自己的財富創造財富。

　　同樣是活著，有的人活出的是多采多姿、百味人生，有的人活出的是一股怨氣，而那些喪失了激情，喪失了創造力的人活出的是一種無奈與痛苦。這個世界是公平的，只是活著就意味著擁有機會。人生就像是一次爬山，爬得比你高的不一定比你強壯。同樣，現在爬得比你高的人也不一定就永遠比你高，因為你活著，活著就意味著永遠機會，意味著你還有未來。

　　也許有人曾經聽到過這麼一句話，上帝不會因為你的貧窮而拒絕你出生，也不會因為你的富有而延長你的壽命。你貧窮，但你不會永遠貧窮，你富有，你也不能保證你會永遠富有。每個人的未來都在於他自己如何把握。用自己的力量樹立志向，而且甘願且勇於冒險，最後成功就會屬於你，這些就是你身上最大的財富。

　　所以，請珍惜「自己」這筆巨額財富！因為造就任何偉人的並不是精良的工具、千載難逢的機遇、權勢顯赫的朋友或者龐大的財富等因素。贏得成功的巨大力量就存在於你的體內，而不在其他人身上。換句話說，我們一直苦苦追求的寶貴機遇就是我們自己，而不是周圍的環境。它不是所謂的運氣、機遇或者別人的扶持，它就在我們自己身上。如果我們具有成功的能力，那麼就沒有人能夠掩蓋我們的光芒；然而如果我們缺乏這種潛力，那麼也沒有人能夠幫我們取得成功。造物主給予每個人均等的機遇，但他必須自己找到鑰匙才能打開通往成功殿堂的大門。

　　請珍惜自己，因為我們本身就是一筆巨大的財富，這是上帝賦予我們的。

你本身就是一座金礦

　　你本身就是一座金礦！奧里森·馬登認為，人的潛能猶如一座金礦，蘊藏無窮價值，用積極的心態去發掘和利用它，它必將為我們帶來巨大的財富和幸福的生活。當然，如果你疏於管理你自己——你的金礦，你就永遠不會成功。

　　每個人的自身都是一座金礦，都蘊藏著大自然賜予的巨大潛能和無限潛力，只是由於沒有進行訓練，使得我們沒有機會將內在的潛能淋漓盡致地發揮出來。在我們身上沒有得到開發的潛能，就猶如一位熟睡的巨人，一旦受到激發，便能發揮「點石成金」的力量。曾經有一位叫作詹姆斯的美國學者，說過這樣一句話：「我們每個人的潛能無限，有如一座待開發的金礦，但是開發得如何因人而異，一般來講，普通人只開發了自己身上所蘊藏能力的十分之一，與應當取得的成就相比較起來，每個人不過是半醒著的。而那些成功的偉大人物都是善於開發自己潛能的精明人物。」

　　班·費德文，1912 年出生於美國，是保險銷售史上的一位傳奇人物。1942 年，費德文加入紐約人壽保險公司。1955 年，還沒有人敢去想，一名壽險業務員的年度業績可以超過 1,000 萬美元；1956 年，他打破了壽險史上的記錄，年度業績超過 1,000 萬美元；1959 年，2,000 萬美元的年度業績還被認為是遙不可及的夢；1960 年，他把夢想變成了現實；1966 年，他的壽險銷售額衝破了 5,000 萬美元的大關；1969 年，他締造了 1 億美元的年度業績，至此之後這種情況更是屢見不鮮；1984 年，他成為百萬圓桌協會（MDRT）會員，此為全美保險業的最高榮譽。

　　單件保單銷售，班·費德文曾做到 2,500 萬美元，單一年度業績超過 1億美元。費德文一生中售出數十億美元的保單，這個金額比全美百分之八十的保險公司的銷售總額還高。在這個專業導向的行業裡，連續數年達到 10

萬美元的業績，便能成為眾人追求的、卓越超群的百萬圓桌協會會員，而費德文卻做到近 50 年，平均每年的銷售額達到近 300 萬美元的業績。放眼保險業史上，沒有任何一位業務員能趕上他。而他的一切，僅是在他家方圓 40 里內，一個人口只有 1.7 萬人的東利物浦小鎮中創造出來的。

費德文說：「我並沒有任何祕訣！」其實他已把他的「祕訣」公諸於世了。多年來，他總是從早上到晚上，從週一到週日，從不間斷地努力工作。費德文認為：「對自己的生活方式與工作方式完全滿意的人，已陷入常規。假如他們沒有鞭策力，使自己成為更好的人，或使自己的工作更傑出，那麼他們便是在原地踏步。而正如任何一位業務員會告訴你的，原地踏步就等於退步。」

在常人看來是不可能完成的事情，班・費德文用行動告訴我們：沒有什麼不可能！一個人的潛力是無限的！只要我們善於管理我們自己這座「金礦」！我們就能創造很多的奇蹟。

通常情況下，很多人都習慣於依賴既有的經驗，認為別人做不到的事情我也不可能做到，於是變得安於現狀，習慣了按部就班的生活，習慣於從事那些讓自己感到安全的事情，習慣於表現自己所熟悉、所擅長的本領，從而不願意去改變自己的生活及探索未知的領域。這樣，自身的潛在能力也就始終得不到挖掘，所有的潛能也都在機械性操作中被埋沒，並隨著年齡的增長而漸漸消失了。而在我們的日常生活中，只有那些對成功懷有強烈地企圖心、勇於挑戰自我極限的人，才能激發內在蘊藏的能力，從而比他人更容易獲得成功。

愛迪生是一位舉世公認的 20 世紀科學巨匠。但是在小時候，他卻因為被學校的老師認為愚笨而失去了在正規學校受教育的機會。可是，他的母親並沒有因此而放棄對他的教育。在母親的幫助下，經過獨特的心腦潛能開

發，愛迪生最終成為了世界上最著名的發明大王，一生完成 2,000 多種發明創造，他在留聲機、電燈、電話、有聲電影等許多項目上進行了創造性的發明，從根本上改善了人類生活的品質。

愛迪生死後，科學家們對他的大腦進行了科學研究。結果表明，愛迪生的大腦無論是從體積、重量、構造或細胞組織上，都與同齡的其他任何人無異，並沒有任何特殊性。

這也就表明，愛迪生成功的「祕訣」，並不在於他的大腦與眾不同，如果真的要找一個理由，我們可以用愛迪生自己的一句話來解釋這其中的奧祕：「在於超越平常人的勤奮和努力以及為科學事業忘我犧牲的精神」。這也就是告訴我們，潛能的開發程度取決於一個人是否勤奮。積極進取的人，其潛能能夠獲得深度的開發；消極懈怠的人，凡事得過且過，注定一事無成。正如奧里森·馬登所說：「並非大多數人注定不能成為像愛迪生一樣的大人物，任何一個平凡的人，只要發揮出足夠的潛能，都可以成就一番驚天動地的偉業。」

總而言之，不管何時何地，我們都不應該忽視：我們每個人都是一座金礦，我們要善於開發自己並管理好自己這座金礦。無論正陷於人生的低谷時期，還是沉浸在他人懷疑、否定的苦澀話語之中，我們都不要懷疑自己的能力。切記：積極的心態加上勤奮努力，我們每個人都能夠激發生命的潛能，創造出人生的奇蹟。

成敗皆決定於你自己

成敗由什麼決定？對於這個問題，每個人都會給出不同的答案，有人認為，細節決定成敗；有人認為，心態決定成敗；有人認為，健康決定成敗；有人認為，人際關係決定成敗……答案無窮無盡。奧里森·馬登認為，成敗

皆由我們自己決定！

一位心理學家讓 10 個人穿過一間黑暗的房子，在他的指導下，這 10 個人皆成功地穿了過去。

然後，心理學家打開房內的一盞燈。在昏黃的燈光下，這些人看清了房內的一切，都嚇出一身冷汗。這間房子的地面是一個大水池，水池裡有十幾條大鱷魚，水池上方搭著一座窄窄的小木橋，剛才他們就是從小橋上走過去的。

心理學家問：「你們當中還有誰願意再次穿過這間房子呢？」過了很久，有 3 個膽大的站了出來。

一個小心翼翼地走了過去；另一個踏上小木橋，走到一半時，竟趴在小橋上爬了過去；第三個剛走幾步就一下子趴下了，再也不敢向前移動半步。

心理學家又打開房內的另外 9 盞燈，燈光把房裡照得如同白晝。這時，人們看見小木橋下方裝有一張安全網，只由於網線顏色非常淺，他們剛才根本沒有看見。

「現在，誰願意通過這座小木橋呢？」心理學家又問道。這次又有 5 個人站了出來。

「你們為何不願意呢？」心理學家問剩下的兩個人。

「這張安全網牢固嗎？」這兩個人異口同聲地反問。

其實正如這個例子所暗示的道理一樣，很多時候，成功就像通過這座小木橋，失敗的原因恐怕不是力量薄弱、智能低下，而是周圍環境的威懾。面對險境，很多人早就失去了平衡的心態，慌了手腳，亂了方寸。而那些真正勇於挑戰的人，最終會擁抱成功。這也就是告訴我們，成功或失敗皆取決於我們自己，不是任何外在的環境因素。在同樣的外在環境中，有的人成功了，有的人失敗了，正好說明了這一點。

一群青蛙在進行比賽，看誰先到達一座高塔的頂端，周圍有一大群圍觀的青蛙在看熱鬧。

比賽開始了，只聽到圍觀者一片噓聲：「太為難牠們了！這些青蛙無法達到目的地。」

聽到這樣的議論，青蛙們開始洩氣了。但是還是有一些不服輸的青蛙在奮力摸索著往上爬。

圍觀的青蛙繼續喊著：「太困難了！你們不可能到達塔頂的！」

大部分青蛙都被說服停了下來，只有一隻青蛙一如既往地繼續向前，並且更加努力。

比賽結束，其他青蛙都半途而廢，只有那隻青蛙以令人不解的毅力一直堅持了下來，竭盡全力達到了終點。

其他的青蛙都很好奇，想知道為什麼牠就能夠做到！最後，大家才發現牠竟然是一隻耳聾的青蛙！牠是唯一的勝利者！

當所有的青蛙都停止努力的時候，只有那隻「聾子」青蛙還在努力，因為牠聽不到旁觀者的議論，牠取得了成功。這是一個很有意思的現象。從成功學的角度來看，我們不妨這樣理解：其實那些青蛙都能取得成功，都能完成在平常看來不可能完成的任務。但是只要放棄，就肯定不會成功；而如果堅持下去，成功的希望是有的。

這個故事告訴我們，之所以失敗，很多時候並不是因為真的遭遇了不可克服的困難，而是因為我們選擇了放棄。

在現實生活中，每個人都有自己的追求，但在為實現理想而奮鬥時，身旁有鼓勵，有支持，也有冷嘲熱諷。所以當我們遇到類似情況時，不妨當一個「聾子」，認認真真地走好自己腳下的路，比總想著困難要好得多，人最大的敵人就是自己，只有戰勝自己軟弱的一面，竭盡全力，心無雜念的朝著

一個目標前進，才能成為最後的勝利者。

「專心於路，路就不會多難走；專心於事，事就不會太難做！」

奧里森‧馬登在最困難的時候，也沒有放棄過自己，他雖然遭受過別人的嘲笑，忍受過痛苦、飢餓，但是他沒有放棄。我們應該向這位成功學大師學習，因為，成敗皆由我們自己決定，我們想成功就一定能成功。

學會發現自己的長處

很多人很容易看到別人的優點，像某人很漂亮啦、某人工作能力很強啦、某人人緣很好啦，但卻很少能看到自己的長處和價值，這是因為長久以來傳統教育下過度謙虛的產物，因為要嚴於律己，所以對自己的要求和批評就很多，期望也很高。常常造成否定自己的心態，認為自己很多地方都不夠好，久而久之就產生了自卑感，失去了自信心，認為自己的存在沒價值，因而活得非常消沉，有些人甚至出現了厭世的心態。殊不知，每個人都有自己的長處，只是很多人沒有學會如何發現自己的長處、找到自己的價值所在罷了。

一位青年因貧困無業隻身來到巴黎向父親的朋友謀求一份工作。當這個朋友問青年有什麼優點、長處時，青年羞愧地搖了搖頭，寫下地址轉身要走。朋友卻叫住了他，對他說：「你的字寫得很漂亮，這不是你的長處嗎？」青年十分感動，並以這個長處為起點，筆耕不輟，經過不懈的努力，終於成為了舉世聞名的大作家，他就是大仲馬。

從無業青年到著名作家，大仲馬正是把自己的優點「發揚光大」，加上自己不懈的努力，才走上了成才之路。

天生我才必有用，每個人都有自己的長處和短處，我們必須具備一雙慧眼，發現自己身上的閃光點。只要你發現長處，樹立信心，再去摘取成功之

果也就事半功倍了。

可能有人會問，發現自己的優點，有了信心，就一定會成功嗎？

當然不是。成功並不是偶然的，成功之門雖然是虛掩的，但仍要靠你自己去打開它。既然你發現了自己的長處了，那就要好好地利用它，發揚它。人生就像一場賽跑，你既然有優勢，就應更加滿懷信心地加把勁去跑。你的長處是繪畫，那麼你就應多花費時間去畫畫；你擅長寫作，則你該多閱讀，多練筆……凡事只要肯努力都可成功。

你有一雙慧眼嗎？請相信自己，每個人都是一塊金子，都有各自的閃光點，只要你善於發現自己的長處，你的人生就會更精彩。

奧里森 · 馬登曾對朋友說過這樣一件事情。

美國有位叫赫里斯的女士，發起了一個叫做「藍色緞帶」的運動，希望每一個美國人都能拿到一條她設計的藍色緞帶，上面寫著大概是：「我可以為這個世界創造一些價值」的語句，她處處散發這種緞帶，鼓勵大家把緞帶送給家人和朋友，謝謝這些在我們四周的人，她也四處演講，強調每個人的價值，結果因為這些緞帶的發送，引發了許多感人的故事，也改變了許多人的命運。

有一次，這位女士給了一個朋友三條緞帶，希望他能送給別人，這位朋友送了一條給他那不苟言笑、事事挑剔的上司，他覺得由於他的嚴厲使他學到了許多東西，還把另外的那條也給了他，希望他的上司能拿去送給另外一個影響他生命的人。

他的上司非常的驚訝，因為所有的員工一向都是對他敬而遠之，他知道自己的人緣很差，沒想到還會有人感念他那嚴厲苛求的態度，把它當作正面的影響而向他致謝，這使他的心頓時柔軟起來。

這個上司一個下午都坐在辦公室裡若有所思，而後他提前下班回到家

裡，把那條緞帶給了他正值青少年期的兒子。他們父子關係一向不好，平時他忙於公務，不太顧家，對兒子也是責備多讚揚少。那天他懷著歉疚的心，把緞帶給了兒子，同時為自己一向嚴厲的態度道歉，他告訴兒子，其實他的存在帶給他這個父親無限的喜悅和驕傲，儘管他從未稱讚他，也很少有時間與他相處，但是他十分愛他，也以他為榮。

當他說完了這些話，兒子竟然號咷大哭。他對父親說：他以為父親一點也不在乎他，他覺得人生一點價值都沒有，他不喜歡自己，恨自己不能討父親的歡心，正準備以自殺來結束痛苦的一生，沒想到父親的一番話，打開了他的心結也救了他一條生命。這位父親嚇得出了一身冷汗，自己差點失去了獨生子而不自知，從此他改變了自己的態度，調整了生活的重心，重新建立起親子關係，加強了兒子對自己的信心，就這樣，整個家庭因為一條小小的緞帶而徹底改觀。

藍色的緞帶真的有這麼大的魔力嗎？有！因為它是一個提醒，提醒我們看到自己的價值。其實，發現自己的長處，看到自己的價值對一個人來講非常重要，它往往可以改變我們的一生，正像例子中的上司和他的兒子一樣。世界上沒有絕對的廢物、沒有絕對的無用之人，只要找到勇敢出擊的突破口，誰都有耀眼的閃光點、誰都是可用之材。上帝關上了大門的同時，一定會為你打開一扇窗。只要打開那扇窗，陽光就會灑滿心房，照亮七彩的人生。

澳大利亞的「無腿超人」約翰．庫提斯因為看到了自己的長處、發現了自己的價值，成了國際著名的激勵大師，他可以用戴著手套的大手撐著半截身軀走路，他始終昂著頭、微笑、禮貌而自信，當有人問他「你幸福生活的祕訣是什麼」時，他說「人生中的快樂和不快樂都是重要的部分，如果只有快樂或者不快樂，生活就索然無味了。」

　　類似這樣的例子還有很多。

　　那麼，我們應該如何發現我們的長處呢？這裡介紹一種發現自己長處的方法，就是反饋分析。當我們做出重大決定、採取重要行動時，先把預期成果記下來。九個月或一年後，再把實際成果和預期做個比較。凡是利用過這項方法的人，都會有驚人的收穫。這種簡單的程序能讓你在短短兩、三年內，就知道自己的長處在哪裡 —— 這正是自我了解的重點所在。此外，反饋分析也能告訴我們，我們在哪裡未充分發揮所長而沒把事情做好。它也會指出，我們特別不擅長或根本無法做的事是什麼。

必須警惕自己的弱點

　　有一位哲學家曾經說過：「我是我自己最大的敵人，也是自己不幸命運的起因。如果我們想獲得成功，我們就必須戰勝我們身上的弱點。」奧里森‧馬登認為，所有人都有弱點，人有弱點並不是什麼恥辱的事情，正如有人戲言，世界上每個人都是被上帝咬過一口的蘋果，都是有缺陷的，重要的是我們要勇於克服我們的弱點，警惕我們的弱點。生活在複雜的社會環境中，有弱點是正常的，沒有弱點才是不正常的。積極主動地改掉弱點是明智的，不改掉弱點是不求進取的。真正的恥辱是明知自己有很多的弱點，卻不去認識自己的弱點，不去積極改正自己的弱點。

　　針對一個人而言，別人根本不可能知道你的全部弱點，只有你才能清醒地認識到自己的弱點。承認弱點是痛苦的，改正弱點卻是幸福的。認識到危機即是轉機，理性反思，積極深刻地進行自我反省，這就是大徹大悟，也是戰勝自我的開始。要痛下決心，認識一點，改掉一點；認識一條，改掉一條，發誓與弱點徹底決裂。

　　自古以來，那些聞名世界的偉人大師無不是能正確認識自己的弱點並能

克服自己的弱點才最終做出巨大成就的。

愛迪生曾被問及他為何要做一個徹底的禁欲者。他說，「我想這樣我可以更好地運用我的智慧。」

柏拉圖說：「對一個人來說，要想取得勝利，首先要戰勝自己，無法戰勝自己是最卑劣最可恥的事情。」

齊默曼說：「沉默是對因無禮、粗俗或嫉妒引起的任何矛盾的最好回答。」

塞內卡，最偉大的古代哲學家之一，他說，「我們應該日省吾身。我今天克服了什麼缺點？阻止了什麼欲望？經受住了哪些誘惑？學到了什麼美德？」他繼續闡述這一深邃的真理，「如果我們每天懺悔，我們的罪孽就會減輕。」

以下是人性中最常見的排名前十的弱點，或許也能在你的身上得到驗證：

不懂得穩健

一個人生活在人群，首先要懂得穩步發展的道理，凡是想一步登天的人都是瘋子。當一個人瘋狂了的時候應該就是他開始走向自我毀滅的時候。世界上，任何事物都有一個漸進的穩定的增長過程，如果不懂得其規律性便是自掘墳墓了。因此，不管你是求學、做生意、專職或是從事自由職業，你都得懂這個道理：就是要穩住步伐少摔跤，健康的思維與身體並行，做任何事情都應該有頭緒，不亂心智，不盲目，不輕易上當。

不懂得冷靜

一個人往往在情緒衝動的時候就失去了理智，做什麼事奮不顧身，不考慮後果的嚴重性。這個時候人最需要的就是冷靜下來，控制自己的脾氣，用正常的思維能力把問題的前因後果想一想，分類輕重緩急。沒有什麼事是解決不了的，只有冷靜分析才能產生智慧的果實。冷靜猶如冰塊，需要慢慢融

化，而在融化的過程中產生的霧氣勝過水的衝擊。人能做到遇事冷靜，那便是一個真正成熟的人，凡事三思而後行，才能穩健取勝。

不懂得謙虛

俗話說「滿招損，謙受益」，驕傲自滿的人會招來橫禍，而謙虛謹慎的人會帶來好運。謙虛是一種難得的人格修養，是踏實能幹的作風，是思謀遠慮的聰慧。不懂得謙虛的人就如芒刺，總是刺傷別人，結果就肯定會被別人「砍掉」。謙虛的人懂得感恩，懂得進取，心胸也坦蕩。學會謙虛一些，為人處事更能得到大家的尊重；牛皮吹破了自己都會嘲笑自己。

不懂得算計

所謂的算計，也許大家會以為是陰謀詭計之類的心計。其實，在現實生活裡，人總是常說人心複雜，江湖險惡，如果沒有一些防備之心是肯定要吃虧的。「算」是要讓人對事物與人際懂得盤算，懂得如何去分辨好壞。比如，做生意你得懂得算帳，打仗你得懂得策算到位，計劃周密。即使是日常生計你也要懂得盤算收支，預防意外。一個在生活中不懂得如何去算計事情的人往往會吃啞巴虧。

不懂得專注

做任何事，都要有一股專注的幹勁才能獲得成績。不要給自己太多的理由與藉口，最要緊的是把手頭的事情做好做到位。反覆無常只會一事無成，每個人都要給自己一個明確的目標，目標不能太多，目標太多的人等於沒有目標。我們都要很清晰地認識到自己先做什麼，該做什麼，做到什麼程度以及堅持做什麼，而不能朝秦暮楚，顧此失彼。專注於自己所選擇的事，認真去做，就一定會取得意想不到的成功。那些曾經不懂得專注做一件事的人都在反覆游離中消磨了自己的青春、時間、生命，最終一事無成。

不懂得放棄

有的人總是很倔強，但又沒有辦法釋放出自己的能量。遇到很多難解難分的問題，自以為只要不放棄就有結果。其實錯了，有些問題你越咬牙硬撐它就越複雜化，使你誤入歧途，不能自拔。就像愛情，當對方因為種種原因離你而去，你就覺得不服氣，堅決不肯放棄，於是就在憤怒中自甘墮落，最後毀滅了自己。其實你何必如此呢？常言道天涯何處無芳草。如果你能冷靜下來細想，你還有遠大的抱負與理想，如果你還不懂得放棄，那你就是個沒有任何志向的廢物，本身就不值得別人愛。愛是要有責任的，要負起責任就要懂得放棄很多的誘惑。還有一些本不該屬於自己的東西，我們都要捨得放棄，不能因為貪圖利益而不肯放棄。這就像是，一個人身上的負擔過重，心理壓力過大，就得學會放棄那些多餘的累贅。人生路途，輕裝上陣，前景一片美好。放棄，讓人收穫更多有價值的東西。

不懂得勤儉

「天道酬勤，勤勞致富。」這是人類社會發展變化的能源。而在有一定物質財富的時候，人們就懂得了繼續勤儉持家的道理。世界上，財富是無法用數字去累積的，但是真正富有的人都是靠持續地勤儉節約、勤耕苦耘使自己的財富不斷累積的。有些人好大喜功，不屑於做小事，一心想賺大錢，而在大錢還沒有賺到的時候就開始大手大腳的花費，不惜借高利貸，賭博，玩一些輕易就能撈到錢的風險行當，大肆地揮霍一空，最後家徒四壁，債臺高築，走上絕路。因此，不要小看勤儉兩個字，它可以使人極端地富或極端地窮。從現在就開始，學會勤儉吧，人要懂得儲蓄，儲蓄財富以備急需。病、禍、災、亂往往難以避免，一個沒有儲蓄的家庭和個人怎麼去應急忽然發生的事情呢？何況，每個人都要添置頻繁更新的日常用品，學習差旅也需要拿出儲蓄計劃有序。如果你有了家庭，別的不提，你可以算算一個孩子從出生

到培養成才需要多少物質的付出？如果你是一個人生活，當然你可以很瀟灑，但也請你想想要生活得更美好不是因你掙了多少而應該是你能夠儲蓄多少？要想不為金錢憂慮，就要學會一定的勤儉；勤儉才是致富的能源。

不懂得健康

說起健康，恐怕很多人都希望自己永遠健康快樂，不生病，但那是不可能的；即使你有很多錢，可以買到很好的醫療服務也無法買到永遠的健康。健康對於生命來說那是一種獎賞，因為不生病便是一生最大的福份。無論做什麼，沒有健康的身體都會造成很多缺陷；同時，擁有健康的心理和思維比健康的體魄更重要。

一定要能認識你自己

奧里森‧馬登認為，一個人只有認識自己，才能更好地開發自己。一個人一旦丟掉屬於自己的東西，就有可能失去一座金礦。在這個世界上，每個人都潛藏著獨特的天賦，這種天賦就像金礦一樣，埋藏在我們平淡無奇的生命中，一個人能否有幸挖到這座金礦，關鍵在於能不能腳踏實地發揮自己的優點，去經營自己的人生。

卓別林開始拍電影時，那些電影導演都堅持要卓別林去學當時非常有名的一個德國喜劇電影演員。苦惱的卓別林久久嘗不到成功的滋味，後來他意識到必須保持自己的本色，經過不懈的努力，他終於創造出一套屬於自己的表演方法，並由此留名青史。

美國一個歌星剛出道時，老想改掉他那口德州鄉音，力圖使自己像個城裡的紳士，結果大家都在背後恥笑他的不倫不類。後來，他終於醒悟過來，開始利用自己的音色，唱西部歌曲，最終成為全美在電影和廣播兩方面最有名的西部歌星。

　　索凡石油公司人事主任保羅‧包廷登曾接待過六萬多個求職者，在他的《謀職的六種方法》一書中，他指出：來求職的人所犯的最大錯誤就是不保持本色。他們不以真面目示人，不能完全地坦誠，而是給你一些他以為你想要的回答。可是這個做法一點用也沒有。因為沒有人願意成為偽君子，正如從來沒有人願意收假鈔票一樣。

　　紀伯倫在其作品裡講了一個狐狸覓食的故事：狐狸欣賞著自己在晨曦中的身影說：「今天我要用一隻駱駝做午餐呢！」整個上午，牠奔波著，尋找駱駝。但當正午的太陽照在牠的頭頂時，牠再次看了一眼自己的身影，於是說：「一隻老鼠也就夠了。」狐狸之所以犯了兩次截然不同的錯誤，與牠選擇「晨曦」和「正午的陽光」作為鏡子有關。晨曦不負責任地拉長了牠的身影，使牠錯誤地認為自己就是萬獸之王，並且力大無窮無所不能，而正午的陽光又讓牠對著自己已縮小了的身影忍不住妄自菲薄。

　　大師筆下這隻狐狸的情況在現實生活中大有人在。對自己認識不足，過分強調某種能力或者無根據承認無能。這種情況下，千萬別忘記了上帝為我們準備了另外一塊鏡子，這塊鏡子就是「反躬自省」四個字，它可以照見落在心靈上的塵埃，提醒我們「時時勤拂拭」，使我們認識真實的自己。

　　尼采曾經說過：「聰明的人只要能認識自己，便什麼也不會失去。」正確認識自己，才能使自己充滿自信，才能使人生的航船不迷失方向。正確認識自己，才能正確確定人生的目標。只有有了正確的人生目標，並充滿自信，為之奮鬥終生，才能此生無憾。即使不成功，自己也會無怨無悔。

　　世界上沒有兩片完全相同的樹葉，人也一樣，每個人都是上帝的寵兒。正確認識自己，既看到自己的長處，也認識到自己的不足，給自己正確定位，這樣才能自信地去迎接機遇和挑戰，為自己創造更多的成功和歡樂。

　　雖然，生活賦予我們每個人的並不是完全相同的陽光雨露，但上帝是無

私的，天生我才必有用，只要我們正確認識自己，不失自知之明，就能譜寫出屬於自己人生的華美樂章。

　　認識自己是取得成功的前提，認識自己雖然不容易，但只要你用心，那就一定可以做到。

盡力保持一顆平常心

　　王侯將相亦凡人，就算你權可通天，富可敵國，所擁有也都是些身外之物，因為這些東西既然可以得到，也必將失去。每個人都是子然一身地來，子然一身地去，都是普通人而已，永遠把自己當成普通人不僅是一種謙遜的做人態度，也是理所當然的做人準則。

　　奧里森‧馬登雖然主張每個人都要把自己當作人生最大的財富，但是他同樣認為：人人生而平等。成功抑或失敗，都不能代表人們之間存在著什麼本質上的等級。

　　的確，像普通人一樣生活，才能為普通人所接受。

　　據說大科學家愛因斯坦著裝和打扮過於簡樸，日常生活不修邊幅，以至於有一次去參加演講時，負責接待工作的人把他的司機當作了他本人，而把他當成了司機。這雖說是個笑話，但是也反映了大科學家愛因斯坦不擺架子、低調做人的姿態。

　　愛因斯坦從不擺世界名人的架子。他吃東西非常隨便，外出時常坐價格低廉的車，推導和演算公式常利用來信信紙的背面；並且，他還經常穿著涼鞋和運動衣登上大學講壇，或出入上流社會的交際場合。有一次，總統接見他，他居然忘記了穿襪子，但這並不影響他在總統和人民心目中的偉大形象。

　　他初到紐約時，身穿一件破舊的大衣。一位熟人勸他換件新的。愛因斯

坦十分坦然地說：「這又何必呢？在紐約，反正沒有一個人認識我。」

過了幾年之後，愛因斯坦已經成了無人不曉的大名人，這位熟人又遇到了愛因斯坦，發現他身上還是穿著那件舊大衣，便又勸他換件好的。誰知愛因斯坦卻說：「這又何必呢？在紐約，反正大家都認識我。」

可見真正的名聲，是架子之外的口碑。架子是一種無聊的騙人的東西，是一種追求個人榮耀的欲望，它並不是根據人的品格、業績和成就，而只是根據個人的存在就想博得別人的欣賞、尊敬和仰慕的一種願望。因此，架子充其量不過形同一個漂亮花瓶。真正有品格、業績和成就的人，絕不會去刻意追求架子，事實上，刻意追求架子的人也不可能真正有所作為。

不要太把自己太當回事，不要把別人太不當回事，這兩句話講的其實是一個道理，講的就是人人都是生而平等的。現在有人經常這樣感慨：「一個人要想活得自在，就不要太把自己當回事。說的實在，也很有道理，一個人生活在世界上，難免有諸多的煩惱，而這些煩惱的產生，往往是太把自己當回事。如果事事處處都太把自己「當回事」，認為自己不是普通人，在各種場合裡，總是太在意自己，只注重自己的感受，總想知道別人如何看待自己，那該有多累！通常，我們的身體累了，可以躺下來，讓體力慢慢恢復，但如果你的心總是疲憊不堪，那後果就很嚴重了。

一個網友寫下這樣一段話：「如果我是我，如果我真的是我，要有勇氣當一個普通人。當一個普通人也是需要勇氣的，但我就是在對於『普通人』的逃避中，丟失了自我，丟失了本應該屬於我的最為可貴的東西。或者我還是個最普通不過的人，但是因為『沒有了感覺』，讓我沒有了享受普通人的幸福的能力，我在沒有方向的追求中不僅更加的沉淪，而且積重難返，最終連普通人也不及了。」

這段話著實讓人深思，做人就是這樣，先學會審視自己，承認自己是個

普通人，承認自己有不如別人的地方，承認自己只能做好一些事情，不論是在現實還是在網絡，都以普通人自居，知道這個世界沒有了誰都一樣存在，放下那些虛無縹緲卻沉重的精神枷鎖，你就會發現自己原來可以輕鬆地活著。

成功激發自己的潛力

每個人的潛能都需要激發，而且這種被激發的潛能常常具有出人意料的力量。實際上，大多數人的才能都深藏著，必須要外界的東西予以激發，它一旦被激發並加以繼續的關注和保護，就能發揚光大，否則就會萎縮甚至消失。

約翰把兒子馬歇爾放在朋友戴維斯的店裡當服務員，有一天他問戴維斯：「戴維斯，最近我兒子生意學得怎樣？」

戴維斯一邊從桌上拿了一顆蘋果遞給約翰，一邊答道：「約翰，我們是好朋友，不想讓你日後後悔，而我又是一個直爽的人，喜歡講老實話，馬歇爾肯定是個誠實的年輕人，這不用說，一看就知道。但是，他即使在我店裡學上一千年，也不會成為一個傑出的商人。他生來就不是個做商人的料。約翰，還是把他領回鄉下去，教他學養牛吧！」

如果馬歇爾依舊留在戴維斯的店裡做個學徒，那麼他以後決不會成為舉世聞名的商人。可是他隨後到了芝加哥，親眼目睹在他身邊許多原來很貧窮的孩子做出了偉大的事業，他志氣突然被喚起。他的心中也激起了要做大商人的決心。他問自己：「為什麼別人能做出驚人的事業來，而我不能呢？」

其實，馬歇爾具有大商人的天賦，但戴維斯店鋪裡的環境不能夠激發他潛伏著的才能，無法發揮他潛藏著的能量。

愛迪生說過：「我最需要的，就是有人叫我去做我力所能及的事情。去

做我力所能及的事情，是激發我的潛能的最好途徑。拿破崙、林肯未必能做的事情，但我能夠做，只要盡我最大的努力，發揮我所具有的才能。」

在美國西部某市的法院裡有一位法官，他中年時還是一個目不識丁的鐵匠。他現在 60 歲了，卻擁有了全城最大的圖書館，獲得了很多讀者的稱譽，被人認為是學識淵博、為民謀福利的人。這位法官唯一的希望，是要幫助同胞們接受教育，獲得知識。可是他自己並沒有接受系統的教育，為何會產生這樣的遠大理想呢？原來他不過是偶然聽了奧里森‧馬登一篇關於「教育之價值」的演講。結果，這次演講喚醒了他潛伏著的才能，激發了他遠大的抱負，從而使他做出了這番偉大的事業來。

然而在現實生活中，雖然所有人都具有無限的潛能，但是大多數的人還是在默默無聞中度過了一生。是他們天生就只能是一個普通人嗎？答案是否定的。

我們都有這樣的體會，在成長的經歷中，由於經常遭到外界太多的批評、打擊和挫折，久而久之，我們身上原有的奮發向上的熱情被壓制，大膽開拓的思維被封殺，對人生之路惶恐不安，對碌碌無為習以為常。漸漸地，我們喪失了信心和勇氣，並養成了猶豫、狹隘、自卑以及不思進取、不敢打拚的精神面貌，生命變得枯燥而毫無活力。

這是我們自己的悲哀。

事實上，我們的志氣和才能和那些成功人士是一樣的，最初的時候都是深藏潛伏在身體的某個角落。只不過他們的幸運在於潛能得到了激發，並且加以關注和培養，才造就其璀璨的人生。

所以說，要想獲得成功，我們就必須盡早激發自己的潛能。無論在何種情況下，要不惜一切代價走入一種可能激發你潛能的氛圍中，走入一種可能激發你走上自我發展之路的環境裡。接近那些了解你、信任你、鼓勵你的

人，學習他們的志趣高雅，了解他們的遠大抱負，這將會使你在不知不覺中受到感染。說不定哪一天，你會發現，自己真的與普通人不一樣了。那麼恭喜你，你的潛能已經被開發了，剩下的就是如何發揚光大，建功立業了。

　　你自己的水要你挑，你自己的木材要你去砍。同樣道理，你自己的潛能最重要的還是靠你自己，當然有待你去激發。

　　潛能的激發往往產生於不起眼的事情，機會的到來常常是由於意外的發現。行動激發潛能，僅有欲望不足以得勝，我們要立刻行動，要自立自強，自己激發屬於自己的那一片沃土 —— 潛能。所以說，如果下定決心立刻去做，往往會激發潛能，往往會使你最渴望的夢想也實現。

第二章
鍛造屬於自己的美好心靈

　　所有魅力真正的基石，是一顆仁愛善良、樂於助人之心，一種四處散播陽光與快樂的願望，它閃耀在人的身上，讓人更加地有魅力。

偉大人物有偉大心靈

從心理學或者生物學上講，心靈，而非靈魂，是一個實體，是將動物在生物學的層面上與植物區分開來的分界線。然而就人類的心靈而言，它不是我們的頭腦，它也不是我們的心臟，總之，它不是我們的肉體，但它就在我們的頭腦裡，在我們的心臟裡，在我們的每一寸肌膚裡。

人類的心靈是一個場域，一個生命場，這樣的一個場域有一個能量聚集的中心，這個中心在我們的腹部。它是隨著作為個體的生命的誕生而誕生的。心靈有屬於它自己的組織和功能，就如同大腦有它自己的組織與功能一樣，但它們並不是同一個東西，又或者說，心靈也不是通常所認為的那樣是頭腦的一種功能；並且，就如同肉體一樣，心靈有著屬於它自己的成長與發育的過程和規律，儘管，在無數的因素的影響下，它不一定能夠成熟。

奧里森‧馬登認為，我們的心靈蘊含有我們的氣質（而非性格），我們的本能。另外，它有屬於它自己的判斷的功能；我們的選擇（也就是「決定」，是行動之前的東西）是由我們的心靈所做出的，而非通常所認為的那樣是由我們的頭腦所做出的（頭腦只可能產生動機）；心靈是能量的調配者，但它並不是唯一的能量調配者；心靈是一個受器，是我們的情感以及情感取向的受器，也就是說，我們的喜、怒、哀、樂、焦慮、恐懼以及喜歡、厭惡等感受是屬我們的心靈範疇，而且，心靈的感受有這樣的特點，那就是，當我們喜的時候，我們可以表現得好像怒一樣，但我們不可能同時是怒的，就如同當我們的舌頭感受著甜的時候它不可能同時感受著苦一樣，依此類推。另外，我們的態度 —— 而非看法、世界觀、價值觀又或人生觀等（這些是屬於頭腦的東西）—— 同樣是屬於心靈的感受，譬如我們的接納，譬如我們的包容，譬如我們的關注，譬如我們的擔心，譬如我們的執著，譬如我們的在乎，譬如我們的對抗性（而非對抗），再譬如，我們的嫉妒。

　　從成功學的角度來看，奧里森・馬登對心靈的論述非常精闢，他認為，每個人都應該擁有美好的心靈，美好的心靈是我們成功的基礎、是我們好好生活的保障。沒有美好的心靈，一個人無法很好地生活，更不會取得卓越的成功。從古至今，那些在事業和人生上取得非凡成功、聞名世界，留名青史的人無不是首先擁有一顆美好的心靈。

　　美國詩人羅伯特・洛厄爾（Robert Lowell）從來不輕視任何一個人，對任何人都一視同仁，不管對方是乞丐還是國王。有一次，有人看到他在街頭和一位賣藝的風琴師用義大利語交談得非常投機。原來，他們是在討論義大利的風景，羅伯特・洛厄爾對那裡的情況了如指掌。

　　十九世紀著名美國黑人政治家、社會改革領袖法雷迪・道格拉斯對林肯的評價非常高：「美國這麼多大人物，林肯是第一個願意跟我誠心誠意地進行自由交談的。每次和他談話，我往往會情不自禁地忘掉我們之間還有膚色上的差異。」

　　一次，拿破崙和他的隨從走在聖赫勒拿島上的一個橋邊，這時對面有一個男人挑著一副很重的擔子走過來，拿破崙的隨從有心先過橋，就準備把路占住，拿破崙連忙制止他們，對他們說道：「讓他先過去吧，不能搶，人家挑著東西呢。」

　　有一次，美國總統傑佛遜和他的外孫騎馬郊遊，路上遇到了一個奴隸，奴隸向他們脫帽鞠躬。傑佛遜總統也向那個奴隸脫帽致以禮節；但是，他的小外孫對那個奴隸不屑一顧。「孩子，」傑佛遜鐵青著臉對小外孫說，「你應該學會懂得尊重任何一個人」。

　　加里森（William Lloyd Garrison）是美國反對黑奴制度的領袖人物。一次，他在路上遇到了一幫暴徒，他們撕扯著他的衣服，惡意地攻擊他。但他並不動怒，仍然心平氣和地和他們說話，看那情形，好像站在他對面的不

是暴徒，而是一些需要同情的人。他有一顆只有極少數偉大人物才具有的安寧和諧的心靈。

美國首都華盛頓有一位政客，一次到麻薩諸塞州的馬奇菲爾德去拜訪隱居在鄉村的奇人丹尼爾‧韋伯斯特（Daniel Webster）。在快到韋伯斯特住宅的時候，他想抄近路，但是事情並不如意，眼看就要到的時候，他被前面的一條小溪擋住了去路，政客心裡非常焦急，不知如何是好，這時溪邊上有一個相貌普通的農夫路過，他趕緊喊住這個農夫，讓這個農夫背自己過河，並願意付重金酬謝他。農夫用自己的寬肩膀扛起他，非常順利地把他背過到河對岸，但是農夫沒有接受政客的酬謝。過了幾分鐘，那個政客在韋伯斯特的家裡又遇到了這個「農夫」，讓他尷尬萬分的是，這個人居然就是韋伯斯特。

一次在倫敦，一名少婦急急忙忙在大街上走路，不小心撞到了人。那是一個非常可憐的小乞丐，衣衫襤褸，幾乎被撞倒。女士趕緊停了下來，轉過身子，聲音非常柔和地說：「請原諒，孩子，撞到你了，真對不起。」小孩目瞪口呆了起來，看了她一會，緊接著他摘下帽子，向她深深鞠了一躬，臉上綻放著笑容，說道：「沒關係的，女士，非常高興……非常高興。下次你把我撞倒也沒有關係，我不會怪你的。」這位女士離開後，要飯的小孩忍不住對同伴說：「嘿，約翰，第一次有人請求我的原諒，我真的很高興。」而這個年輕的女人就是後來聞名世界的柴契爾夫人。

偉大的思想家盧梭，雖然出生很卑微，做過僕人和家庭教師，但是他始終有著一顆高貴的心靈，正是這個心靈支撐著他不斷去探討「人類為什麼會不平等，為什麼我如此卑微，別人一出生就那麼高貴」這樣的關乎人類生存本身的問題。繼而他探討人不平等的起源。後來他發現，在原始社會，人人都是平等自由的，只是後來有了私有財產文明的發展，才導致了不平等和階

級的產生。美國的獨立宣言就是借用了他的這種思想提出人人平等、自由的思想主張。盧梭最大的特點，就是能超越他自己身份上的卑微，主要原因就是他擁有高貴的心靈。

上名例子中的人物均是我們耳熟能詳的大人物。從某種意義上講，他們的成功並非偶然，或者說，他們注定將會成功，因為他們都有著偉大的美好心靈。

擁有美好的心靈，對於任何人來講都非常重要。我們正在人生的道理上披荊斬棘，如果不能擁有美好的心靈，我們將失去很多，我們最終也不會成功。所以，讓我們從現在開始，淨化我們的心靈，洗滌我們的心靈，以這美好的心靈迎接我們的未來的成功。

擁有一顆高貴的心靈

在一個漆黑的房間裡面，你點燃一支蠟燭，那麼房間瞬間就會有了光明。如果你再放進十支，百支，千支蠟燭，房間就會變得越來越亮，但其中最關鍵的是第一支蠟燭。這個世界上最偉大的發現就是人們可以透過改變自己的態度，從而改變人生，這也是我們這一生中最主要的工作之一。而這項浩大工作的第一步，就是我們必須先擁有一顆高貴的心靈。奧里森・馬登認為，高貴的心靈不是每個人都擁有的，但是每個人都可以擁有，只要我們想擁有。

高貴的心靈，不僅是美的，更是能溫暖人心、創造奇蹟、收穫幸福的源泉。一粒小小的種子，它既然能長成大樹，它裡面一定有某種不可感知的本質。你種下的是雜草的種子，收穫的是雜草;而你種下的是一棵大樹的種子，只要有合適的陽光、水分、空氣，它一定能長成大樹，所以一粒種子有著決定一切的本質，實際上人生也是這樣。你在心靈裡種下什麼樣的種子，就會

收穫什麼樣的人生。而播種下高貴的心靈，注定將會收穫成功。

　　來看幾則故事：

　　故事一：有一位貧困的婦女知道了奧利弗・戈德史密斯（Oliver Goldsmith）博士偉大人格的事蹟，並且知道他研究過生理學。於是，她向戈德史密斯博士寫了一封信，她希望博士能幫助自己的丈夫，她的丈夫已失去了食欲，而且非常憂鬱。戈德史密斯博士答應幫助她，在和這個病人做了一次長談後，他發現，疾病和貧窮包圍著這對夫婦。於是，他就告訴這對夫婦，他們將在很短時間內聽到他的回覆，那時他會將他認為最有效的藥品寄給他們。戈德史密斯博士馬上趕回了家，將幾枚金幣投進了一個木盒子裡，並且貼上一個標籤，上面寫著：「必要時使用。要有耐心，要有好心情。」

　　故事二：在美國南北戰爭的菲德里克斯堡戰役中，很多的北方聯邦軍傷兵在戰火紛飛的戰場上躺了一天一夜。傷員那痛苦的呻吟聲此起彼伏 ──「水，水，水……」但他們身邊只有槍炮的轟鳴。最終，一個南方的士兵實在無法忍受傷兵們的哀吟，請求長官讓他出去送水給這些傷員。長官對他說，如果現在出現在戰場上，那將必定被炮彈擊中。但對那名士兵來說，痛苦的傷員們的哀號已經占住了他的心靈，於是他衝了出去，背負著供水這項神聖的使命，在遍地的傷員與瀕死之人間來回奔跑。雙方軍隊的視線都被這個勇敢的戰士所牽引。槍聲依舊接連不斷，他抱起一個個傷兵，慢慢地把他們的頭抬起來，並將那清涼的水流進他們乾裂的嘴唇裡。這名士兵的行為震撼住了南方軍隊的士兵：為了敵人的生命，他竟然奮不顧身，他們懷著崇敬的心情暫時停止了進攻。隨後，整個北方聯邦軍也停火了，這是近一個半小時的停戰。在這段特殊的時間裡，這個身著灰色軍服的士兵不停地在整個戰場上忙碌著，送水給那些口渴的、身體僵直、痙攣著的、雙腿傷痕累累的士兵們，他將帆布包墊在傷兵的腦袋下，並在他們身上蓋了大衣與毯子，就像

蓋在他自己的兄弟身上那樣，十分地溫柔。

　　故事三：戈登將軍有無數的獎章，他一點都不在乎它們。但是，他卻非常喜歡一塊金色的獎章，這是一位外國皇后送給他的，上面刻著一句特殊的題詞。然而，這塊獎章突然消失了。沒有人知道是怎麼回事。很多年後，有一次偶然的機會，人們發現了它。原來是戈登將軍抹掉了獎章上的題獻，賣得了 10 英鎊，並將這些錢匿名寄送給了一個難民收容所。這個難民救護所是專門幫助那些在曼徹斯特的饑荒中受損的農民走出困境的。

　　故事四：一個西班牙的摩爾人正在花園裡散步，突然一個西班牙騎士闖了出來。這個騎士跪在他的面前，哀求他的幫助，他說他被一些人追趕，因為他剛剛誤殺了一個摩爾人。於是，這個摩爾人就答應他，可以讓他躲避在花園裡的一間小屋中直到午夜時分。到了午夜時分，這個摩爾人打開了小屋的門，冷靜地對他說：「我唯一的兒子就是你白天所殺的那個人，但我已經承諾過，不會出賣你的。」然後，他將這個殺人兇手抱上一匹馬，說：「快趁著黑暗的掩護逃離這裡吧！上帝是公正的，我沒有違背我的諾言，我已聽從了上帝的安排。」

　　上面這些故事所講的看似都是一些最平常最普通的事情，然而它們的主人公們都有一個共同的地方 —— 都一顆偉大而高貴的心靈。奧里森・馬登說：「最仁慈的心靈是人生最好的元素，它對堅硬而言是柔和，對難以克制而言是容忍，對冷酷的心靈而言是溫暖，對厭世而言則是樂趣。」

　　像行駛在滾滾江河裡的航船無法躲避濁流和漩渦一樣，我們的心靈在現實的生活裡也無法躲避庸俗的纏繞；曾經有多少燃燒著渴望卓越之火的靈魂，卻在人生的歲月裡被庸俗的浪花濺濕了理想的柴薪，窒息了進取的烈焰。然而，那些無論在任何境況下都不願失去自己高貴心靈的追求者，卻乘著永不沉沒的生命方舟揚帆前進，任憑那庸俗的濁流在舟底暴漲翻捲，也只能將那

些沙塵埃土、腐枝敗葉吞沒。

高貴的心靈也許並不鄙視庸俗，就像雍容典雅的蘭花不會鄙視善於獻媚邀寵的月季，但高貴的心靈絕不會在庸俗的泥淖中沉淪。

高貴的心靈也許會在歲月裡與庸俗乘坐同一班列車，就像美麗的天鵝與醜陋的野鴨，在遷徙的途中會在同一個湖泊裡歇息，但細細地傾聽那湖面上晚風送來的陣陣夜歌裡，恐怕沒有一個人會把天鵝動聽的聲音當成嘶啞的鴨鳴。

高貴的心靈也許會與庸俗穿著同樣色彩和款式的衣服，就像同一條藤上開放的爭奇鬥豔的花朵。但庸俗卻如那隨風飄落後陷於虛空的花，而高貴的心靈卻是碩果累累。

高貴的心靈也許會常常會被庸俗所嘲笑，就像不修邊幅的學者常常會受到披金戴銀、衣冠亮麗之人的鄙視一樣。但高貴的心靈不會去做任何尋求廉價讚美的努力，而是在庸俗的嘲笑裡保持著自己的清醒和獨立。

高貴的心靈之所以高貴，正是因為它雖被庸俗所包圍或纏繞，但卻不會被庸俗所污染。

高貴的心靈是永不沉沒的人性的方舟，任憑庸俗的流水氾濫橫溢，它永遠都將保持住自己的高度。

擁有一顆高貴的心靈，是成功者共有的一大特點；擁有一顆高貴的心靈，是嚮往成功的人的首要任務。

快樂可鑄就美好心靈

快樂著的人是幸福的。奧里森·馬登認為，一個不懂得快樂的人永遠處於悲觀之中，永遠不會有一顆美好的心靈，也終生會被成功拒之門外。也就是說，擁有美好心靈的前提之一是必須學會快樂，掌控快樂的祕訣。

　　悲觀的人說：「誰都不會拒絕快樂，然而並非誰都擁有快樂。」樂觀的人卻喜歡這樣說：「並非誰都擁有快樂，然而誰都不會拒絕快樂。」選擇快樂的人身邊總是不乏家人和朋友的溫暖，他們不關心自己是否能跟得上富有鄰居的腳步，重要的是他們有一顆容易快樂的心靈。

　　一位弱冠少年去拜訪一位年長智者。

　　他問：「有什麼祕訣讓我成為一個自己快樂，也能讓別人快樂的人呢？」

　　智者笑著望著他說：「孩子，在你這個年齡有這樣的願望，真是很難得。很多比你年長許多的人，從他們問的問題本身就可以看出，不管給他們多少解釋，都不可能讓他們明白真正重要的道理。於是就讓他們去吧。」

　　少年虔誠地聽著，臉上沒有流露出絲毫得意之色。

　　智者接著說：「這樣吧，我送給你四句話。第一句話是，把自己當成別人。你能說說這句話的含義嗎？」

　　少年回答說：「是不是說。在我感到痛苦憂傷的時候，把自己當成別人，這樣痛苦就自然輕了；當我欣喜若狂之時，把自己當成別人，那些狂喜也會變得平和一些？」

　　智者微微點頭，接著說：「第二句話，把別人當成自己。」

　　少年沉思一會，說：「站在別人的位置想一想，這樣就可以真正同情別人的不幸，理解別人的需求，並且在別人需要的時候給予適當的幫助？」

　　智者眼睛閃亮，繼續說道：「第三句話，把別人當成別人。」

　　少年說：「這句話的意思是不是說，要充分的尊重每個人的獨立性，在任何情況下都不可侵犯他人的核心領地？」

　　智者哈哈大笑：「很好，很好。第四句話是，把自己當成自己。這句話理解起來太難了，你留著以後慢慢品味吧。」

　　少年說：「這句話的含義，我一時是體會不出。但這四句話之間似有許

多自相矛盾的地方，我用什麼才能把它們統一起來呢？」

「很簡單，用你一生的時間和經歷。」

少年沉默了很久，然後叩首告別。

隨著時光的腳步，少年變成了青年人，又變成了老人。再後來，他離開這個世界很久以後，人們都還時時提到他的名字。人們都說他是一位智者，因為他是一個快樂的人，而且也為每一個見過他的人帶來了快樂。

是的，正如智者所言，快樂其實很簡單，把自己當成別人；把別人當成自己；把別人當成別人；把自己當成自己……當我們在遭遇痛苦或者失敗的時候不妨好好地揣摩一下這四句話，我們也許會在很短的時間內快樂起來，這就是快樂的祕訣。當然，這也就是鑄就美好心靈的訣竅。

事實上，正如故事中的年輕人一樣，關於快樂，研究者很多，最著名的一條應該是林肯說的，「你想要多快樂，就可以多快樂。」快樂不需要什麼苛刻的條件，不需要什麼雄厚的資本，只需要一種意識、一種心願！如果你想要很多錢，或者很驚心動魄的愛情，怕是困難重重，因為暴富的機遇和條件實在難求，若要說愛也得有個具體的對象。但是快樂就簡單多了，春暖花開時看見燕子可以快樂，雪花飄飛時見人摔跤也可以快樂（當然不是幸災樂禍），快樂其實無處不在，無時不有。

也就是說，快樂是一種心理感受。要不要快樂由你自己決定。懂得快樂、善於快樂實在是一種智慧、一種氣度、一種氣魄。一般字典上對快樂下的定義多半是：覺得滿足與幸福。德國哲學家康德則認為：「快樂是我們的需求得到了滿足」。的確，快樂是一種美好的狀況，也就是沒有不好或痛苦的事情存在，你覺得個人及周圍的世界都很不錯。

那麼，我們應該如何才能獲得快樂呢？奧里森‧馬登為我們介紹幾種獲得快樂、放鬆心靈的方法。

· 順其自然

好的感覺並不像人們想的那樣只存在於頭腦中，也表現在行為上。通常當人們在參加一些非常有趣的活動，達到忘我的程度時，快樂就會出現，因為這時他們已經忘記了時間，也忘記了一切憂愁。匈牙利裔心理學家奇克森特米哈伊‧米哈伊把這一現象稱為「順其自然」。匹茲堡大學醫藥中心的研究人員對 23 名憂鬱者進行了長達一年的追蹤調查。發現避免充滿壓力的生活，掌握疏導壓力的技巧，有助於降低憂鬱症的惡化。

· 信念力量

賓夕法尼亞州大學的心理學家馬丁‧賽里格曼說，每個人都有「信念力量」，而懂得追求快樂的人就會利用它。「信念力量」會使你做出令別人感到奇怪的選擇，但是你將會最終得到滿足。加拿大醫藥協會期刊的一篇研究報告指出，小孩相信聖誕老人對健康有益，對病中的小孩尤其如此。聖誕老人不僅是送禮物的人，對病童來說，更代表一股具有正面意義的生活力量。

· 心底無私

當一個人心中只有權力、財富和地位時，母子、兄弟親情已在其次，有錢、有勢，但心中卻只有私，只想要長久擁有這片江山，還要讓子女接手這筆資產時，人不見得過得快樂。要快樂其實很簡單，知足不貪、樂於工作、節制欲望、簡單生活，再讓自己有個健健康康的身體，自然就能快樂。

· 待人寬容

寬容和原諒別人的過錯是維持人與人之間良好關係的基石。精神與身體健康的關係是生命醫學最複雜的領域，在定量科學充斥所有科學領域的

時代，精神的不可定量性難倒了所有的科學家，其實不需要科學研究，人人都知道，快樂的精神有益於人，而負性的情緒則有害於人。

其實，快樂就是這麼簡單，人生中的輝煌成就不易得到，但是人生中尋常的賞心樂事卻有很多，如一聲讚美，一個微笑，一席盛宴，親朋圍坐……這都是我們可以享受到的。不要因為得不到人生的最大獎而煩惱，要懂得享受人生中簡單快樂的小事。這樣的小事隨時可見，隨時都有，人人都可以從中找到並享受到其中的快樂。

總而言之，快樂鑄就美好心靈，想擁有美好心靈，必須先掌控快樂的祕訣。

愛心能鍛造美好心靈

所謂愛心，是指同情憐憫的心態（有時還包括相應的行動）。正像奧里森·馬登所說的：「成功的人生並不是去追求永遠無法滿足的感官享受，而應當去追求整個人類的快樂。此外，再談不上什麼成功了。」而那些心中只有自己，從來沒有一點愛心，從來不想到使自己的靈魂昇華、不想為別人做些事情的人，是永遠與成功無緣的。

愛心讓你覺得被世界所需要，讓你體現自己生命的價值。

曾經有一位教授問他的學生：「怎樣才是快樂的人生？」

一位學生搶先答道：「是被尊重，被尊重的人生是最快樂的。」

教授馬上回應：「那樣你的快樂就太依賴於別人了。」

「擁有愛情。」馬上又有學生搶答。

教授笑言：「這樣的想法太過天真。」

接著又陸續有人提出不同的答案，都被教授一一否決了。

最後，教授提出了自己的答案：「最快樂的人生就是你無時無刻不感到

你被別人需要。」

　　是啊，被需要，因為被需要才能體現自己的價值，才能獲取成功。如果你不被人需要，還談何價值呢？而如何才能做到被需要呢？這就要我們用愛心去行動，在他人的心中留下你的影子，你將永遠留在別人的心中，哪怕他不知道你的名字。只要你被需要，你就是快樂的，你的生命就是有價值的。

　　愛心能帶給人類幸福，無論你是什麼人，你的心靈遠離了愛，那你就談不上成功。要知道，愛能賦予人類一切，它帶給我們的東西是十分珍貴的。一個簡陋的小屋住進了一位有愛心的人，簡陋的小屋就會變得比豪華的皇宮還要高貴；如果住在豪華宮殿的那些達官貴人沒有愛心，那再豪華的宮殿也不過是「簡陋」的小屋，根本不值得人們去讚嘆。

　　愛心是要透過人的行為來體現的，只要它存在，人們就會看到。你可以沒有天賦，但是你仍可以慷慨地把你的愛心化作善良仁愛的言行帶給他人。你所做的這些愛心的舉動不僅為別人帶來了幫助和快樂，也使自己變得更完善、更美麗，這是別的任何事都替代不了的。

　　奧里森‧馬登認為，人要有愛心，一個沒有愛心的人，心靈是殘缺的，靈魂是骯髒的，是永遠不會取得任何成功的，甚至在日常生活中也會遭遇失敗。

　　許多年前，有一位老人站在河邊，等待渡河。天氣很冷，又沒有橋或渡船，只好等有人過河時順便過去。等待許久，終於來了一群騎馬的人。老人眼看著第一個人過河，接著是第二個、第三個……最後，只剩下一名騎士。他騎過老人面前時，老人看著他的眼睛說：「先生，可不可以請你順便載我過河？」

　　騎士毫不遲疑地說：「當然可以，上來吧！」

　　過河之後，老人下了馬，騎士問他：「先生，為什麼你剛才沒有請前面

幾位載你過河，偏偏選中了我呢？」

　　老人安詳地回答：「我發現他們的眼神沒有絲毫愛，知道開口也沒有用。但是我從你的眼神裡看到同情、樂於助人的心意，就知道你一定願意載我過河。」

　　騎士很謙虛地說：「非常謝謝你這麼說。」說完，這個騎士便調轉馬頭，騎向白宮。這位騎士就是聞名世界的湯瑪斯‧傑佛遜，美國第三任總統。

　　從這個小故事我們可以發現，湯瑪斯‧傑佛遜是一個多麼善良的人！這樣一個充滿愛心的人，必定是有一顆高貴的心靈的人，他是注定成功的。

　　或許有人會說，我一個人的努力奮鬥也能夠達到成功，不需要愛心，不需要別人的幫助，也不幫助別人。但是，請注意，最好的人格是建立在愛心之上的，這是人的行為準則，也是通往成功、幸福的必備的美好元素。

　　英國有一句格言：「人生一善念，善雖未為，而吉神已隨之。」意思是說一個人只要產生一個愛心，即使還沒有去付諸實踐，吉祥之神已在陪伴著他了。這樣才能追求內心的安靜祥和，達到美好的境界。那些總是抱怨自己不幸的人，不要為沉重的欲望迷惑自己，不要總是看到還不曾擁有的東西，而要靜下心來，放下心靈負擔，仔細品味已經擁有的一切，學會欣賞自己的每一次成功，擁有每一點滴，就不難發現，自己竟會有那麼多值得別人羨慕的地方，吉祥之神已在向你頻頻招手。

　　愛心是一把通往幸福和成功的金鑰匙，有了這把鑰匙，一切的艱難險阻都將讓開，一切的心扉都將向你敞開。它就是擁有這樣神奇的力量，幫助我們在工作和生活中走向成功。在你所做的任何一件事中，你都應注入這種愛心的力量，否則，你將很難取得成功。你如果不喜歡去幫助別人，那你的努力就不會有什麼收穫。無論你從事什麼工作，無論命運把你安排在什麼

地方，如果你不把愛心融入到生活和工作中去，那你的一生都將是沉悶而失敗的。

一個人為了聰明地選擇死後的歸宿，他分別參觀了天堂和地獄。

他首先來到了地獄，看到所有的人都坐在餐桌旁，桌上擺滿了各種美味。奇怪的是，他們全都面黃肌瘦，一個個無精打采。這人仔細一瞧才發現，原來餐桌上的人左臂都捆著一把叉，右臂捆把刀，刀和叉的把手長達 4 公尺，掌握刀叉的人根本吃不到桌上的東西，因此他們只能眼睜睜看著食物挨餓。

這人又來到了天堂，發現所有的用餐工具和方式跟地獄一模一樣。但這的人們卻面色紅潤，而且到處都充滿了歡歌笑語。這人感到非常奇怪，他們為什麼不怕飢餓？他很快看出了答案，原來天堂的人從不把自己手上的食物餵給自己，而是愉快地遞給他人吃，這樣，誰都可以吃上美味的佳餚；而地獄的人只想著餵自己，所以就只能挨餓。

這就是愛心的神奇效應！沒有愛心，注定只能承受失敗和痛苦。

愛就是這樣強大的力量，它能為不幸者提供避難所，它能讓失敗者重新爬起來，它能給予失望者新的希望。愛為在陰暗、沉悶中生活的人灑下燦爛陽光，愛為人生旅途中歷經坎坷的弱者和受傷者鋪平道路。愛就是這樣感召著人們走向成功與幸福。

所以，從擁有一顆愛心出發吧。想想如何去為他人做點好事，然後，你就會找到好的資源，屬於你自己的那部分是不會荒蕪的。力量將從你這裡產生。充分利用你所擁有的一切吧，你最終會取得成功的。

請試著擁有一顆愛心，這是擁有高貴心靈的前提和保證，這是打開成功之門的鑰匙。

保持一顆年輕的心靈

我們永遠無法阻止歲月帶走我們的青春容顏，但是我們卻可以永遠有一顆年輕的心靈。但是在現實生活中，對我們當中的一些人來說，在人還沒有變老之前，心卻先老了。此外，很多人都有一種心理定勢。在年輕的時候，都以為自己 45 歲就一定老了，到 50 歲就日落西山了。我們的消極心理往往在加速自己的老化。

奧里森·馬登說過：「你害怕什麼事情，這些事情就會降臨到你的頭上。」有的人總是害怕變老，為變老做著準備，尋找著它的一點點蛛絲馬跡，猜測著它的到來。於是，這樣的人很快就變老了。

奧里森·馬登曾經拜訪過 90 歲高齡的奧利弗·霍姆斯，向他請教永保青春的祕訣是什麼？奧利弗·霍爾姆斯回答說，「主要的原因是，要保持愉快的態度，要對自己滿意。我從來沒有感到願望得不到滿足的痛苦。……躁動、野心、不滿、憂慮，所有的這些都使皺紋過早地爬上了額頭。皺紋不會出現在微笑的臉龐上。微笑是年輕的訊息，自我滿足是年輕的源泉。」

一個人的生命從年輕到衰老，是無法抗拒的自然規律，如何能延緩衰老？如何保持年輕的心情？奧里森·馬登給出了自己的方法：

多交朋友，擺脫孤獨

每個人的內心都有一種歸屬感，會習慣的把自己視為社會的一員，並希望從團體中得到愛。研究發現人際交往有助於身心健康。當你真誠地關心別人幫助別人，無私奉獻自己的一片愛心時，你會欣喜地發現，你獲得的比你給予的更多。千萬不要因為怕別人不高興而把自己與他人隔絕開來。孤獨只會使憂鬱狀態更加嚴重。

拒絕貪婪，珍惜現在

貪婪無度會消耗一個人的青春，縮短一個人的壽命。有的人沉浸在過去的痛苦生活中不能自拔，於是，皺紋過早地爬上了他的臉龐，他的眼睛失去了光彩，腳步失去了彈性，人生也就失去了意義。

增強自信，控制情緒

人在正常狀態下是可以透過意志努力來消除不愉快情緒、保持樂觀心情的。一是有意識地獲取成功的體驗；二是不在乎別人對自己如何評價；三是善於發現自己的長處。知識是自信的源泉。要學會容忍，培養堅忍的毅力。用積極進取精神取代消極思想意識。把事情看透，心胸開闊，情緒就能保持穩定。

學會宣洩，擺脫壓力

將不快以適當方式發洩出來，以減輕心理壓力。要勇於把不愉快的事向知心朋友或親人訴說。憂傷時哭泣、讀詩詞、寫日記、看電影、聽音樂都是常見的宣洩方式。節奏歡快的音樂能振奮人的情緒。不妨找一兩個親近的人、理解你的人，把心裡的話全部傾吐出來。從心理健康角度而言，宣洩可以消除因挫折而帶來的精神壓力，可以減輕精神疲勞。

富有愛心，青春永駐

留住你的愛心，保持一份浪漫的心情。它能夠撫平你臉上的皺紋。如果你的思想沐浴在愛的光芒中，如果你能夠對芸芸眾生散播你的愛心，那麼你將會充滿活力。但是，如果你的心靈乾枯了，如果你失去了同情和愛心，如果私欲和貪婪占據了你的心靈，你就會未老先衰。任歲月流逝，世事滄桑，一顆沐浴在愛意中的心靈青春永駐。

學會知足，知足常樂

　　我們需要學會知足。這種知足不是遲鈍，而是一種從虛榮、狹隘、擔憂和焦慮中的解脫。這些東西是我們成長的絆腳石。那些過分野心勃勃的人追逐著虛名、地位和個人的權勢，卻不想做一個高尚而有愛心的人。正是虛榮和野心損耗了我們的生命，使許多的人還沒有到 40 歲就已經老態龍鍾。簡樸而知足的生活是最完滿、最高尚和最有益的。

情緒轉移，尋求昇華

　　可以透過自己喜愛的集郵、寫作、書法、美術、音樂、舞蹈、體育鍛鍊等方式，使情緒得以調適，情感得以昇華。必要時求助於心理諮詢。當人們遭遇到挫折不知所措時，不妨求助於心理諮詢機構。心理醫生會對你動之以情、曉之以理，導之以行，循循善誘，使你從「山窮水複疑無路」的困境中，步入「柳暗花明又一村」的境界。

熱愛工作，永不停息

　　愛默生說：「我們不會去計算一個人的年齡，除非他沒有任何值得我們注意的地方。歲月不能讓我們變老，是我們的生活方式，是我們自己讓我們變老。」工作讓你的生命之樹常青。一位著名的女演員說：「我永遠不會變老，因為我喜歡自己的藝術。我全身心地投入到藝術當中，永遠不會感到疲倦。當一個人幸福、充實和永不疲倦的時候，當他的精神永遠年輕的時候，皺紋怎麼會爬上他的額頭呢？當我感到疲憊的時候，那不是我精神的疲憊，而是我身體的疲憊。」

　　有一個哲人說過：「忘老則老不到，好樂則樂常來。」這句話說得很有道理，現在科學研究表明是，人的心理機能對人體的各個器官有著極其微妙的作用，它可能延緩身體的衰老過程，古人云：「壯心與身退，老病隨年侵」。

「人老心先老」說的就是人的心理機能與生理機能的辨證關係。延緩生理的衰老，就是要從心理消除衰老，就是「忘老」。「忘老」是一副妙方。

如何「忘老」？首先應該學會遺忘，忘掉逝去的歲月，忘掉過去的沒有用的不開心的事，其次就是讓自己「忙」起來，讓自己有健康的愛好，因為有好的愛好，就會讓人的精神上有了寄託，這樣能保持好的心情，人閒則懶惰，人就會變得呆滯了。再次最重要的就是要保持年輕的心態，要時時想一些開心的事，對生活要充滿新鮮感和樂趣，對周圍的事物充滿好奇心和求知欲，永遠進取。「忘老」也就是告訴我們，思想的作用是巨大的。從來不要認為自己太老了。這樣，我們的心就不會變老。

隨時隨地拋開壞心情

奧里森·馬登認為，美好的心靈能讓我們更客觀地看待我們的世界、能更樂觀地面對困境、能更積極地對待人生。美好的心靈不懼怕任何苦難。但是塑造美好的心靈必須先要學會樂觀、先要學會自我調控。

事實上，不管是誰都不可能萬事如意，糟糕的事情一定會在不期然間降臨，這個時侯，該如何保持好心情呢？奧里森·馬登認為，心情的好壞是由自己決定的，良好的心態會讓你笑口常開，在遇到不如意的事時，你要會換種角度想問題，讓快樂始終陪伴自己。

一個貧困的鄉村，居住著一對老夫婦，他們過著清貧的生活。

一天，他們想把家中唯一值點錢的一匹馬拉到市場上去換點更有用的東西。老伯伯牽著馬去趕集了，他先與人換得一頭母牛，又用母牛去換了一隻羊，再用羊換來一隻肥鵝，又把鵝換了母雞，最後用母雞換了別人的一袋爛蘋果。

在每次交換中，他都想給老伴一個驚喜。

當他扛著大袋子來到一家小酒店歇息時，遇上兩個英國人。閒聊中他談了自己趕集的經過，兩個英國人聽後哈哈大笑，說他回去保證會被老婆婆揍一頓。老伯伯堅稱絕對不會，英國人就用一袋金幣打賭，二人於是一起回到老伯伯家中。

老婦人見老伯伯回來了，非常高興，她興奮地聽著老伯伯講趕集的經過。每聽老伯伯講到用一種東西換了另一種東西時，她都充滿了對老伯伯的欽佩。

她嘴裡不時地說著：

「哦，我們有牛奶了！」

「羊奶也同樣好喝。」

「哦，鵝毛多漂亮！」

「哦，我們有雞蛋吃了。」

最後聽到老伯伯背回一袋已經開始腐爛的蘋果時，她同樣不慍不惱，大聲說：「我們今晚就可以吃到蘋果餡餅了！」

結果，「倒楣的」英國人輸掉了一袋金幣。

這是一個很有意思的小故事。比起老伯伯的愚笨行為，故事中的老婦人的表現更是讓人吃驚，他的心情一直都很好，不管老伯伯用一匹馬換來換去，換到最後只換得一袋爛蘋果，她都沒有生氣，反而會說：「我們今晚就可以吃到蘋果餡餅了！」是的，就算你只能得到爛蘋果又有什麼關係？心情好才是最重要的。況且，一種好心情收穫的是一個意想不到的驚喜，幹嘛要讓自己不高興？我們不妨向這個老婦人多學習一點，不管遭遇什麼樣的苦難，保持情緒的高漲、保持性情的舒暢才是最重要的！

在我們的現實生活中，我們也會遭遇很多不幸，但是只要我們記住一點：保持心情好才是最重要的，我們就有一定能渡過任何難關。下面是奧里森‧

馬登給出的一些驅逐壞心情的小祕訣，希望對大家會有所幫助。

- · 學會傾訴：對付壞心情的最好方法也許就是把心裡話說出來，儘管有時候周圍可能並沒有人在聽你說話，但這並不重要。

- · 聽音樂：音樂對不好的心情有治療作用，應當根據不同心情原則選擇音樂。如果心情憂鬱，就應選擇快樂的音樂。這是改變心情的第一步，可以選用 3~4 小段音樂，逐步把原有的心情導向所要求的心情。

- · 學會積極：當人們的想法消極或歪曲時，他們常常憂鬱，應該認知到這一點，並學會改變，若能想到積極方面，就會使心情舒暢。

- · 盡情發洩：大聲哭喊，找個僻靜的空間，盡情地大聲哭喊。這種哭喊可使壓抑心理得到盡情宣洩，同時，由不良情緒產生的毒素，也可「哭喊」出來。

- · 運動：在各種改變心情的自助技術中，以有氧運動最能消除壞心情。由於化學的和生理的各種變化，使運動可與提高情緒的藥物相媲美，如跑步、騎腳踏車、快走、游泳和其他重複性特續運動，可以增加心率，加速血液循環，改善身體對氧的利用。這種運動每次至少進行 30 分鐘，每週進行 3~5 次。

- · 顏色改變心情：就像維生素是身體的營養品一樣，顏色也可以成為精神的營養品。為消除煩躁與憤怒，避免接觸紅色是有好處的，為了抗憂鬱不要穿黑色、深藍色等使心情沉悶顏色的衣服，也不要置身於這種顏色的環境之中。應該尋找溫暖明亮積極的顏色，以使心情輕鬆。為減輕憂慮與緊張，應選擇中性的顏色，以取得鎮定、平靜的效果。

　　人要懂得改變情緒，這樣才能改變思想和行為。思想改變，情緒會跟著改變。人在心情不好的時候會不自覺地把壞心情抱得更緊；關門不跟人說話，嘟著嘴生悶氣，鎖著眉頭胡思亂想，結果心情更壞、更難過。所以，人要學

會放下壞心情，擁抱好心情。

奧里森‧馬登認為，一個不善於調節自己心情的人是不可能有健康的心靈的。所以，想要擁有健康的心靈，我們必須先學會調節自己的心情。而想要擁有好心情，就得從原有的壞心情中解脫，從煩惱的死胡同中走出來。放下心情的包袱，好好檢視清楚，看看哪些是事實，把它留下來，設法解決。哪些是垃圾，是替自己製造困擾的想法；把它扔掉，這就能應付自如，帶來好心情了。

嫉妒是心靈的枷鎖

莎士比亞說：「您要留心嫉妒啊，那是一個綠眼的妖魔！」

嫉妒的人是可恨的，他們不能容忍別人的快樂與優秀，會用各種手段去破壞別人的幸福，有的挖空心思採用流言蜚語進行中傷，有的採取卑劣手段惡意破壞；嫉妒的人又是可憐的，他們自卑、陰暗，他們享受不到陽光的美好，體會不了人生的樂趣，生活在他們的黑暗世界裡；嫉妒的人是那麼的可悲，「心靈的疾病」會擴散到身體各處，引起軀體上的不良反應，疾病不請自到，它是摧毀人性和健康的毒藥。

奧里森‧馬登在自己的著作中曾經不止一次地對嫉妒的心理進行了嚴厲的批判。馬登認為，嫉妒的人在嫉妒別人的同時也是在放棄自己，這種人永遠不會成功。

嫉妒是人性的弱點之一，是一種較為複雜的心理，它包括焦慮、恐懼、悲哀、猜疑、羞恥、自責、消沉、憎惡、敵意、怨恨、報復等不愉快的情緒。別人天生的身材、容貌和逐日顯出來的聰明才智，可以成為嫉妒的對象；其他如榮譽、地位、成就、財產、威望等有關社會評價的各種因素，也都容易成為他們嫉妒的對象。嫉妒就像一道枷鎖，會將一個人牢牢拴住，讓

人不但得不到任何好處，反而讓自己跌進痛苦的世界中走不出來。正如巴爾札克所說：「嫉妒者受到的痛苦比任何人遭受的痛苦更大，他自己的不幸和別人的幸福都使他痛苦萬分。嫉妒心強的人，往往以恨人開始，以害己而告終。」

有一個人，有幸遇見了上帝。

上帝說：「現在我可以滿足你任何的一個願望，但前提就是你的鄰居會得到雙份的報酬。」

這個人高興不已。但他細心一想：如果我得到兩份田產，我鄰居就會得到四份田產；如果我要一箱金子，那鄰居就會得到兩箱金子了；更要命的就是如果我要一個絕色美女，那麼那個要打一輩子光棍的傢伙就同時得到兩個絕色美女……他想來想去總不知道提出什麼要求才好，他實在不甘心被鄰居白占便宜。

最後，這個人一咬牙：「哎，你挖我一隻眼珠吧」。

這個小故事形象地告訴了我們嫉妒的可怕之處。心理學家認為，嫉妒是人類的一種普遍的情緒，它源於病態競爭，與個體的性格、文化背景、閱歷、世界觀關係密切。但是不管怎樣，嫉妒心理都是一種破壞性因素，它對生活、人生、工作、事業都會產生消極的影響。正如德謨克利特所說：「嫉妒的人常自尋煩惱，這是他自己的敵人。」因此，無論是誰，如果想要成就大事或幸福生活，都必須摒棄嫉妒這一不良心態。

嫉妒心理的克服要掌握一定的方法。當嫉妒心理萌發時，或是有一定表現時，要能夠積極主動地調整自己的意識和行動，從而控制自己的動機和感情。這就需要冷靜地分析自己的想法和行為，同時客觀地評價一下自己，從而找出問題所在。一個有道德的人，一個思想純正的人，一個能積極進取的人，當他發現有人比自己做得好，比自己有能力時，從不去考慮別人是否超

過了自己，或對別人心生不滿，而是從別人的成績中找出自己的差距所在，從而振作精神，向他人學習。這樣，便有可能在一種積極進取的心理狀態下，迸發出創造性，趕上或超過曾經比自己強的人，即古人說的見賢思齊，這樣的態度才是一個人立於不敗之地的正確心態。當認清了自己後，再評價別人，自然也就能夠有所覺悟了。

　　下面具體介紹一些切實可行的克服嫉妒的方法：

· 正確認識法：嫉妒的產生往往是由於誤解所引起的，即人家取得了成就，便誤以為是對自己的否定，對自己是威脅，損害了自己的「面子」。其實，這只不過是一種主觀臆想。一個人的成功不僅要靠自己的努力，更要靠別人的幫助，榮譽既是他的也是大家的，人們給予他讚美、榮譽，並沒有損害自己。

· 攻擊嫉妒法：當嫉妒心一經產生，就要立即把它打消掉，以免其作祟。這種方法，需要靠積極進取，使生活充實起來，以期取得成功。培根說過：「每一個埋頭沉入自己事業的人，是沒有工夫去嫉妒別人的。」

· 「看開一點」消除法：「看開一點」就是樂觀一點。人生總有不如意之事，所謂「家家都有本難念的經」即是此理。當然，做到「看開一點」，也不是一件容易的事，但隨著時間的流逝，是可以改變個人的觀點的。如果正處在憤怒、興奮或消極的情態下，能平靜、客觀地面對現實，是能達到克服嫉妒的目標的。

· 正確比較法：一般而言，嫉妒心理常常產生於周圍熟悉的年齡相仿、生活背景大致相同的人群中。因此，只有採取正確的比較方法，煩惱情緒就會少了。

· 自我驅除法：嫉妒是一種突出自我的情感表現方式。在這種心理支配下，人在待人處事時就常常以我為中心，無論什麼事，首先考慮到的是

自身的得失，因而引起一系列不良後果。若出現嫉妒苗頭時，即行自我約束，擺正自身位置，努力驅除妒忌心態，可能就會變得「心底無私天地寬」了。

總而言之，芸芸眾生，大千世界，由於各人的機遇與境遇不同，人難免分出「等級」，或飛黃騰達、意氣風發，或窮困潦倒、默默無聞。對於他人的成功，可以羨慕，但不要嫉妒。羨慕，就是儲蓄你自己大量的精力、時間、智慧去產生應該屬於你範圍內的積極心理，這會讓一個人充滿了向上的動力，從而促成自己的成功；不嫉妒，就是要灑脫和不甘於落後，給予他人真摯的祝福，對自己充滿必勝的信心，這才是強者的風度。俗話說，「尺有所短，寸有所長」，每個人都有自己的長處和短處，與其嫉妒他人的長處，不如化「嫉妒」為動力，用自己的奮鬥和努力去彌補自己的短外，從而消除與他人之間的距離，甚至超越他人。

保持平穩良好的情緒

對所有人來說，不良情緒是有害的，而平穩良好的情緒自然是有益的。奧里森‧馬登認為，要想擁有一顆美好心靈，就一定要注意自己的情緒，使其盡可能的保持平穩良好。

保羅‧達德利‧懷特是奧里森‧馬登的好友，也是美國當時有名的心臟病專家，他曾經建議奧里森‧馬登將注意保持穩定的情緒這一點寫入其著作之中。

在懷特看來，之所以要平穩良好的情緒，原因有以下幾點：

良好的情緒具有特殊的療效

在人們對荷爾蒙 ACTH（ACTH 是指促腎上腺皮質素，是維持腎上腺正常形態和功能的重要激素）還一無所知的日子裡，懷特博士的一個病人透

過親身經歷告訴了他們真相。她是個年輕的母親，有兩個未成年的孩子和一個愛酗酒、整天無所事事的丈夫。這個女人得了可怕的風濕熱，整日臥病在床，就這樣維持了三年。她的醫生說最多還有一年的時間，她就會離開這個世界了。

這個年輕的女人情緒極度低落，一點求生的願望也沒有。但是，突然發生了一件事，對於她的病來說，可謂是上天賜給的祝福。她丈夫不知什麼原因離家出走了，留下這個可憐的母親和兩個孩子，甚至一點生活費也沒有留給他們。正是這個突發事件將她從憂鬱的陰影中解脫出來了。

當懷特博士去看她的時候，她很堅強地說：「懷特醫生，我一定要起床，我還要照顧、撫養我的兩個孩子呢。」

懷特博士安慰她：「親愛的女士，我也希望妳能盡快康復，可是妳的心臟會受不了的。」懷特博士一直是她的醫生，對她的心臟狀況了如指掌，那麼虛弱的一個人，心臟怎麼能承受這麼大的壓力呢。只要是懷特醫生看過的病人，他通常都能清楚地掌握病人的具體病況，這一點毋庸置疑。可是，這次懷特博士卻低估了 ACTH 這種荷爾蒙產生的生理作用，當然在那個時候，人們還不知道 ACTH 是什麼東西，能起什麼作用。同時，懷特博士也低估了人類的情緒能刺激腦下垂體，產生 ACTH 和正常荷爾蒙的可能性。不顧懷特醫生的反對，年輕的母親鼓起勇氣，下定決心，充滿著激情和興奮，下床開始工作了。她靠著自己的努力又撫養了兩個孩子 8 年，才離開這個世界。

經過幾年的行醫，任何一個細心的醫生都能隨口說出幾個和上面的年輕母親類似的故事。人們通常會在病人做完外科手術後，看到這樣的例子。懷特博士所工作的醫院裡有一個外科醫生對一個病情急劇惡化的病人施行了手術，這可是個難度極大的手術，他的同事最終從病魔手中奪下了這個男人的生命。手術過後的第三天，這位同事讓懷特博士去看看這個病人，並告訴懷特博士，「他可是個快要死的人了。」

懷特博士看過他的病歷卡，從治療記錄上看來，他確實病得很嚴重，離死亡可能只有一步之遙。懷特博士來到他的病房，這個病人還是有意識的，不過，僅此而已。

「你好，亨利，今天感覺怎麼樣？」懷特博士問道。

亨利優雅地微笑著，從他的眼神裡，懷特博士能看出堅定並且充滿信心的光輝。懷特博士真不知道這樣的力量是怎麼賦予到他身上的。儘管身體仍然十分虛弱，他仍真實而誠懇地回答：「我很好，過幾天我就可以出院回家了。」

亨利的樂觀精神確實發揮了很大的作用，他康復了。如果他當時沒有那麼樂觀、堅定，充滿信心，懷特博士認為他肯定活不了幾天的。

另一個令人震驚的病例發生在一個中年婦女身上。懷特博士永遠也忘不了，她是因為無法控制的大出血而住進醫院的。她的病情非常嚴重，每次懷特博士到病房看到她時，都會以為她將不久於人世。然而，無論什麼時候問候她，她總是帶著一如既往的喜悅微笑和堅定的信心回答：「我很好，今天我還想坐起來呢。很快，我就可以回家了。」

有了這種比藥物治療還有效的精神療法，她確實康復了。

良好情緒甚至能產生奇蹟

在懷特博士所生活的時代，人們所掌握的有關的荷爾蒙知識還不完全，像碎片一樣零零星星地散落在漫無邊際的醫學世界裡，即便如此，這些零散的碎片也足以照亮許多看上去像是發生了奇蹟的嚴重病例。當然，人們了解的荷爾蒙知識越多，對此掌握的越深，自然界的精彩之處也就會越來越清晰了。

用事例來說明上面的結論並非難事，這樣的例子我們可以舉出成千上萬。

良好情緒的兩種作用

千萬不要忘記好的情緒會對人體產生兩個作用。第一，好情緒能夠替代使人飽受壓力影響的壞情緒；第二，好情緒會令腦下垂體受到影響，致使內分泌達到最佳平衡狀態。我們通常用這樣的方式來表達人體內分泌的這種最佳平衡狀態：「嘿，我感覺好極了！」感覺好極了就是說自己沒有什麼身體上的、精神上的不適，這時，體內的各種分泌都已達到最佳平衡狀態。然而，從各個方面看來，懷特博士認為第一個作用，也就是用好情緒來替代壞情緒以減少壓力的影響則是十分重要的。

為什麼不好好活著

你可能常會聽人說：健康的生活中，有著樂觀向上的情緒比其他任何東西都重要。每當我們感慨這些的時候，如何培養和處理我們的情緒便成為日常生活中最重要的事情。

迄今為止，我們知道的教育通常是指培養人們的智力和提高智商，這當然十分重要。但是，我們常會看到那些高智商的人儘管情緒上不太好，卻一樣過著還算幸福的生活。如果有什麼不幸的事突然降臨的話，可能那些擁有好情緒而智商相對偏低的人會生活得更加幸福。事實上，如果人們能正確對待的話，好情緒比高智商更容易得到認可。

對任何人來說，沒有必要讓壞情緒來影響破壞自己的生活。但是現實中，仍然有很多人會受壞情緒的影響。這主要是因為，人們一直都忽略了對自己進行情緒控制的教育和培養。

第三章
卓越的性格決定偉大的成功

　　性格決定一個人的成敗得失，決定一個人的前途命運。優良性格讓人不管是在順境還是在逆境中，都能坦然積極地面對，並且不懈努力，取得成功；不良性格會讓人走盡彎路，受盡挫折，甚至在關鍵時刻毀掉一個人的一生，造成悲劇性的結局。

抓住性格的偉大力量

性格就是一個人的精神面貌。性格，在心理學中的解釋是：一個區別於他人的，在不同環境中顯現出來的、相對穩定的、影響人的外顯和內隱行為模式的心理特徵的總和。

在日常的人際交往中，我們會發現，有的人行為舉止、言語笑貌令人難以忘懷；而有的人則很難給別人留下什麼印象。有的人雖曾見過一面，卻為別人留下長久的回憶；而有的人，儘管長期與別人相處，卻從未在人們的心中掀起波瀾。出現這種現象的原因就是性格在起作用。一般來說，鮮明的、獨特的性格容易給人深刻的印象，而平淡的性格則很難留下什麼印象。而這從某種意義上決定了一個人的社交能力和成功的機率。

奧里森‧馬登認為，任何成功的人都有非常卓越的性格。從某種意義上講，一個人的性格直接決定著他會不會取得成功。

人，來到人間就帶有自己獨有的性格，性格是人的一生中都甩不掉的一個主題，它是一個很抽象的東西但又顯而易見。舉個例子來說，人就像是一碗牛肉麵，性格就是這碗麵裡的牛肉，如果沒了牛肉，這碗牛肉麵還能說上是牛肉麵嗎？如果人沒了性格就等於失去了靈魂，失去了自我！而那些性格鮮明的人，往往更容易取得成功。

英國自由教會牧師兼作家威廉‧亨利‧德拉蒙德（William Henry Drummond）稱，世界上最偉大的事物是一種充滿仁愛的品格，如果這種說法是無疑的，那麼，在人的性格中體現出來的愛，就是世界上最偉大的。而德拉蒙德自己一生的經歷，本身就是非常偉大的。他的一生是閃耀著高貴個性與魅力的。

奧里森‧馬登專門研究過德拉蒙德，他這樣介紹德拉蒙德：「如果你遇到他的時候，你會發現他舉止優雅、衣著得體、高挑的身材、輕盈的體態，

走起路來腳步輕快而有節奏，臉上露出迷人的笑容，看上去永遠是快樂的神情、十分謙虛和自信。當你與他交談的時候，你會感覺，他對你談的內容非常有興趣。他會釣魚和射擊，他還會溜冰，精通許多運動項目，他經常打板球，他會不惜長途跋涉去看一場煙火表演或者一場足球賽。每一次你與他交談時，他都會有新的故事、新的謎語或者新的笑話說給你聽。在馬路上，他拉著你去看兩個頑皮小孩的惡作劇。在火車上，他將最新的新聞說給你聽；在一個鄉村農舍避雨時，他介紹了一種新的遊戲，沒過 5 分鐘人們就興致勃勃地開始玩這個遊戲了；在兒童樂園裡，孩子們為他巧妙的魔術手法大聲叫喊。當年齡還很小時，德拉蒙德便有著男人般的氣質；當成為一個男人時，他有著一顆孩子般的心靈。他被認識他的年輕人稱為王子。」

奧里森·馬登稱讚他：「在交友方面，他有非凡的才能。」人們都非常尊敬德拉蒙德。有人說。在德拉蒙德死後，人們都會向他祈禱，祈求他那感化人們向善的力量，能夠時時保佑他。

此外，奧里森·馬登的好友也稱讚道：「德拉蒙德有著超乎常人的影響力。這是一種神奇的魔力。確切地說，一般人藉由言語和行為來影響他人，然而他卻是透過鮮明的性格來影響他人的。」神經質而呆板的人遇到他，會感到無可適從，就像一個人認出一個魔術師而對他的魔力產生恐懼一樣。而其他人一見到他就會被他吸引住。對他感到好奇，久久地追隨著他，而不願意離開，想像著夢想中的王子降臨到了人間。

從奧里森·馬登及其好友的描述中，我們可以清楚地了解到，德拉蒙德是一個多麼有美好性格的人。我們雖然不曾與他會面，但是經過這些描述，我們似乎已經與這位著名作家有過一番會談，似乎對他已經非常了解，這就是性格的非凡力量。從此我們也可以知道，像德拉蒙德這樣鮮明性格的人，成功似乎是自然而然的事情。

　　說到這裡，我們不僅要進一步追問：性格究竟是什麼？答案似乎不像上面我們揭示得那麼簡單。準確地說，性格是多種優秀特質在他身上的一種獨特的融合。一個人即便在精神上具有很強大的力量。但沒有一個平衡的心態，就很難擁有優秀的性格。

　　一般來講，性格可以分為以下四種類型：

· 活潑型：人群中聲音最大，情感外露，熱情奔放，會尋找樂趣，會繪聲繪影地描述細節，回味那些令人興奮的細節。極富幽默感，只要他們在，就永遠是歡聲笑語。這類性格的人缺點在於，一旦遇到麻煩，他們就會消失得無影無蹤。三分鐘熱度，像永遠也長不大的孩子，愛享受。

· 完美型：深思熟慮，座右銘是：既然值得去做，就應該做到最好。因此他不在意做多快，但在意做得最好，他代表了工作的高標準。目標長遠，天生藝術家，有條理，最喜歡做規畫，敏感易受傷害。感情內向，過分自責，甚至庸人自擾。是易受情緒控制的人。

· 力量型：最重視目標和成功。性格執著，目光所向，無堅不摧，他們在意工作的結果，對過程和情感不太關心。喜歡控制一切，有點霸道粗魯和冷酷無情。力量型的人情緒穩定，比較強勢，不喜歡眼淚，不會說對不起，不喜歡受他人命令。

· 和平型：當完美型在想，力量型在做，活潑型在說的時候，和平型比任何人都低調，他在一旁觀看。當活潑在尖叫，力量在攻擊，完美在消沉，只有和平穩如磐石。他們對生活少有什麼過高的要求，但有著良好的人際關係。他們似乎沒主見，不願負責，缺乏熱情。不喜歡出風頭，得過且過，平庸，懶惰。

　　需要我們注意的是，性格有優缺，但並沒有好與壞，不同的性格和不同的策略與原則，在邁向成功的道路上也會有不同的選擇。同時，沒有一個人

是 100% 屬於某一種類型。性格的擴展領域本來就是很開放的，每個人的性格裡都自有一種「美」存在，不要只看到自己的性格弱點，去一味尋求所謂的完美。其實，只要不帶偏見地深入看自己，總會找到自己性格中的優勢。只要為自己的性格打開一片天地，就總會看到自己的性格將變得更豐富、更有魅力。不同性格的人都可以成功，關鍵是我們怎麼去運用性格，怎樣讓我們去進入這個空間，怎樣用好的方法讓大家都能夠得到成長和成功。每個人對成功的定義都不一樣，真正的成功應該是全方位的，包括朋友、家庭、心靈、時間和金錢等，最終是精神上的東西。使你的身心得到昇華，然後成為一個成功者。

最後，奧里森‧馬登認為，生活的矛盾、衝突大部分都源自我們的性格。性格決定命運。世事無常，人的性格也會隨環境和際遇而改變。那麼，一個人是否可以掌握自己的性格呢？俗話說「江山易改，本性難移」，但是世間唯一不變的定律就是「變」。當然此定律皆可用於你我本身。如果想要成功就必須從我們的性格入手，改掉我們性格中的消極部分，抓住我們性格中的積極部分，繼而發揚性格的偉大力量從而鑄就我們的成功。

好性格是成功的前提

良好的性格是我們本身所具有的財富，它讓我們在錯綜複雜的人際關係網中遊刃有餘；良好的性格是我們內在散發的魅力，它讓我們在坎坷的成功路上戰無不勝。

西元前 5 世紀初，雅典西南的洛里安姆銀礦場開採出一條價值連城的上等銀礦脈，而且，在極短的時間之內，這個新礦層就產出了好幾噸純銀。

正因為有了這個在洛里安姆礦場意外發現的「世界寶藏金銀之泉」，雅典才一躍成為地中海東部的海上霸主和希臘世界的領袖。不久，雅典還成為

古典時期知識薈萃、藝術蓬勃的中心。一個寶藏的開掘、改變了雅典的歷史，鑄就了西方文明的輝煌。

發現一個礦藏，可以改變一個國家的命運；挖掘出良好的性格，可以改變一個人的一生。自然界有寶藏發掘的奇蹟，人本身也有內在的寶藏 —— 良好的性格。

奧里森·馬登認為，人們透過改變自己的性格，從而就能改變自己的命運。這個改變關係到每個人的成長與快樂。人人都可以獲得幸福和快樂，人人都可以走向成功，獲得的途徑就是從改變自己的性格開始。我們每個人的命運都不是老天注定的，性格也不是天生的。良好的性格是後天經過不斷的錘煉與打磨而形成的。自然狀態下的鐵礦石幾乎毫無用處，但是，如果把它放入熔爐鑄造，然後進一步提煉，再進行錘煉和高溫冶煉，放入一個模型之中，它就可以製成優良的器具。性格也一樣，只有不停地打磨，克服不良的性格，實現性格的轉變，才能發揮它的作用，才能幫助自己獲得成功。

也許有人因為自己學歷太低而消沉，哀嘆生不逢時。但每個人都有一個大腦，只要意志不倒，我們就會成功。成功意味著贏得尊敬，成功意味著勝利，成功意味著最大限度地實現自我價值。但成功不是某些人的專利，只要你有強烈的成功意識，只要你態度積極、堅忍不拔，只要你信心十足、有崇高而堅定的信念，只要你能夠發揮你的性格優勢，即使你是一個小人物，你也能成功。成功並不偏愛某一特殊人群，成功對任何人都是平等的。

約翰·梅傑被稱為英國的「平民首相」。這位筆鋒犀利的政治家是白手起家的一個典型。他是一位雜技師的兒子，16 歲時就離開了學校。他曾因數學不及格而未能當上公車售票員，飽嘗失業之苦。但這並沒有壓垮年輕的梅傑，這位能力非凡、具有堅強信心的年輕人終於靠自己的努力擺脫了困境。經過外交大臣、財政大臣等 8 個政府職務的鍛鍊，他終於當上了首相，登上

了英國的權力之巔。有趣的是，他也是英國唯一領取過失業救濟金的首相。

　　類似的例子比比皆是。比爾蓋茲不願繼續讀完他的大學，他要從事自己感興趣的事，他成功了，他成了世界的首富。高爾基說得好，社會是一所大學。當我們融入社會，當我們積極思考這個社會，當我們為自己在這個社會找到座標後，我們就有成功的可能。

　　有句俗話說得很好，三百六十行，行行出狀元，成功的道路千萬條，就看自己選擇哪條。每個人都是一座金礦，每個人都有無比巨大的潛能，而挖掘者就是自己。人生的命運就掌握在自己的手中，人生成功與否由自己決定。如果明白了這個道理，我們就不會因為自己是一個窮人、是一個底層人物而怨天尤人、牢騷滿腹或忿忿不平，就不會受自卑困擾、懶於行動而坐以待斃了。下定決心，奮鬥、打拚、勇往直前，成功就屬於自己。

　　當然，每個人性格中其實都有優點和缺點。如果整天抓著自己的缺點不放，那麼你將會越來越弱。我們應該學會強調自己的優勢，這樣，你就將越來越自信和成功。

　　很多人把自己性格上的弱點當成自己不能成功的藉口，拒絕跳出自己編織的網，也就永遠走不出失敗的沼澤。要知道，我們每個人都能成功，都能快樂和幸福。但是我們必須學會突出自己的優勢，學會將普遍意義上的缺點變成優點，加上自己的努力和智慧，成功就在眼前。

　　總之，好性格是成功的前提，從自己的性格中發現人生的大財富是我們每個人必須具備的能力。

執著堅定終究會成功

　　性格決定命運。在性格中，一種性格有其矛盾對立的兩面性，又有其矛盾對立的統一性。比如：忠誠與虛偽，老實與狡猾，文明與粗陋，頑強與懦

弱，穩重與輕浮，冷靜與急躁，勇敢與膽怯，耿直與圓滑，開朗與狹隘，謙
遜與驕傲等等從根本上都是對立的，但有時又是統一的，又是相互轉化的。
如果一個人在其性格上擁有前者，他的命運通常應該不會很差；如果一個人
在其性格上只擁有後者，他的命運通常應該不會很好；如果一個人在其性格
上能在兩者之間對立統一，靈活把握，因人因事因時準確發揮運用，很可能
在任何時候，在任何情況下他就能從容對待，遊刃有餘，命運會很好，成功
也會更容易取得。

　　一般來說，只具有某種性格的一方面，就會出現性格的偏執；只具有多
種性格中的某一種，其性格是不完善的。對於性格，可以上升到世界觀與方
法論上來認識。對人，對事的態度實際上是世界觀的反映；對人，對事在行
為上是方法論的表現。不同的性格決定不同的命運。每個人的性格的不同，
決定了他們命運的千差萬別，有什麼樣的性格就有什麼樣的命運。

　　奧里森・馬登認為，對成功最有益的性格是執著與堅定。輕易得到的會
輕易失去，刻骨銘心的記憶來自於刻骨銘心的追求。生活中的每件事都是那
麼艱難吃力，難遂人願。成功不會隨便屈服於你的選擇，而只是我們學會執
著，堅定地追求我們的目標，我們才可能成功。

　　一個農場主在巡視自家的糧倉時，不小心將一隻非常名貴的金錶掉了。
農場主獨自一個人在糧倉裡找了很久，卻一無所獲，最後他只好在門口貼了
一張公告，請周圍的人們來幫忙尋找，如果找到將有重金相報。

　　面對賞金的誘惑，農場周圍的人們都來幫忙尋找。可是，糧倉實在太大
了，糧倉裡的糧食堆積成山，要想從翻尋出金錶簡直太難了！

　　人們忙了一整天，一無所獲地離開了糧倉，大家還一路抱怨糧倉太大，
金錶太小。最後，只剩下了一個穿著破舊衣服的小男孩在糧倉裡努力尋找。
此時，他已經一天沒有吃飯。天黑了，小男孩依舊在糧倉中搜尋那塊金錶。

　　寂靜的糧倉中只有小男孩和堆積如山的糧食。寂靜中，小男孩突然聽到了微弱的「滴答、滴答」聲。「滴答」聲在寂靜的糧倉中顯得格外清晰。最後，小男孩循著滴答聲找到了金錶，也得到農場主承諾的重賞。

　　成功其實很簡單，只要比別人多一點執著的精神，當別人放棄時，成功者依然堅持著，直到最後。成功就像是遺失在糧倉中金錶，它已經存在，我們也知道的存在，只是有的人執著地尋找下去，而有人放棄了。放棄了尋找，我們就永遠找不到成功；而選擇了繼續尋找，我們終會聽到那寂靜中清晰的「滴答」聲。想獲得成功並不難，只要執著一點！與小男孩一樣，美國歷史上最偉大的總統林肯也是憑藉自己執著的性格贏得成功的。

　　1832 年，林肯經營雜貨店失敗，這顯然使他很傷心，但他下決心要當政治家，當州議員。糟糕的是，他競選失敗了。在一年裡遭受兩次打擊，這對他來說無疑是痛苦的。1833 年，他再度經商失敗，所欠的債務在之後需要 16 年才還清。幸運的是，在 1834 年，他第二次議會競選獲得成功。第二年，即 1835 年，他訂婚了，但離結婚還差幾個月的時候，未婚妻不幸去世。這對他精神上的打擊實在太大了，他心力交瘁數月臥床不起。1836 年，他精神崩潰，臥病在床，期間失去了州議員的資格。1838 年他嘗試競選州議會議長，但他又失敗了。1843 年，他爭取連任國會議員，但這次仍然沒有成功。

　　1846 年，他又一次參加競選國會議員，最後終於當選了。兩年任期很快過去，他決定要爭取連任。他認為自己身為國會議員表現是出色的，相信選民會繼續選擇他。但結果很遺憾，他落選了。因為這次競選他賠了一大筆錢，他申請當本州的土地局局長。但州政府把他的申請退了回來，上面指出：「擔任本州的土地官員要求有卓越的才能和超常的智力，你的申請未能滿足這些要求。」

　　然而，他沒有服輸。1854 年，他競選參議員，但還是失敗了；兩年後他再度參選參議員，結果因經濟實力不足而被對手擊敗。

　　然而，林肯這時候已經不知道失敗是什麼了！他想著終有一天自己會成功的，上帝不會和他這樣一個人開一生的玩笑。果然，51歲那年，林肯成功當選美國總統。

　　在林肯大半生的奮鬥和進取中，有數次失敗，只有三次成功，而第三次成功就是當選為美國的第十六屆總統。屢次的失敗並沒有動搖他堅定的信念，而是發揮了激勵和鞭策的作用。如果林肯在性格上是個安於現狀、唯唯諾諾、優柔寡斷、不堪一擊的人，那麼他根本就當不了總統，黑奴還要很久之後才能得到解放。

　　成功的機遇其實就在眼前，只要我們有勇於闖蕩、勇於嘗試和堅強的性格，我們就能把機遇握在手中。馬克思曾對林肯做出這樣的評價：「一位達到了偉大境界而仍然保持自己優良心性的罕有的人。」林肯之所以會受到馬克思如此高的評價，之所以會成為美國人乃至全世界人民敬仰的偶像，不是上帝給他的指引，而是源自他的毅力和堅強的性格。可見，性格決定命運，有什麼樣的性格，就會有什麼樣的命運！這句話一點都沒有錯！

自卑消極會阻礙成功

　　德國哲學家黑格爾說：「自卑往往伴隨著懈怠。」自卑，除了消磨一個人的雄心、意志，使他自暴自棄、悲觀洩氣之外，恐怕不會有什麼正向作用。奧里森・馬登曾在自己的著作中忠告年輕人，生活、事業都還剛剛起步，人生之路還漫長，即便起步時遲緩了一些，或走了點彎路，成績一時不如人，也遠不足以決定一個人的一生。好比一個優秀的長跑運動員，剛起跑時，比別人慢了一些，並不要緊，只要他蓄積力量，再加把勁，一樣可以趕上、超過前面的人，甚至可能奪得第一。當然，看到許多同齡人比自己優秀，畢竟是一件令人慚愧的事。冷靜地反思一下造成自己落後的原因也是必要的。

奧里森‧馬登成功學認為，有自卑心理的人大致有以下幾個特點：

一是不能正確評價自己，常常覺得自己一無是處，往往無端地誇大自己的缺點，覺得自己沒有出息，認為自己缺乏特長，毫無價值。總覺得自己的運氣不好，事事不如意，別人處處和自己作對。

二是很難有知心朋友，因為自卑者不能正確認識自己，對自己的認識完全建立在別人的評價上，所以對別人的評價異常敏感。常常擔心別人嘲笑自己。別人說自己好，便自鳴得意；別人說自己不好，便生氣，情緒也開始低落，常為一句不經意的話或一件小事怨恨別人，因此和別人的關係很難維持很久。此外，由於自卑者的自尊心過強，稍遇刺激就會受到傷害，因此為了保護脆弱的自尊心，自卑者常常自我封閉，很少與人交往。

三是心胸狹隘易發怒，自卑感常常是在和別人相比較，覺得自己不如別人時產生的。自卑者常在別人面前發牢騷，心理也長期處於消極緊張狀態，動不動就大發脾氣，然後又陷入深深的自責之中。

自卑，可以說是一種性格上的缺陷。表現為對自己的能力等面向評價過低，同時可能伴有一些特殊的情緒體現，諸如害羞、不安、內疚、憂鬱、失望等。

奧里森‧馬登認為，經常遭受失敗和挫折，是產生自卑心理的根本原因。一個人經常遭到失敗和挫折，其自信心就會日益減弱，自卑感就會日益嚴重。自卑的產生會抹殺掉一個人的自信心，本來有足夠的能力去完成學業或工作任務，卻因懷疑自己而失敗，顯得處處不如別人。由於自卑的情緒影響到了生活和工作，所以為人的心理、生活帶來的不良影響也就很大。

馬特恩曾是一個很消極的人，多年前的一個晚上，他散步到紐約長島的一處草地上，計劃在那裡自殺。生命對他已無任何意義可言，生活中已經沒有任何希望。他隨身帶了一瓶毒藥，一口喝盡，躺在那等死。

第二天，他睜開眼睛，看到月光皎潔的夜空，十分驚異。他想不通自己為什麼會沒死。他開始認為，這是上帝的意思，上帝希望他活下來，因為另有任務給他。

他突然間重新有了生存的渴望。他感謝上帝的恩賜，讓他活下去，並且下定決心，一定要活下去，要以幫助他人為職責。馬特恩成了一位了不起的人物，他把幫助他人當作自己生命的全部使命。

其實，正如這個故事告訴我們的一樣，自卑消極？還是積極面對一切？其實只是轉眼之間的事情。只要我們用積極的眼光來看問題，我們就不會自卑。那麼，具體來講，怎樣才能從自卑的束縛下解脫出來呢？

- 全面了解自己，正確評價自己：你不妨將自己的興趣、嗜好、能力和特長全部列出來，哪怕是很細微的東西也不要忽略。你會發現你有很多優點，並且對自己的弱項和遭到失敗的地方抱持理智和客觀的態度，既不自欺欺人，又不將其看得過於嚴重，而是以積極的態度應對現實，這樣自卑感便失去了溫床。

- 轉移注意力：不要老是關注自己的弱項和失敗，而應將注意力和精力轉移到自己最感興趣，也最擅長的事情上去，從中獲得的樂趣與成就感將強化你的自信，驅散自卑的陰影，從而緩解你的心理壓力和緊張。

- 對自己的自卑進行心理分析：這種方法可在心理醫生的幫助下進行。透過自由聯想和對早期經歷的回憶，分析找出導致自卑心態的深層原因。並讓自己明白自卑情結是因為某些早期經歷而形成的，它深入到了潛意識，一直影響著自己的心態。實際上自己現在的自卑感是建立在虛幻的基礎上的，是沒有必要的。這樣就可以從根本上瓦解自卑情結。

- 用行動證明自己的能力與價值：其實，看一個人有沒有價值，根本無須進行什麼深奧的思考，也不用問別人。有人需要你，你就有價值，你能

做事，你就有價值。因此，你可以先選擇一件自己最有把握也有意義的事情去做，完成之後，再去找一個目標。這樣每一次成功都將強化你的自信心，弱化你的自卑感，一連串的成功則會使你的自信心趨於穩固。

· 從另一個方面彌補自己的弱點：每個人都有多方面的才能，社會的需要和分工更是萬象紛呈。一個人這方面有缺陷，可以從另一方面謀求發展。只要有了積極心態，就可以揚長避短，把自己的某種缺陷轉化為自強不息的推動力量，也許你的缺陷不但不會成為你的障礙，反而會成為你成功的條件。因為它促使你更加專心地關注自己選擇的發展方向，促使你獲得超出常人的發展，最終成為超越缺陷的卓越人士。

· 從成功的回憶中建立成功的自我形象：當你懷疑自己的能力並為自卑感所困擾的時候，不妨從過去的成功經歷中吸取養分，來滋潤你的信心。不要沉溺於對失敗經歷的回憶，把失敗的意象從你腦海中趕出去，因為那是你不友好的來訪者。失敗絕不是你主要的那一面，而是你偶然存在的消極面。你應該多強調自己成功的一面。一連串的成功，貫穿起來就構成一個成功者形象。它強烈地向你暗示，你是具有決策力和行動力的，你能走上成功的人生。

　　總而言之，嚴重的自卑感會扼殺一個人的聰明才智，它還可以形成惡性循環：由於自卑感嚴重，對於想做的事不敢去做或者做起來縮手縮腳，沒有魄力。自卑者的性格決定了他們做事的方式，會讓他們錯過很多良機，從而很難實現自己的願望。要想獲得成功，我們就必須摒棄自卑。

優柔寡斷會錯失良機

　　在我們的生活中，有很多這樣的人：他們遇事猶豫不決，拿不定主意。總是徘徊在取捨之間，無法定奪。這樣就會使本該得到的東西，輕而易舉地

失去了；本該捨去的東西，卻又耗費了許多精力。而時機是不等人的。人生的許多時候，只有及時抓住機遇，竭盡全力地去努力，才能取得成功。正所謂「花開堪折直須折，莫待無花空折枝。」如若不然，則會失去良機。

人們之所以優柔寡斷，因為他們總希望做出正確的選擇，他們以為透過拖延選擇便可以避免犯錯誤，從而避免憂慮。所以，要消除優柔寡斷，你不要將各種可能的結果都用對與錯、好與壞，甚至最好與最壞來衡量。

兩個獵人去打獵，路上遇到了一隻大雁，於是兩個獵人同時拉弓搭箭，準備射殺大雁。

這時獵人甲突然說：「喂，我們射下來後該怎麼吃？是煮了吃，還是蒸了吃？」

獵人乙說：「當然是煮了吃。」

獵人甲不同意煮，說還是蒸了吃好。

兩個人爭來爭去，雖然明知彼此建議的優缺點，但就是下不了決定，一直沒有達成一致的意見。終於，前面來了一個砍柴的村夫，於是兩個人徵詢村夫的意見，村夫聽完說，這個很好辦，一半拿來煮，一半拿來蒸，不就可以了。兩個獵人感覺這個主意不錯，決定就這麼辦。

於是兩人再次拉弓搭箭，可是大雁早已飛走了。

獵人在如何吃的問題上，花了太多的時間和精力，最終失去了獵殺大雁的最佳時機。沒有了獵殺的過程，當然就沒有了怎麼吃的結果；沒有快速地行動，當然就沒有最後的成功。

就像例子中的獵人一樣，優柔寡斷的人無一不是消極被動的，他們做事習慣了猶豫，對於自己完全失去自信，所以在比較重要的事件面前，他們總是沒有決斷。有些素質、人品及機遇都很好的人，就因為猶豫的性格，把自己的一生都給毀了。

　　威廉‧沃特說過：「如果一個人永遠徘徊於兩件事之間，對自己先做哪一件猶豫不決，他將會一件事情都做不成。如果一個人原本做了決定，但在聽到自己朋友的反對意見時猶豫動搖、舉棋不定 —— 在一種意見和另一種意見、這個計畫和那個計畫之間跳來跳去，像牆頭草一樣搖擺不定，每一陣微風都能影響他，那麼，這樣的人肯定是性格軟弱、沒有主見的人，他在任何事情上都只能是一無所成，無論是舉足輕重的大事還是微不足道的小事，概莫能外。他不是在一切事情上積極進取，而是寧願在原地踏步，或者說乾脆倒退。」

　　成功的機遇要靠自己去探索、去把握、去牢牢地抓住；要想成功，就要勇於冒險，勇於失敗。奧里森‧馬登認為，快速制訂計畫並迅速行動是一種修養，不要等到萬事俱備以後才去做。因為如果要等所有條件都具備以後才去做，那就只能永遠等待下去。

　　優柔寡斷的人，就像一個貪婪而不自量力的傢伙，顯得可愛而又愚蠢，可恨而又可憐。我們必須要將「人生就是有得必有失」的道理，明確實踐到自己的具體行動上。人的精力是有限的，不可能在每一個方面都做到最好。而最明智的方法就是不要優柔寡斷，要快速做出決定。放開優柔寡斷的雙手，你會收穫更多。

成功須突破性格陷阱

　　現實生活中，每個人都有自己的長處，也會有自己的缺陷。如果對這些缺陷採取視而不見的態度，那麼缺陷將長期存在，絕不會自動消失，而且常常會成為交往過程中繞不過去的「陷阱」，使我們在和他人交往時舉步維艱。只有正視缺陷，並不斷加以彌補和修正，才會跳過這些「陷阱」，使自己的交往能力逐漸增強。

奧里森・馬登認為，一個人在追求成功的路上，先要避免自己性格上的缺陷，走出「性格陷阱」，否則的話，長期陷入自己的性格陷阱之中，永遠不會成功。以下是阻礙人們成功的最常見的「性格陷阱」：

・性格陷阱一：心胸狹窄

　身為一個人，首先要學會寬宏大度，即使真的認為別人有什麼做得不對的地方，也完全不必疑神疑鬼地胡亂猜疑，大可以直接提出來，這樣會有更多消除誤會的機會。

・性格陷阱二：沒有主見

　要能夠正確地對待別人的建議，在聽取別人建議的基礎上經過自己的理性分析再做出決策，這樣就不會盲目地相信別人，成功的機會也就會多很多。

・性格陷阱三：剛愎自用

　能力強的人往往容易成功，但是能力強的人又常常容易過分自信。對於能力比較強的年輕人，要注意多聽取別人的不同意見，尤其是當大家都反對時，一定要冷靜下來，仔細思考，千萬不要固執己見。

・性格陷阱四：死要面子

　如今的社會是能力加機遇的社會，死要面子並不是什麼明智的舉動，這種性格上的問題無疑會讓成功一次次地從面前溜走而後悔莫及。

・性格陷阱五：患得患失

　做任何一件事情，任何一項選擇，都會有所得有所失，這是一個基礎的道理。所以認定了目標，就要義無反顧地跨步前進，萬萬不可瞻前顧後，患得患失，以致喪失機遇，悔之晚矣。

・性格陷阱六：驕傲自負

　這種人只關心個人的需要，在人際交往中表現得目中無人。高興時海闊

天空，不高興時則不分場合亂發脾氣，全然不考慮別人的情緒。另外，與別人初識時往往過於親密，說一些不該說的話，反而會使人出於心理防衛而與之疏遠。人外有人，社會上有才能的人比比皆是，我們不能因為自己某一方面有點小才能就自以為是，目中無人。眼中沒有別人，自然會被別人所討厭。

· 性格陷阱七：多疑

有些人疑神疑鬼，對別人缺乏應有的信任。遇到別人三五成群地交談，就懷疑是議論自己，說自己壞話；看到好友與其他人要好，就醋意大發……多疑可以說是友誼之樹的蛀蟲，是交往之路的絆腳石。要做到不多疑，就要有寬廣的心胸，「厚德載物，雅量容人」。我們立身處事，既要有識別清濁的慧眼，也要有清濁並容的雅量。一個人要想創造一番事業，不能總是疑神疑鬼，要有恢弘的氣度。能容天下人，才能為天下人所容。

· 性格陷阱八：靦腆

性格上靦腆的人，在社交中固然也有其可愛的一面，但缺乏人際交往，對個人的成長進步是不利的。要學會人際交往，首先必須認識到人際交往的益處，看到人際交往的重要性。從生理、心理、社會及個人發展等方面考慮，增加與別人的互動至少有以下四大好處：一是開闊視野。二是互相激勵。三是健全心理。四是「架橋鋪路」。多個熟人多座橋、多個朋友多條路。在人生的旅途上，誰都離不開別人的幫助，只有藉由人際交往，才能認識更多的人，才能與更多的人結下友誼，才能幫助別人並得到更多人的幫助。當然，只知道交往的重要性還是不夠的，還要大膽實踐，這樣才能不斷提高社交能力。

奧里森·馬登認為，突破性格陷阱需要我們不斷的接受新鮮的事物，緊

緊把握住時代的風向，改變自己故有的、阻礙人生發展的、不利於進步的性格，衝破原有思想的約束，形成更加適應社會發展需要的性格；突破固守的思維模式，尋求多元思維模式，這樣才能在日新月異的的社會中，更快的接受新的訊息和思想。當然我們在追求突破的時候，也不能把原有的好的方面從中剔除，不能因為增強了溝通能力，而開始弄虛作假。應該在誠實守信的基礎上，鍛鍊自己的溝通能力，增加彼此的信任，這才是完善的健全的性格。

　　奧里森‧馬登始終相信，活躍的思維方式，才能使人不斷地進步，不斷地提高自己的能力，創造輝煌的人生；健全的性格，是人生成功的有利保證，也是實現健康人生的首要條件。突破性格的局限，讓自己做得更好，讓完善、健康的性格支撐健康、成功的人生，這才是正確的做法。

學會完善自己的性格

　　我們知道，幾乎所有人的性格都不是至善至美的。在這種情況下，我們要想成功，要想獲得好性格，要想避免性格中的「陷阱」為我們的成功帶來的威脅。我們就必須要學會完善自己的性格。奧里森‧馬登認為，每個人的性格都不是一成不變的，我們可以藉由各種途徑，完善自己的性格，使我們的性格更完善，更有益於我們成功。

　　當然，奧里森‧馬登也承認，性格的完善並不是一朝一夕的事情，正如性格的形成需要一個漫長的過程一樣，它的完善也需要一個漫長的過程。優良性格的形成需要一個長期漸進的過程，不良性格的克服也需要長期不懈努力。性格是一種相當穩定的個性特徵，這種穩定性特點決定了性格的形成和轉化只能是一個緩慢的漸進過程。無論是克服不良性格也好，還是塑造優良性格也好，都必須堅持循序漸進。

性格完善的標準

1. 為性格加入硬度

誰能以不屈的精神對待生活中的不幸，誰就最終能克服不幸。

2. 平和並富於進取

當今社會日益激烈的競爭需要我們有平和的心態和積極進取的精神。競爭就是實力、積極性的較量，它會無情地把一切懶惰的人、不思進取的人、無所作為的人一概拋在後面。競爭使無為者屈辱，使無能者恐慌，使無所事事者茫然失措。所以，如果沒有良好的性格做鋪墊，就不會以一顆平和的心去面對競爭。成功永遠是屬於擁有平和心和進取心的人。

3. 尋找開放美

在開放的社會裡，開放性格是適應時代變化、追求個人發展的重要條件。善於交際，是開放性格的外在表現；敞開心扉，則是開放性格的內在表現。人們在性格上要追求和時代相應的開放美。人之相知，貴在知心。敞開心扉，坦誠相見，不要使自己的城府太深，不要人為地造成人與人之間的隔閡，不要扯斷人與人之間的感情紐帶。性格開放，就是要向不同的觀念開放，向異己的人開放，這才是成功的可靠保證。

4. 成熟的自我修養

成熟的自我修養是培養優良性格的首要標準，也是個人掌控自身心態的必備能力，它是指為了培養優良性格而自覺進行的性格轉化和行為控制的活動。每個人不管長大以後性格多麼堅強，取得了多麼偉大的成就，但是在他童年時期的性格必定是孩子氣的、不穩定的。他們的優良性格，主要是在後天實踐過程中加強自我修養的結果。自我修養在個人性格發展的過程中起了很大的作用，只有透過自我修養，才能有效地把握自己性格的發展方向。

完善性格的方法

1. 改正認知偏差

由於受不良環境影響，有些人會產生一些錯誤的認知。要想改變不良性格，必須改變自己不正確的認知。具體而言，可以多參加有意義的集體活動，充分感受生活；多看進步的書籍和偉人、哲人傳記，看看他們成功史和為人處世之道。這對自己性格的改變會有幫助。

2. 試著去幫助別人，從中體驗樂趣

不良性格的人往往以自我為中心，他們對人冷漠，通常不願意參與人際交往，生活在自我的小天地裡。要想改變這樣的性格，平常可以主動去幫助別人，因為人人都需要關懷，你去幫助別人，同樣，別人也會主動來幫助你。同時，在這種幫助中，能體現自身的價值，心情改善了，對人的看法和態度也會隨之改變，從而有利於性格的改善。

3. 不要總用陰暗的心理去看待別人。

很多人喜歡用戒備的眼觀看人，尤其是一些上過當或受過挫折的人，對他人總是存在一種提防心理，凡事總往壞處想，這種人疑心重、心胸狹隘、辦事優柔寡斷。事實上，相信他人是成功的基礎，每個成功人士身邊總有一大群幫助他的人。因此，我們要正確地看待別人，看待我們共同生活的社會。

4. 加強道德修養

有的人已經形成了某種不良的性格特徵，例如懶惰、孤僻、自卑、膽小等，必須進行「性格改造」。人的性格雖有一定的穩定性，但它又是可變的，只要自己下決心去改，是能產生明顯效果的，懶惰的人可以變得勤奮，悲觀失望的人也可以成為樂觀活潑的人。方法一是提高

文化水準，二是加強道德修養。有文化、有道德的人就有較強的理性思考能力，就能以正確的態度去對待現實生活，有助於形成良好的性格特徵。

5. 培養健康情緒

一個人偶爾心情不好，不至於影響性格，但若長期心情不好，對性格就會有影響。如常年累月愛生氣、為一點小事而激動的人，就容易形成暴躁、易怒、神經過敏、衝動、沮喪等性格特徵，這是一種異常情緒化的性格。因此，要培養健康性格，就要樂觀地生活，要胸懷開朗，始終保持愉快的生活體驗。

6. 與人和諧相處

興趣廣、愛交朋友的人會從別人身上學到許多知識，培養出多種才能，有益於性格的形成和發展。但是，與品德不良的人交往，也會沾染不良的習慣。因此，要正確識別和評價周圍的人和事，不要與壞人混在一起，更不要加入不健康的小團體中。人與人之間要互敬、互愛、互諒、互讓，善意地評價人，熱情地幫助人，克己奉公，助人為樂，努力經營人與人之間的關係。長此以往，性格就能得到和諧發展。

7. 進行自我鍛鍊、自我改造

人本身具備一個自我調節的系統，一切客觀的環境因素都要透過主觀的自我調節發揮作用，每個人都在以不同的程度、不同的速度和方式塑造著自我，包括塑造自己的性格。隨著一個人的認識能力的相對成熟，隨著一個人獨立性和自主性的發展，其性格的發展也從被動的外部控制逐漸轉向自我控制。如果每一個人都意識到這一變化、促進這

一變化，自覺地確立性格鍛鍊的目標，不斷進行自我改造，就能完善自己的性格特徵。

8. 取人之長，補己之短

每個人的性格特徵中都有好的因素，也有不良的特徵。要善於正確地自我評估，辯證地對待自己的優缺點，好的地方使之進一步鞏固，不足的地方努力改造，取人長，補己短，有則改之，無則加勉。久而久之，就能使不良性格特徵得到克服和消除，良好性格特徵得到培養和發展。

最後還要強調，性格是在環境、教育等各種內外因素長期作用下逐步形成的。克服一種不良性格，必須進行長期、不懈的努力。忽視性格緩慢的漸變過程，想使不良性格在短時間內一下子來個轉變，有時雖然從表面上看也能奏效，但實際上這種轉變很不穩固，轉變快，反彈也快。因此，我們不能把性格修養看成是經過努力就能立竿見影的事，不能因為不良性格暫時在行為上消失了，就認為改變性格的任務已經完成了。必須老老實實地把性格改變看作是一個相當長的過程，進行持續努力，求得性格逐步的、緩慢的，然而卻是穩固的和扎扎實實的轉變。

不管怎樣，要記住，我們每個人的性格都有好的一面和不好的一面，關鍵是怎麼去運用性格。我們應該努力學習、借鑑成功者的經驗，努力向成功型性格靠攏，這樣每一種性格的人就都可以取得成功。

鍛造出你卓越的性格

性格是人的一種特點，一般而言，只不過是對人、對事的態度和行為方式上所表現出來的心理特徵而已，但它卻影響人們的一生，決定著人的命

運。性格反映出人的精神狀態，性格還包括人的品德、情感、動機、態度、價值觀、需求、興趣等方面。性格決定著習慣動作，決定著習慣性思維，決定著你的寬容度，決定著你的目標和夢想。

日常生活中，有人用搖頭點頭表示對事物的看法，這種人往往自信過度，以至於發展成唯我獨尊的心態。邊說邊笑的人，會使對方感到很好親近，有人情味，人緣也就好。在和人交談時，注視著對方，認真傾聽對方的言談，眼睛隨著對方的手勢轉動，這是一種既尊重別人又虛心的人。

性格的自我修養，是指個人為了培養優良性格而自覺進行的性格轉化和行為控制的活動。奧里森‧馬登認為，自我修養是培養優良性格的必要途徑，更是個人掌握自己、控制自己的必備能力。

常言道「江山易改，本性難移」。這個稟性幾乎和性格近義，但是稟性是天賦的，性格是逐漸形成的，雖然稟性也決定著性格的差異，然而性格的「可塑性」和「可移性」是存在的。任何性格特徵都不是天生的，大的走向都是在環境和習慣下薰陶出來的，這就存在性格可塑性的空間。當意識到性格的缺陷，外向型和內向型也可以互相互補，這就是性格的可移性。可移性的難度要比可塑性大，困難的是，習慣的心理和行為非常不容易轉換成很不習慣的心理和行為，很多成功人士都有這方面的體會。如果一個人的性格有很大的可塑性和可移性，那麼他向成功邁進的機會就更多了。生活把有稜角的性格磨練得沒有稜角，而把沒有稜角的性格磨練得又有了稜角。

奧里森‧馬登在他的著作中曾講過這麼一件事情。

每年 12 月 1 日，紐約洛克斐勒中心前面的廣場，都會舉辦一個為聖誕樹點燈的儀式。

高大的聖誕樹無比完美，據說它們都是從賓夕法尼亞州的千萬棵巨大的杉樹中挑選出來的。

一位畫家，深深地被聖誕樹的美麗、璀璨吸引了，他帶領著自己所有的學生去寫生。

「你以為那巨大的聖誕樹原本就是那樣完美嗎？」一個中年女性神祕地笑道。

畫家很奇怪：「千挑萬選，還能不完美嗎？」

「多好的樹都有缺陷，都會缺枝少葉，我丈夫在那裡當木工，是他用其他枝葉補上去，這些聖誕樹才能這樣完美啊！」

畫家恍然大悟：一切完美都源自修補。世上的每個人無論他多偉大、多著名，都不過是那樣一棵需要不斷修補的樹……

其實一個人的性格不也正是如此嗎？

使用同一種材料，一個人可能會建成宮殿，一個人可能會築成茅舍，一個人可能會建成倉庫，一個人可能會建成別墅。同樣是紅磚和水泥，建築師可以把它們建造成不同的東西。人的良好性格也在於自我創造，不經過一番努力，良好的性格也不會自發地形成。它需要經過不斷的自我審視、自我約束、自我節制的訓練。正是這種不斷的努力，才會使人感到振奮，令人心曠神怡。

著名科學家富蘭克林，早在年輕的時候就下決心克服一切壞的性格傾向、習慣或夥伴的引誘。為此，他為自己制訂了一項包括13個項目在內的性格修養計劃：節制、靜默、守秩序、果斷、儉約、勤勉、真誠、公平、穩健、整潔、寧靜、堅貞和謙遜。同時，為了監督自己按部就班執行這些項目，他把這13項內容記錄在小本子上，畫出7行空格，每晚都必須自省：如果白天犯了某一種過失，就在相應的空格裡記上一個黑點。

就這樣，富蘭克林持之以恆，透過長年累月的自我反省，終於讓這些代表性格缺陷的黑點逐漸消失了。富蘭克林晚年撰寫自傳時，還特別談起青年

時代培養良好性格的過程，認為自己取得的成績應當歸功於自我修養。

　　自我修養在個人性格的發展過程中起著很大的作用，它是教育的補充力量，也是良好性格的發展方向。「玉不琢，不成器。」一個人的性格，不經過認真的自我修養，不可能自然而然地達到優良高尚的境界。偉人也罷，庸人也罷，任何人的優良性格都是在後天實踐活動過程中，不斷進行自我修養的結果。

　　具體而言，我們可以透過以下一些方法來磨練和鍛造自己的性格。

　　第一，確立明確的目標。堅強的意志和明確的目標是分不開的，如果目標明確，就可以在不斷的克服困難中使意志得到磨練。

　　第二，做自己不感興趣但有意義的事情。現實生活中有很多有意義的事自己不感興趣，但要強迫自己去做好，這是十分必要的，因為這正是磨練意志的好機會。

　　第三，加強自我管理和約束。因為磨練意志的過程是一個艱苦的過程，若不能有效管理自己，就難以收到預期的效果。

　　第四，從小事做起，從現在做起。從小事做起，可以養成良好的習慣，會增強磨礪意志的信心和決心。

　　總之，只要我們不懈努力，我們一定可以鍛造出幫助我們成功的好性格。

第四章
優秀的品格是成功的基礎

優秀的品格是一件非常寶貴的東西，比寶石、黃金、皇冠、王國都要寶貴，而訓練優良品格所付出的勞動則是世界上最高貴的勞動。

優秀的品格孕育成功

　　做人處世要具備優秀的品格，這在很大程度上決定我們是否成功。俗話說得好，「外在是內心世界的反映」，內心沒有的東西就無法顯露出來。內在有了，外在自然也就能表現出來了。只有心靈的傑出，行為才能傑出；心靈的美好，氣質才會美好，所以，人的氣質、能力甚至成功在很大程度上是由內在的品格決定的。

　　奧里森·馬登認為，一個具有優秀品格的人在任何條件環境下，都會最終超越他的同儕。外部環境只能使他追求成功的過程變長，但無法阻止他最終獲得成功。成功源於強烈的期盼，孕育於痛苦的掙扎，是尋找自我並最終超越自我的結果。地位可以卑微，但是心靈必須高貴，品格必須優秀。有了高貴的心靈才會有優秀的品格，有了優秀的品格，我們才可能獲得成功。

　　在美國佛羅里達州有一名傑出的青年叫傑克，這位青年不但事業上做出了非凡的成功，成為眾多年輕人的楷模，同時對社會、對社區做出了許多貢獻，受到了大眾的敬重。為什麼這一位青年會擁有如此優秀的品格並做出如此巨大的成就呢？一時在美國成為了討論的熱點。

　　有位記者專程登門採訪了這位傑出的青年傑克，傑克並沒有講述多少動人的偉大理念，而是小心翼翼地拿出了自己珍藏多年的一個精美的小鏡框，鏡框中間鑲著一條美麗的藍絲帶，他告訴記者，是這條藍絲帶一直激勵著自己，並向記者講述了這條藍絲帶的故事……這條藍絲帶是傑克的父親傳給他的，父親還是一個年輕人的時候是一家小旅館的服務生，有一天傍晚旅館來了一對年邁的夫婦，可是旅館早已客滿，找不到任何一個空房間，年輕人想盡了一切辦法還是沒有找到一個空房間給這對年邁的夫婦，年輕人很不忍心地把這個結果告訴了這對年邁的夫婦，看著這對夫婦無奈而失望的眼神，年輕人突然想起了什麼，告訴這對夫婦「請等一等，讓我再想想辦法！」片刻

之後父親回來了，告訴他們已經找到了一間房子，請這對夫婦過去看看是否滿意！老夫婦看到房間很小，但是很整潔，顯然是剛收拾過的樣子，非常滿意！第二天早上，老夫婦到前臺去結帳付費的時候，卻被告知他們不需要為這間房間付費，因為這間房間是年輕人用自己的宿舍臨時改造的，而他自己卻在沙發上度過了一夜。老夫婦聽後非常感動，說什麼都要酬謝這位可敬的年輕人，年輕人怎麼都不肯接受。最後老夫婦提出了一個折衷的方案，要留下一根藍色的小絲帶給這位年輕人作紀念，以表彰他的真誠、愛心與付出，年輕人收下了。

幾個月後，年輕人收到了一封來自美國喬治亞州的邀請信，邀請他出席一個重要的會議，邀請信是美國著名的希爾頓飯店老闆發出，那對年邁的夫婦其實就是希爾頓飯店的老闆，他們邀請這位可敬的年輕人去擔任希爾頓飯店的首任 CEO ！傑克告訴記者，這是父親留給他的最珍貴的禮物，是它 —— 藍絲帶一直激勵著自己不斷付出，不斷進取。

相信這個故事能給我們很多的啟示，事實上，傑克的父親正是因為自己的優異的品格獲得了希爾頓飯店的老闆的青睞，從而得以擔任希爾頓飯店的CEO，而傑克也正是從父親那裡繼承了這樣的優秀的品格才在自己的事業上取得巨大的成功的。可見，優秀的品格的確能孕育巨大的成功！

無論何時何地，人們都喜歡結交具有優秀品格的人，排斥品行惡劣的傢伙。擁有美好品行的所有原則都包含在這句話裡：舉止優雅招人喜愛，行為粗魯令人厭惡。我們總是情不自禁地被一個樂善好施者所吸引 —— 因為他總能寄予同情，給人安慰，盡其所能，幫人擺脫困境。另一方面，我們鄙視唾棄另外一種人，他們時時處心積慮想從你那得到什麼，他們會在捷運裡左擠右推，為的只是能在別人前面找到最好的位子，他們總是去搶最舒服的座位，他們總是坐在餐桌上最容易伸手夾菜的位置。無論在餐廳，還是在旅

館，他們總是目無旁人，搶占位置，讓別人在他們後面排隊等候。

　　而一種優秀的品格有時會為你帶來最大的益處，比如使你在第一次見面時在人前留下良好的印象，或者是當你去接近一個多年就認識但關係泛泛的潛在顧客時，不表現出任何冒犯之意，不引起任何心理上的不快，相反，還要對對方抱有良好的意願，這些行為本身就是一種極大的成就。更為重要的是，這會為你帶來可觀的收益。

　　當與一個有優秀品格的人接觸時，他會挖掘出你身上存在的許多潛能，讓你擁有你以前想都不敢想的能力。你因此可以獨自去說你從不敢說的話，去做你從不敢做的事。這時候，誰會說他沒有感覺到自己的能力在飛速提高，自己的才智在慢慢增長，自己的優勢在不斷增強呢？演說家的激情往往來自於聽眾，而他又把這種激情反饋給聽眾，激起他們更高的熱情。但是，這種情形不同於一個化學家在實驗室裡把不同的化學藥品混合得到強大的能量，演說家獲得的激情不可能來自於觀眾中的某個個人。正是在雙方的交流與融合中才產生了新的思想、新的力量。

　　奧里森‧馬登認為，成功最終屬於具有優秀品格的人，這個觀點不容置疑！那麼，具體而言，什麼是優秀的品格？我們應該具有那些優秀的品格呢？奧里森‧馬登認為，一個想要成功的人必須具備的優秀品格有很多，但是並不是每個人都能成為完人，以下是每一個想要成功的人必須修煉的最基本的八大優秀品格：

保持謙虛

　　最傲慢的人也是最無知的人。奧里森‧馬登認識一些國家的總統和首相，他發現，儘管他們身邊的一些人可能非常傲慢，但他們本人卻從不這樣。奧里森‧馬登由此得出，一個人越是有地位，就越會懂得謙虛，而這也越會贏得人們的尊重。

鍛鍊自己的口才

大多數成功者都能夠清楚地表達他們的想法和感受，激勵自己的團隊。而要做到這一切，鍛鍊自己的口才是一個不錯的選擇。長期堅持鍛鍊自己的口才，做到這一點，並不難。

百分之百的誠信

誠信與成功之間的關係，猶如山與水之間的關係。山的厚重與堅韌象徵了人與人之間的信任與依靠，誠信就是山一般的品格。水的流動與衝力象徵了人對自己的生活採取一種靈活與堅持的生活態度，成功就是對水一般品格的報償。誠信與勤奮是成功的基石，一個人，不管是想成為仁者還是智者，都需要處理好誠信與成功的關係。記住一句話，「造物所忌者巧，萬類相感以誠」。

學會良好的社交技巧

良好的社交技巧是社會生存的手段，掌握良好的社交技巧不僅能擴大我們的交際範圍，更能讓我們收穫更好的交際效益，提升我們的人際交往的規格。真誠對待別人、微笑、記住別人的名字、做一個好的聽眾並鼓勵別人談談他們自己、談論別人感興趣的話題、讓別人感到自己的重要性……這些是最基本的交際技巧，我們必須掌握。

學會最得體的社交禮儀

社交禮儀是指人們在人際交往過程中所具備的基本素質，交際能力等。社交在當今社會人際交往中發揮的作用愈顯重要。透過社交，人們可以溝通心靈，建立深厚友誼，取得支持與幫助；透過社交，人們可以互通資訊，共享資源，對取得事業成功大有獲益。隨著人們相互合作、相互交往的機會日趨增多，如何學會尊重自己、尊重他人，應對自如，凸顯個人魅力，這對於

我們的成功是非常重要的。

總是讓自己打扮得最得體

這是展示自信和對別人表示尊敬的一種方式。

多結交給人靈感並充滿愛心的朋友

如果你周圍總是些無聊、吝嗇、冷酷的人，那麼你也有可能變成這樣的人。

修養比金錢更有價值，因為金錢無法買來修養

修養包含了四項內容：外表、聲音、舉止、言談。

總而言之，優秀的品格有一種內在的魅力，這種魅力永恆持久，不易消逝，讓人難以拒絕。沒有人會去嗤笑具有這種魅力的人。因為他們煥發出了耀眼的光芒，消除了所有的偏見。無論你有多忙，有多焦慮不安，或是痛恨別人打擾，面對這種具有令人愉悅特質的人，你都無法轉過臉去拒絕，它將幫助你取得偉大的成功！

勇氣使成功成為必然

人生成敗全綁在一個「勇」字，你能否做到勇者無畏呢？

大凡成功的人，都是智勇雙全的人。歌德說：「你若失去了財富，你只失去了一點；你若失去了榮譽，你就失去了許多；你若失去了勇氣，就把一切都失去了。」「智者不惑，勇者不懼，誠者有信，仁者無敵。」勇敢的人，是無所畏懼的。俗話說得好，「機不可失，時不再來。」只有勇敢的人才能抓住機遇，勇獲成功。這也是奧里森·馬登成功學著重強調的一點。

世界上許多偉大的成功者都屬於那些敢想、敢做的人，而有些人雖然智力超群，才華橫溢，但卻因瞻前顧後，不知取捨而終無所獲。我們常聽說，天才、運氣、機會、智慧是成功的關鍵因素，但更多的人失敗是因為有三件

事沒有做到位，即：缺乏敢想的勇氣，缺少敢做的能力，沒有勇於承擔成敗的決心。成功是一種挑戰自我的過程，對我們來說，需要有更大的膽量、更快的速度、更奇的招數才能脫穎而出，掌握先機。這就是說，敢想、敢做是我們必須遵循的成功法則。

敢想

　　成功伴隨敢想而來，敢想為成功揚帆起航，敢想的人，頭腦長在自己的肩上；敢想的人，從不鑽牛角尖；敢想的人，隨時都在追尋目標，準備前進。當然，敢想不是妄想，不是瞎想，不是空想。一個沒有腿的人企圖跑過世界冠軍，可能嗎？

敢做

　　敢想還要敢做，十個想法不如一個行動。在成功當中，敢做傾向於一種謀略。能不能把一件事做成功，關鍵看使用什麼方法和技巧，只要有特殊的方法、明確地實施方案和清晰的目的，一切按計畫運作，成功就指日可待。

　　勇氣有著巨大的力量。它是成功一個很重要的因素。勇氣的力量妙不可言。它能挖掘出人們想像不到的潛能。就像一個登山運動員到了一個沒有退路的地方，這時的他有權選擇嗎？根本沒有！唯一能使自己生存的只有一條路 —— 前進。我們都認為，一個人精神上的安慰比在物質上的享受更重要。尤其是在體育對抗中所顯示出的力量更是出人意料的，其實，這跟平常大人們說的「越縮越冷」的道理一樣。如果越勇猛地往前撞，勇敢往前走，受到的傷害反而會越少，就像先有自信才能創造奇蹟。需要注意的是，勇敢並不代表著輕率、魯莽。

　　或許你認為凡事小心為好，但很多時候，正是因為想得太多，謹慎太多，而變得不敢做得太多，失去得太多。過後，你才發現機會就像一條魚，

很滑。當牠來時，你一把抓住了，牠就是你的。否則，一瞬之間，就已從你身旁擦過。所以，勇敢能使你得到很多，甚至讓你一生受益。

生活中，真正的成功者不會把自己和周圍的事物隔開，他們充滿熱情地關注著生活，正像奧里森·馬登所說：「要熱愛生活，感謝生活給予的賞賜，任何時候都不臨陣逃脫，要盡力去超越自己，這樣，你就會發現你的能力大大超出你的想像，你就會成為生活中的『冠軍』。」

奧里森·馬登成功學告訴人們，人生中最關鍵的也就是那麼幾步，比的不是財力物力，而是勇氣和膽量。最勇敢的人，是披荊斬棘的人，也是無私無畏、不怕被釘在十字架上的人。誰想吃果仁，誰就必須砸開堅殼。連堅殼都不能砸開的人，只能被稱為懶蟲與懦夫，絕不會是成功者。其實我們每個人其實都具備成功的潛力，只是我們其中很多人沒有勇氣前行，沒有勇氣邁出成功的第一步罷了。

冷靜保證你穩步前行

冷靜，是一種心態，也是一種素質，一種思想，更是一種境界，一種品行。冷靜，是智慧的修養，更是理性、豁達的深刻感悟。冷靜，會為你帶來成功與高品質生活的享受。一個人只有具備了冷靜的性格，才能遇事不亂，穩中取勝，這是至理！這也就是告訴我們，為人處事，要冷靜！做任何事情都要「先了解你要做什麼，然後再去做。」這也就是說，萬事應三思而後行。這對行事容易草率的人來說，是很有效的品格忠告。冷靜處事，我們才能提升我們的辦事效率，我們才能更容易成功。

一位美國空軍飛行員說：「二次大戰期間，我單獨擔任 F6 戰鬥機的駕駛。第一次任務是轟炸、掃射東京灣。從航空母艦起飛後，一直保持高空飛行，然後再以俯衝的姿態滑至目的地 300 英尺上空執行任務。然而，正當我以雷

霆萬鈞的姿態俯衝時，飛機左翼被敵機擊中，頓時翻轉過來，並急速下墜。等我明白過來時，我發現海洋竟然在我的頭頂。你知道是什麼東西救我一命的嗎？我接受訓練的期間，教官會一再叮嚀說，在緊急狀況中要沉著應付，切勿輕舉妄動。飛機下墜時，我就只記得這麼一句話，因此，我什麼機器都沒有亂動，我只是靜靜地想，靜靜地等候把飛機拉起來的最佳時機和位置。最後，我果然幸運地脫險了。假如我當時順著本能的求生反應，沒等到最佳時機就慌亂操作，必定會使飛機更快下墜而葬身大海。」

最後，這位飛行員再次強調說，「一直到現在，我還記得教官那句話：不要輕舉妄動而自亂陣腳；要冷靜地思考，抓住最佳的反應時機。」

事實上，奧里森・馬登也認為，一個人只要充分地相信自己，沉著冷靜地對問題進行大膽的探索與構想，就一定能化腐朽為神奇，把不可能化為可能。

保持冷靜頭腦不僅有助於我們克服和阻止急躁性格的弱點來纏繞自身，並且還有助於將急躁「冷卻」下去，變得冷靜。一個人有了冷靜的性格，就能做事不慌亂，就能輕鬆地解決很多難題。

奧里森・馬登的著作中講過這麼一件事情：

住在新墨西哥州阿布奎基市的泰德・考絲太太，好幾年前曾為財務問題而煩惱不已。她有一位多病的母親住在布魯克林，為了顧人照顧母親的起居，她背上了沉重的經濟負擔。

為了擺脫這不利的局面，考絲太太一時不知道該如何做決定，「我取來一些紙張，然後開始分析。」考絲太太描述道，「我先讓自己冷靜下來，然後把母親的收入 —— 如有價證券、叔父給她的補助等等一一列出來，然後再列出所有開支。沒多久，我便發現母親在衣、食方面的花費極少，但那棟擁有十一間房的住所，卻得花一大筆錢來維持 —— 光是每月的電費就得二三十

塊錢。再加上各種雜項開支和稅金，還有保險費等等，為數十分可觀。當我見到這些白紙黑字的證據，便知道事情該如何處理了—— 那房子必須解決掉。

「從另一方面來看，母親的身體愈來愈壞，我擔心這時移動她可能不太妥當。她一直希望能在那棟房子度過餘生，我也願意盡可能成全她的願望。於是，我去拜訪一位醫師朋友，請他給我一些意見。這位醫師認識一名經營私人療養院的婦人。地點離我們住的地方只有三分鐘路程。」

這件事處理的結果，對每個人都十分理想。考絲太太母親受到極好的照顧。

在許多情況之下，立即行動是必要的，但一個人成大事的比例往往視其對問題「診斷」的正確度而定。有些人一面對危難之事，就開始抓耳撓腮，狂躁發怒，結果自然不會有好的結果。相反，有些人卻能臨危不亂，沉著冷靜地應對一切危機。這就是成功者與失敗者的性格差別之一。狂躁的性格常能使人毀於一旦，在通常的狀況下，大部分人都能控制自己的性格，也能做出正確的決定。但是，一旦事態緊急，他們就自亂腳步，而無法把持自己。

科學研究表明，「冷靜狀態」能使那些由於過度緊張、興奮引起的腦細胞機能紊亂得以恢復正常，你若處於驚慌失措心煩意亂的狀態，就別想著能用理性思考問題，因為任何恐慌都會使歪曲的事實和虛構的想像乘隙而入，使你無法根據實際情況做出正確的判斷。當你平靜下來，再看不幸和煩惱時，你也許會覺得它實際上並沒有什麼了不起，正視自己和現實就會發現，所有的恐怖與煩惱只是你的感覺和想像，並不一定是事實的全部，實際情形往往比你想像的好得多。人所身處的困境往往來源於自身，對自己和現實有一個全面正確的認識，是在突變面前保持情緒穩定的前提之一。當你處於困境時，被暴怒、恐懼、嫉妒、怨恨等失常情緒所包圍時，不僅要壓制他們，

更重要的是千萬不可感情用事，隨意做出決定，要多想想別人能渡過難關：我為什麼不能冷靜應變，調動自己的巨大潛能去應付突變呢？

心情舒暢是冷靜應變的前提，也是它的結果。但在不幸和煩惱面前，怎樣才能使身心舒暢呢？奧里森·馬登認為，行之有效的辦法不外乎是：盡情地從事自己的本職工作和培養廣泛的業餘愛好，暫時忘卻一切，盡情享受娛樂的快感。只要你多給人們真誠的愛和關心，用讚賞的心情和善意的言行對待身邊的人和事，你就會得到同樣的回報，要學會寬恕那些曾經傷害過你的人，別對過去的事耿耿於懷。寬恕，能幫助我們彌合心靈的創傷，相信自己的情感，千萬不要言不由衷，行不由己，任何勉強、壓抑和扭曲自己情感的做法只能加劇自己的苦惱。

在人生旅途中，挫折與逆境是難以避免的。但只要學會冷靜，那麼，就會有所收穫。以冷靜面對社會，有利於人的反思，把逆境化順境；以冷靜面對生活，有利於苦與樂的洗練，可以享受美好的人生；以冷靜面對他人，有利於善與惡的辨認，可以親君子遠小人；以冷靜面對名利，有利於陶冶情操；以冷靜面對坎坷，有利於磨練意志。冷靜，可使人變得大度、理智、聰明和愉悅。在現實生活中，冷靜是處世的訣竅，是打開成功大門的一把金鑰匙。讓我們從現在開始學著擁有這把鑰匙吧！

誠信是成功的推力

誠信是人的基本道德之一。一個誠信的人首先是一個誠實待己的人，一個勇於面對自我真實面目的人。這樣的人能全面客觀的審視自我，既不妄自尊大、自欺欺人，也不會妄自菲薄、自我貶低。俗話說「知己知彼，百戰不殆」。對自己的情況了然於心，就已經成功了一半。因為只有那些全面把握自己優點和缺點的人，才能真正了解自我成功的可能性和局限性，既不會因

為他人的讚譽或阿諛奉承忘乎所以，也不會因為別人的否定或自己的一次失敗就氣餒。這樣的人往往會在別人驚奇的目光中從小成功走向大成功。這就是誠信所具有的特殊人格力量。擁有誠信品格的人總能看到他人看不到的事實，總能達到別人達不到的成功。可見，具備了誠信的品格，就有可能把成功握在手中。

奧里森·馬登認為，成功人士不可缺少的一個重要的品格就是誠信！因為一個人很難靠孤軍奮鬥獲得成功。獲得他人的幫助、支持和理解，是成功路上的必然經歷。而具備誠信品格的人，能最大限度地得到別人的幫助。從這一意義上說，誠信是走向成功的重要條件。事實上，很多聞名世界的成功人士，正是因為他們有了誠信，成功才隨之到來。

「誠」是指誠實，「信」是指守信，合起來的意思是說，誠實正直，言而有信。誠是信的基礎與前提。只有誠信於心，才能言行一致。自古以來，無論是西方還是東方，任何社會都把誠信作為美德加以推崇，誠實守信的人總能優先贏得別人的讚賞或認可。因此，誠信能為個體在社會中獲得成功奠定堅實的基礎。

奧里森·馬登認為，身為一個單獨的個體，我們不必去崇拜別人的成功，也不用去畏懼自己的失敗，只要學會真誠，我們就能最大程度地把握自己的命運。

誠信能使你在與人交往中，展現出巨大的人格魅力。孔子一貫主張人與人之間的交往要遵守誠信的原則。他說，「人而無信，不知其可也」。意思是說，人生在世，總要與別人交往，那麼就不可避免地有一個取信於人的問題。要取信於人，就要真心誠意，表裡如一，毫無矯揉造作地待人處世。那種「逢人只講三分話，不可全拋一片心」的人生哲學，只能拉大與別人的心理距離，難以得到別人的理解和幫助。

另外，守信是人格確立的重要途徑，也是人與人之間交往得以繼續的前提。沒有人願意與不講信用的人交往，只要欺騙別人一次，就很可能永遠失去了別人的信任，更談不上別人對你的幫助。當別人知道你不可靠時，你的機會就消失殆盡。客戶不會喜歡與一個經常行騙的人做生意；上司不放心把一項重要的工作交給一個不值得信賴的人；朋友也不願意與一個虛偽的人合作……儘管你有滿腔成功的熱望和滿腹的才華，若失去了別人的信賴，你就再也沒有施展才華的機會。

奧里森·馬登曾經在多個場合提醒年輕人：若要成功，就該把創造信譽作為自己生命裡最重要的事情，不斷地向別人證明你是一個可靠的人，一個值得信賴的人。人們只有相信了你，才會去相信你的觀點、思想或產品。一個人擁有了誠信，就會贏得更多的朋友，更多的合作者和更多施展自己才華的機會。

那麼，我們要如何才能做到真誠？實際上該怎麼做才能算得上是誠信呢？

首先，要做到真誠，不能在外表上用功夫。說話表情和技巧雖好，而你的內心不誠，至多成為「巧言令色」的人罷了。對方如果不是糊塗人，一定會看出你的虛偽，因為內心不誠，就憑你的巧言令色，仍然會有破綻，一旦被對方看出，人家怎麼還會信任你呢？相反，內心真誠，即使拙於辭令，拙於表情，卻能體現出你的真實感情，效力更大，只要對方之前對你沒有誤會，你的真誠，一定能打動人。

其次，與人交往千萬不可用欺騙手段，欺騙也許能得一時之利，卻不能維持長久。如果你有過欺騙的行為，即使你某一次真的是有誠意，仍會被認為是另一種姿態的虛偽。因此，做人千萬不可有任何欺騙的行為。也許你曾遇過這種人，你以誠相待，他卻以「詭」回報，於是，你便對誠信的效用發

生了懷疑。其實，真誠的力量是絕對的，之所以會發生例外，只是由於你的真誠不足以打動對方的心。對一切你要「反求諸己」，不必「求之於人」，這是用真誠打動人的唯一原則。

要想讓自己成為真誠的人，首先要鍛鍊自己在小事上做到完全誠實。當你不便講真話時，不要編造小小的謊言，不要去重複那些不真實的流言蜚語。

這些看起來是微不足道的，但是當你真正在尋求真誠並且開始發現它的時候，它本身的力量就會使你著迷。最終，你會明白，幾乎任何一件有價值的事，都包含有它本身的不容違背的真誠的內涵。如果你追求它並且發現了它的真諦，你就一定能進一步完善自己。

平時沒有樹立講誠信的好品格，到關鍵時刻你的話就引不起足夠的重視。誠信是一種長期投資，持久地堅持這個原則，遲早會為你帶來豐厚的收益。

總之，想成功就先要做一個講誠信的人，因為誠信是成功的助推器。

寬容是最優秀的品格

關於寬容，奧里森‧馬登有非常精闢的論述，他說：「遷怒別人只能為自己的人際交往帶來障礙，對排除困難沒有好處。受到傷害的人必須有時間處理自己的憤怒，認清自己對整個事件所負的責任以及拒絕寬恕會帶來的後果。而學會寬容，一切問題自然都會解決！」

事實上，寬容不僅是愛心的體現，而且是思想境界的高度昇華，是一種博大高尚的境界。表面上看，它只是一種放棄報復的決定，這種觀點似乎有些消極，但真正的寬容卻是一種需要巨大精神力量支持的積極行為。寬容更是一種必不可少的優秀品格，一種正確的自我意識的體現。一個人只有正

確地認識自己，才會有寬容的胸懷。寬容得到的收益是人際關係的協調和適應。

托爾斯泰雖然很有名，又出身貴族，卻喜歡和平民百姓在一起，與他們交朋友，從不擺大作家的架子。

一次，他長途旅行時，路過一個小火車站。他想到車站上走走，便來到月臺上。這時，一列客車正要開動，汽笛已經拉響了。托爾斯泰正在月臺上慢慢走著，忽然，一位女士從列車車窗朝他喊：「老頭！老頭！快替我到候車室把我的手提包取來，我忘記提過來了。」

原來，這位女士見托爾斯泰衣著簡樸，還沾了不少塵土，把他當作車站的搬運工了。

托爾斯泰急忙跑進候車室拿來提包，遞給了這位女士。

女士感激地說：「謝謝啦！」隨手遞給托爾斯泰一枚硬幣，「這是賞給你的。」

托爾斯泰接過硬幣，瞧了瞧，裝進了口袋。

正巧，女士身邊有個旅客認出了這個風塵僕僕的「搬運工」，就大聲對女士叫道：「太太，您知道您賞錢給誰了嗎？他就是列夫・托爾斯泰呀！」

「啊！老天爺呀！」女士驚呼起來，「我這是在幹什麼呀！」她對托爾斯泰急切地解釋說：「托爾斯泰先生！托爾斯泰先生！看在上帝的面上，請別計較！請把硬幣還給我吧，我怎麼會給您小費，多不好意思！我這是做出什麼事來啦。」

「太太，您幹嘛這麼激動？」托爾斯泰平靜地說，「您又沒做什麼壞事！這個硬幣是我賺來的，我得收下。」

汽笛再次長鳴，列車緩緩開動，帶走了那位惶惑不安的女士。

托爾斯泰微笑著，目送列車遠去，又繼續他的旅行了。

顯然，在托爾斯泰這裡，寬容成了一種至高無上的精神品格。

在現實生活中，我們會遭遇很多困難與挫折，我們如果想真正很好地處理挫折、困難，消解心裡對於別人的仇恨，我們就必須先學會寬容。有一位成功的商人，他在總結一生的成功經驗時，只說了一句話：嚴於律己，寬以待人。而由此可見，寬容也是事業成功的保障。

美國第三任總統傑佛遜與第二任總統亞當斯從交惡到和解，就是一個生動的例子。傑佛遜在就任前夕，想到白宮去告訴亞當斯，說他希望針鋒相對的競選活動並沒有破壞他們之間的友情，但傑佛遜還未來得及開口，亞當斯就咆哮起來，「是你把我趕走的！」兩人的友情自此破裂，中止往來長達 11 年之久。直到後來傑佛遜的幾個鄰居探訪亞當斯，這個倔強的老人仍在訴說那件難堪的往事，但接著脫口說出：「我一向都喜歡傑佛遜，現在仍然喜歡他。」鄰居把這話傳給了傑佛遜。傑佛遜也不計前嫌，他主動請了一位彼此皆熟的朋友傳話，讓亞當斯也知道了他的真實想法。後來亞當斯回了一封信給他，兩人從此開始了美國歷史上也許是最偉大的書信往來。

與這兩位總統一樣，美國歷史上另一位著名的總統林肯也是一個非常寬容的人，他的寬容為他贏得了非常好的人緣和支持率。

林肯在競選總統前夕在參議院演說時，遭到一個參議員的羞辱，那參議員說：「林肯先生，在你開始演講之前，我希望你記住自己是個鞋匠的兒子。」

「我非常感謝你使我記起了我的父親，他已經過世了，我一定記住你的忠告，我知道我做總統無法像我父親做鞋匠那樣做得好……」那位參議員無言以對。

林肯轉過頭來，對那個傲慢的議員說：「據我所知，我的父親以前也為你的家人做過鞋子，如果你的鞋子不合腳，我可以幫你改正它。雖然我不是偉大的鞋匠，但我從小就跟我的父親學會了做鞋子的技術。」

　　然後，他又對所有的參議員說：「對參議院的任何人都一樣，如果你們穿的那雙鞋是我父親做的，而他們需要修理或改善，我一定盡可能的幫忙。但有一點可以肯定，我父親的手藝是無人能比的。」

　　說到這裡，所有的嘲笑化作了真誠的掌聲。

　　有人批評林肯總統對待政敵的寬容態度：「你為什麼試圖讓他們變成朋友呢？你應該想辦法打擊他們，消滅他們才對。」

　　「我們難道不是在消滅政敵嗎？當我們成為朋友時，政敵就不存在了。」林肯總統溫和地說。

　　這就是林肯總統消滅政敵的方法，用寬容，將敵人變成朋友。

　　林肯兩度被選為美國總統。今天，在以林肯名字命名的紀念館的牆壁上刻著的是這樣的一段話：「對任何人不懷惡意；對一切人寬大仁愛；堅持正義，因為上帝使我們懂得正義；讓我們繼續努力去完成我們正在從事的事業；包紮我們國家的傷口。」

　　從某種意義上講，寬容不是對原則問題的一種讓步，而是對他人的一些非原則性的缺點和過失的一種寬容和諒解。林肯正確地意識到了寬容的本質，在他看來，寬容是解決問題的手段和技巧。

　　林肯的做法可以為我們帶來很多的啟示。可能有人認為，寬容看起來是一件很矛盾的事，但我們想一下，如果不寬容而去傷害，那就只能導致冤冤相報的惡性循環，那麼就會出現「冤冤相報何時了」的後果。同時，不肯寬容別人的人往往使自己吃苦，他們會因此失眠、腸胃不適，甚至還會引心理疾病。然而一旦寬容別人之後，他們就會超越一次巨大的挫折 —— 一種可以稱為「再生」的心靈淨化過程。當然，受到傷害的人必須有時間處理自己的憤怒，認清自己對整個事件所負的責任以及拒絕寬恕會帶來的後果，然後寬容才能發揮最好的功效。

意志力讓你永不放棄

　　意志力是指人們為達到既定目的而自覺努力的程度。人在意志力的表現過程中會受到興趣、情緒情感的影響。由於人的生活經歷、文化素養、道德修養、思想方法和價值觀念等方面存在的差異形成了人對某一事物所持的態度、行為的不同。奧里森・馬登這樣說：「從某種意義上說，意志力通常是指我們全部的精神生活，而正是這種精神生活在引導著我們行為的方方面面。」

　　要成功必須有堅強不屈的意志品格。奧里森・馬登認為，沒有意志力的人永遠不會擁抱成功。因為，人的意志力的力量是無窮的，一切困難它都可以克服，不論要有多麼長的時間，付出多大的代價，無堅不摧的意志力終能幫助人達到自己的目的。

　　有一天，某個農夫的一頭驢子，不小心掉進一口枯井裡，農夫絞盡腦汁想辦法救出驢子，但幾個小時過去了，驢子還在井裡痛苦地哀嚎著。

　　最後，這位農夫決定放棄，他想這頭驢子年紀大了，不值得大費周章去把牠救出來，不過無論如何，這口井還是得填起來。於是農夫便請來左鄰右舍幫忙一起將井中的驢子埋了，以免除牠的痛苦。

　　農夫的鄰居們人手一把鏟子，開始將泥土鏟進枯井中。當這頭驢子了解到自己的處境時，剛開始嚎叫得很淒慘。但出人意料的是，過了一陣子之後這頭驢子就安靜下來了。農夫好奇地探頭往井底一看，出現在眼前的景象令他大吃一驚：

　　當鏟進井裡的泥土落在驢子的背部時，驢子的反應令人稱奇——牠將泥土抖落在一旁，然後站到鏟進的泥土堆上面！

　　就這樣，驢子將大家倒在牠身上的泥土全部抖落在井底，然後再站上去。很快地，這隻驢子便得意地上升到井口，然後在眾人驚訝的表情中快步

地跑開了！

很多人把這個故事命名為「一頭驢的意志」，這個名字很好地概括了這個小故事的最本質的意義。驢子憑藉自己對生命的渴望、憑藉自己的生存意志，解救了自己。這是一種偉大的求生力量，更是一種卓越的生命價值。事實上，就如同驢子的情況，在生命的旅程中，有時候我們難免會陷入「枯井」裡，會有各式各樣的「泥沙」傾倒在我們身上，而想要從這些「枯井」脫困的祕訣就是：憑藉頑強的意志，將身上的「泥沙」抖落掉，然後站到上面去！

相信，一頭驢能做到的努力，我們也不會落後。

意志力是一種非常神奇的力量，看不到、摸不著，然而它卻能在我們最需要的時候爆發，給予我們巨大的力量，幫助我們戰勝困難！尤其是我們在面對巨大困難的時候。

能控制自己的意志力的人，會具有推動社會的偉大力量。這種巨大的力量可以實現他的期待，達到他的目標。如果一個人的意志力像鑽石一樣堅固，並以這種意志力引導自己奮力向前，那麼一切困難，都會迎刃而解。

史蒂芬‧霍金是當代享有盛譽的偉人之一，被稱為在世的最偉大的科學家，當今的愛因斯坦。他在統一 20 世紀物理學的兩大基礎理論 —— 愛因斯坦的相對論和普朗克的量子力學方面走出了重要一步。1989 年，他獲得英國爵士榮譽稱號，他還是英國皇家學會學員和美國科學院外籍院士。

霍金的魅力不僅在於他是一個充滿傳奇色彩的物理天才，也因為他是一個令人折服的生命鬥士。他不斷求索的科學精神和勇敢頑強的人格力量深深地吸引了每一個知道他的人。

霍金出生於 1942 年 1 月 8 日，曾先後畢業於牛津大學和劍橋大學三一學堂，並獲劍橋大學哲學博士學位。在大學學習後期，開始患「肌萎縮性脊髓側索硬化症」（運動神經元疾病，俗稱「漸凍人症」），半身不遂。他克

服身患殘疾的種種困難，於 1965 年進入劍橋大學岡維爾與凱斯學院擔任研究員。這個時期，他在研究宇宙起源問題上，創立了宇宙之始是「奇異點」的著名理論。1969 年起，他得到岡維爾與凱斯學院特別設立的「科學卓越貢獻獎學金」，提供他在凱斯學院做六年研究的薪資。1972 ～ 1975 年先後在劍橋大學天文研究所、應用數學和理論物理學部進行研究工作，1975 ～ 1977 年任職重力物理學高級講師，1977 ～ 1979 年任職教授，1979 年起任職盧卡斯講座數學教授。其間，1974 年當選為英國皇家學會最年輕的院士之一。1974 ～ 1975 年為美國加州理工學院費爾柴爾德講座功勳學者。1978 年獲得世界理論物理研究的最高獎愛因斯坦獎。霍金的成名始於對黑洞的研究成果。在愛因斯坦之後融合了 20 世紀另一個偉大理論——量子力學，他認為，宇宙是有限的，但無法找到邊際，這如同地球表面有限但無法找到邊際一樣；時間也是有開始的，大約始於 150 億到 200 億年前。1988 年，他獲得了沃爾夫物理學獎。

　　1985 年霍金喪失語言能力，表達思想唯一的工具是一臺電腦聲音合成器。他用僅能活動的幾根手指操縱一個特製的滑鼠在電腦螢幕上選擇字母、單詞來造句，然後透過電腦播放聲音，通常製造一個句子要 5、6 分鐘，為了合成一個小時的錄音演講要準備 10 天。1988 年寫成科普著作《時間簡史》，至 1995 年 10 月該書發行量已超過 2,500 萬冊，譯成幾十種語言。

　　霍金的成功得益於他頑強的意志，沒有頑強的生命意志，他成就不了自己的人生。身為局外人，從霍金的經歷，我們也能感受到堅強意志的神奇效應。如果霍金是一個沒有堅強意志力的人，那麼，人類將會失去一位偉大的科學家，這將是難以估量的損失。

　　那麼，我們應該如何培養自己的意志力呢？

　　奧里森‧馬登指出，堅強的意志不是一夜間突然產生的，它在逐漸積累

的過程中一步步地形成。中間還會不可避免地遇到挫折和失敗，必須找出使自己鬥志渙散的原因，才能有針對性地解決。

當然，磨練意志也有最簡單的方法。早在 1915 年，心理學家博伊德‧巴瑞特曾經提出一套鍛鍊意志的方法。其中包括從椅子上起身和坐下 30 次，把一盒火柴全部倒出來，然後一根一根地裝回盒子裡。他認為，這些練習可以增強意志力，以便日後去面對更嚴重更困難的挑戰。巴瑞特的具體建議似乎有些過時，但他的思路能啟發人心。例如，你可以事先安排星期天上午要做的事情，並下決心不辦好就不吃午飯；你可以計劃用一個星期的閒暇時間讀完一本書，讀不完就不睡覺；你可以堅持每天早晨 6 點鐘準時起床，如果有一次做不到就在炎炎的烈日下罰站自己 30 分鐘或者圍繞一棟樓跑十圈等等。每一次成功都將會使意志力進一步增強，如果你用頑強的意志克服了一種不良習慣，那麼就能獲取戰勝另一種不良習慣的信心。

謙虛是成功的奠基石

人生有限，精力有限，這就注定了學貫古今、識窮天下對任何一個人來講都毫無實現之可能，也就是說每一個人都存在無知和不足，那麼，虛心、不自滿就應該成為人們的一種共同心態，也就是說，人人都要謙虛。

謙虛是一種美德，是成功的基石，是成功者持續成功的保障。一個人是否謙虛，是能衡量出他品格高下的。有些人，做一點好事，取得一點成績，就像母雞下蛋一樣，大嚷大叫，唯恐別人不知道。然而，也有些人，即便取得了驚人的成就，也不聲不響，像登山隊員一樣，登上一座山峰，又朝更高的山峰攀登了。

奧里森‧馬登在其著作中明確指出，我們只有學會謙虛，我們才能取得更大的進步和更大的成功。這是自古以來已經被無數名人證明的真理。

有一天，蘇格拉底的弟子聚在一塊聊天，一個出身富有的學生對其他同學誇耀他家在雅典城附近有一片很大很大的莊園。

蘇格拉底在一旁不動聲色的拿出了一張地圖，對這個學生說：「麻煩你指給我看，亞細亞在哪裡？」

「這一大片都是。」學生說。

「很好，那麼，希臘在哪裡？」

學生好不容易在地圖上找出一小塊地方來，但和亞細亞相比，實在是小多了。

「雅典在哪裡？」

學生指著一個小點說：「好像是在這」。

「現在，請你指一下你那塊很大很大的土地。」

學生滿頭大汗。他的田地在地圖上連個影子都沒有。

蘇格拉底，不但才華橫溢著作等身，而且廣招門生獎掖後進，運用著名的啟發談話啟迪青年智慧。每當人們讚嘆他的學識淵博，智慧超群的時候，他總謙遜地說：「我唯一知道的就是我自己的無知。」

被人們稱頌為「力學之父」的牛頓發現了萬有引力定律，在熱學上，他確定了冷卻定律。在數學上，他提出了「流數法」，建立了二項定理，和萊布尼茲幾乎同時創立了微積分學，開闢了數學上的一個新紀元。他是一位有多方面成就的偉大科學家，然而他非常謙遜。對於自己的成功，他謙虛地說：「如果我見的比別人要遠一點，那是因為我站在巨人的肩上的緣故。」他還對人說：「我只像一個在海濱玩耍的小孩子，為時而發現一粒光滑的石子或一片可愛的貝殼而歡喜，而我面前的偉大的真理的海洋依然未經探索。」

揚名於世的音樂大師貝多芬，謙虛地說自己「只學會了幾個音符」。

科學巨匠愛因斯坦說自己「真像小孩一樣地幼稚」。

美國偉大的物理學家富蘭克林，一生勤於創造發明，贏得過不下一百個學位和頭銜；但他的墓碑上，卻刻著他生前為自己撰寫的幾個簡單文字：印刷工富蘭克林之墓。

克雷洛夫是俄國 18 世紀偉大的寓言作家，他的寓言寫得既多又好。有一次，他的一位朋友誇讚說：「你的書寫得真好，一版銷完又印一版，比誰的都印得多。」克雷洛夫卻這樣回答：「不，不是我的書寫得好，是因為我的書是給孩子們讀的，誰都知道，孩子們是容易弄壞書的，所以版次多一些。」

如果大多數人們都認識不到自己的無知和不足，或者是認識到了但仍然故步自封、自以為是，謙虛便顯得彌足珍貴。由於各種各樣的原因，自人類進入文明社會以來，謙虛的人總是少一些，不謙虛的人總是多一些，所以謙虛就成為了人類社會的一種傳統美德。這也說明要做到謙虛並不是一件很容易的事。做到謙虛需要有大智慧。

做到謙虛的前提是自知，要知己所知、知己所不知、知己所長、知己所短，因為唯有自知之後方能虛心、不自滿。不能自知是愚昧，自知卻不願意加以完善和提高則是自棄。謙虛更深的涵義是知己無知後不恥下問的處處努力學習，知己不足後精益求精的積極改進，這就需要正確地看待自己、尊重自己，正確地看待他人、尊重他人。因為只有正確地看待自己、尊重自己，才能坦然地承認自己的無知和不足，而不會不懂裝懂，自取其辱；只有正確地看待他人、尊重他人，才能發現他人的長處和優點，得到他人真誠的幫助。

內心固執己見，自命不凡，在人前卻刻意做出一副很虛心的樣子，這不是謙虛是虛偽；總是自慚自責、自怨自艾，對自己全無一點信心，遇事處處逃避，這不是謙虛是自卑。

做一個謙虛的人，就要保持一顆平靜的心，無論是身居高位還是地位卑

微，無論是名家巨匠還是初學少年，聞道有先後、術業有專攻，尺有所短、寸有所長，沒有任何一個人能在每一個方面都超過別人。

做一個謙虛的人，就要保持一顆坦蕩的心，既不因自身的長處而驕傲、不因自身的短處而氣餒，也不因別人的優點而妒忌、不因別人的不足而嘲笑，十全十美的人在世間從來不曾出現過。

做一個謙虛的人，就要保持一顆進取的心，知識的海洋浩瀚無邊，雖然即使窮盡畢生精力也只能掬起一朵浪花，但在不斷自我超越的過程中，人生會變得更加充實，自身價值會不斷得到提升。

謙虛，不僅僅是一種優秀品格，更是一種推動人類共同進步的偉大力量

責任感幫助我們成功

責任感是一個人能夠立足於社會、獲得事業成功與家庭幸福的至關重要的人格品格。奧里森‧馬登認為：「一個人若是沒有熱情，他將一事無成，而熱情的基點正是責任感。」一位成功的企業家也曾說過，一個人必須有責任感，不管你做什麼，做一天就得做好一天，這種責任感會在以後的路上給你很大的幫助。

奧里森‧馬登還指出，保持自己的責任感是一個人最起碼的品格。一個人的責任感體現在許多方面，比如自己能獨立判斷、選擇並接受其相應的後果，不怨天尤人；做事善始善終，注重效果，而不敷衍了事，馬虎草率；不推卸自己對社會、家庭及他人的義務；做事不可以自我為中心，心中有他人等等。

責任感是最能把我們的潛在能量激發出來的東西。從來沒有承擔過責任的人，是絕不會有任何的作為的。有許多身體強健的青年，卻處在十分卑微、受人管束的地位，他們之所以老是處於這樣的地位，那是因為，他們從

來沒有勇於承擔重大責任的時刻，這就無法激發他們潛藏著的內在力量。於是，他們只是依照著人家所規劃的去做，從不想別出心裁，來表現自己的才能。

責任從本質上說，是一種與生俱來的使命，責任就是對自己所負使命的忠誠和信守，責任就是人性的昇華，當一個人虔誠地對待工作和生活時，他必然能感受到責任所帶來的力量，只有那些勇於承擔責任的人，才能出色地完成工作，才有可能被賦予更多的使命，一個缺乏責任感的人，或者一個不負責任的人，首先失去的是社會對自己的基本認可，其次失去了別人對自己的信任和尊重，最終也將失去了自身的信譽和尊嚴。

在波濤洶湧的大海上，一艘輪船不幸失事。大副帶著倖存的 9 名水手跳上了救生艇，在海面上漫無目標地漂流。10 天過去了，大家依然看不到一絲獲救的希望。大副守護著僅存的半壺水，不許那 9 個人碰它一下 —— 有水就有活下去的希冀，沒有了水，大家就再也難以撐下去了。大副是救生艇上唯一帶槍的人，他用槍口對著那 9 個隨時都有可能瘋狂地衝上來搶水的水手，任憑他們對著自己咒罵咆哮。

在這 9 個人當中，最兇悍的是一個禿頭的傢伙。他把雙眼瞇成一道縫，威脅地盯著大副，用他那沙啞的破嗓子奚落他：「你為什麼還不認輸？你無法堅持下去了！」說著，他突然躥上來，伸手去搶水壺。大副毫不客氣地用槍對準了他的胸膛。禿頂嘆一口氣，乖乖地坐下了。

為了保護這半壺維繫著生命之希冀的淡水，大副已是兩天兩夜沒有合眼了。他告訴自己一定要挺住，否則，禿頭他們會用魯莽的舉動親手把所有落難者推進死亡的深淵。然而，乾渴和困倦折磨得他再也撐不下去了，他握槍的手一點點軟下去，軟下去……惶急中，他居然把槍塞給了離他最近的禿頭，斷斷續續地說：「請你……接替我。」然後就臉朝下跌進了船艙。

117

十多個小時過去了，黎明時分，大副醒了過來，他聽到耳畔有個沙啞的聲音說：「來，喝口水。」——是禿頭！

禿頭一隻手拿著淡水壺，另一隻手穩穩地握住槍對著其餘 8 個越發瘋狂的水手。看到大副滿臉疑惑，禿頭略顯局促地說：「你說過，讓我接替你，對嗎？」

九個人，半瓶水，他們在大海上漂流了三天兩夜，最後他們終於獲救。

是什麼挽救了這九個人的生命？我們可以毫不猶豫地說：「是責任感！」是大副的責任感，是禿頭的責任感。試想一下，如果大副不勇於承擔起保護那半瓶水的責任，如果禿頭不能接受大副交付給他的責任，那麼船上會發生什麼狀況？他們還能活著走出那一片茫茫的大海嗎？不能！這時候，責任感是偉大的！它的力量更是偉大的！

奧里森・馬登認為，應付困難和創造事業需要獨立進取的性格，而這種性格只有在重大的責任的重擔下才會激發出來。在我們每個人的身體裡都潛伏著的巨大能力，能否會被釋放出來完全取決於你所處的環境的強大責任感。沒有這種責任感，即使有再大的雄心壯志，你的鬥志也未必會被激發出來。

承擔責任需要有廣闊的胸懷，在很多時候，承擔責任無異於承擔風險，有時甚至要蒙受委屈，承擔責任還需要有顧全大局的「棄我」精神做支撐。

做人是要講責任感的。承擔責任，還要有承擔責任的勇氣和能力。君子敏於行，訥於言，少說多做事，講求實效，把責任看做重於泰山，以大無畏的精神承擔責任，履行責任，這才是做人的根本。

沒有責任感很難取得偉大的成功。所以說，做一個勇於承擔責任的人吧，如果你是一個正在期待成功的人！

進取心創造成功機遇

奧里森‧馬登曾經聘任了一個年輕小姐為自己的助手，她的工作就是聽馬登口述，然後記錄內容，及專門替他閱讀、分類及回覆他的大部分私人信件。馬登給她的報酬和其他從事類似工作的人差不多相同。

一次，奧里森‧馬登口述了一句格言，並讓她用打字機打下來。這句格言是：「注意，你唯一的限制就是在你的腦海中為自己所設立的那個限制。」然而，令馬登沒有想到的是，當那位小姐拿著打好的紙張交給自己時，她說：「你的格言很有價值，它使我產生了一個想法。」

說實話，這件事並沒有引起奧里森‧馬登的足夠重視，但是自從那天起，那位小姐開始在用完晚餐後回到辦公室做一些根本不是她分內的事，也沒有任何報酬的工作。並且她開始把寫好的回信送到奧里森‧馬登的辦公桌。她已經把馬登回信的風格研究得非常清楚了，每封信都回覆得和馬登一樣好，有時甚至比奧里森‧馬登自己寫得更好。後來，馬登的私人祕書因故不得不辭掉工作，馬登在考慮找一個人來替補他的祕書職位時，他本能地想起了那位年輕的助手。事實上在馬登還沒有給予她這個職位之前，她就已經接收了這個職位。這是因為她在自己的額外時間且沒有任何報酬的情況下對自己加以訓練，終於使自己具備了出任馬登屬下人員中最好的職位的資格，這就是那句格言的作用。

更有趣的情形還在後面，那位年輕小姐的辦事效率實在太高，不可避免地被其他一些人所注意，都願意為她提供一個很好的職位並且附帶特別高的薪水來聘任她，這使得馬登不得不提高她的薪水，因而那位年輕小姐的薪水已經比她來時高出了四倍。馬登只能這樣做，因為這位小姐的身價現在不能和往昔相比了，最重要的是她使自己對奧里森‧馬登的價值增大了，失去她這個助手將會是一大損失。

　　探究這位小姐成功的原因，就是她自身所具有的那種強烈的進取心。這種強烈的進取心除了使她的薪水一次次提高外，還給她帶來了一個莫大的好處：正是她自身已經具備了進取心，才使她所做的一切工作都不是在命令驅使下的被動行為，而是積極主動地去做。所以她工作時不會感到那種被動的、不得已的感覺，而是表現出一種非常愉悅的感覺，她的工作已經不是原來意義上的工作了，而已經成為一個極為有趣的遊戲，她充滿興致地去玩。她經常第一個來到辦公室，而且在其他同事一聽到下班的鈴聲就離開辦公室時，她還留在辦公室裡，但是給人的感覺卻是她的工作時間反而比其他工作人員要短。對於特別喜歡分內工作的人來說，工作常常是一種享受。

　　不管你處於社會的哪一個行業，每天都應該使自己獲得一個機會，使自己能夠在本職工作之外，做一些對別人有意義的事。在你主動做這些事時要明白，你的目的並不是為了獲得金錢，而是想獲得更加強烈的進取心，強烈的進取心是使你在選擇的終身事業中有所建樹的一種優良品德。

　　貝斯和蓋斯勒曾經是費城一家電視公司的製作人，他們發現錄影片比影片本身具有更好的市場適應性，雖然他們並非一流的製作專家，但他們決定合夥組建自己的公司。

　　於是他們開始了自己的事業生涯，由於他們無法製作一流的節目，故而決定提供一些其他有價值的服務，比如他們提供最好的設備和空間給其他製作公司使用。雖然他們很早就進入這一行，但是他們仍然面臨競爭，為了擴大市場占有率，他們不惜冒風險與可能沒有付款能力的人簽約，經過一段時間，他們發現效果不錯。

　　貝斯和蓋斯勒沒有滿足於眼前的業績，而是積極進取，進一步尋找新的利潤增長點。他們知道，他們的客戶同樣必須滿足自己的客戶，因而除了提供設備和空間之外，他們還提供一些最新技術，以幫助他們的客戶解決難

題。蓋斯勒在接受奧里森‧馬登的《成功》雜誌採訪時說：「我們告訴客戶他們可能想都沒有想到的技術，他們得到好評，而我們得到付款。」

貝斯和蓋斯勒的公司主營業務是製作表演節目，除此之外，他們還為錄影技術人員提供培訓講座，為一些公司，像 IBM、花旗銀行等提供公司內部通訊服務，也就是為位於紐約、洛杉磯等不同城市的人員連線，以便為他們召開的電視會議服務。

貝斯和蓋斯勒並非是最先洞察到視訊系統在未來市場上會擁有一片天空的人，但由於他們採取行動、制訂計劃、承擔風險和提供他人沒有提供的服務的進取心，因此使得他們開創了一個新興行業，並由此獲得了巨大成功。

艾美是一家公司的營銷企畫人員，她發現該公司視為失敗的一項產品 —— 白雪洗髮乳，是一種價格低廉而且不含添加劑的洗髮乳，這種洗髮乳沒有華麗的包裝，但卻能吸引很在意價格的消費者。於是她決定再次為「白雪」全力以赴，並將市場開拓計畫書呈遞給管理層，告訴他們「白雪」的價值所在，最後經理接受了她的提議，而「白雪」最後也成為該公司銷售得最好的洗髮乳。由於「白雪」銷售成功，艾美成為該公司一家子公司的負責人。後來她又研發了一系列新的護髮產品，並積極開拓市場，這些產品最後也都獲得了巨大的成功。

積極的進取心使艾美獲得認同、進步和選擇工作的機會。後來艾美成為集團的執行副總裁，該集團所從事的正是市場行銷服務，她不斷地以她的個人進取心為公司引進更多更好的產品，所以她的成功與她的不懈追求是分不開的。了解

藉由這些事例，我們不難看見，個人進取心的確是獲取成功的最重要的人格價值之一。

▶▶▶ 中篇　抓住機遇，勇獲成功

中篇
抓住機遇，勇獲成功

第五章
讓目標達到沸點

　　一個人想要獲取成功，就必須把自己的所有才能都集中在一個絕不會動搖的目標上，而且，還要具有那種不成功、毋寧死的堅韌決心。

夢想是成功者的行囊

有一個人生充滿失敗的人對奧里森·馬登吹噓說，他只對自己一個錯誤不感到後悔，那就是建造空中樓閣。

奧里森·馬登指出，這個人之所以終生充滿失敗，就是因為他沒有在年輕的時候練就本領，沒有花費力氣為自己的「樓閣」打好基礎，而並不是他有建造空中樓閣的夢想。

現實生活中，有些人非常蔑視做夢的人，喜歡貶低建造空中樓閣的行為。但事實上，人類歷史上所有重要的成就幾乎都是做出這些成就的人先在腦海之中有一個空想的目標的。

奧里森·馬登指出，如果你有一個夢想並且正在努力給予這個夢想堅實的基礎，那麼，你所走的路就一定是有意義的。

奧里森·馬登還曾說過：一個人，他可以一無所有，但不能沒有夢想；一個人若想成功，首先要明確自己最愛的是什麼，最渴望的是什麼，夢想做什麼。誰也不能沒有遠大夢想便做成大事。夢想是一切成就的驅動器。正是這一品格將成功者與苦行者、個性威嚴者與生性懦弱者區別開來。這輩子做什麼、成為什麼樣的人、取得什麼成就，在很大程度上取決於你的夢想。

的確，夢想是最偉大的目標，夢想不高遠，你的人生目標也就不會偉大，你的人生舞臺就不會廣大。當然，光有夢想還不夠，還要透過實踐為自己實現夢想，但無論這麼說，夢想都是成功的第一步，

有兩位年輕人，一個叫柏波羅，一個叫布魯諾，他們是堂兄弟，都是不甘於貧窮的人。他們住在紐澤西的一個大村子裡。

他們兩人常常談論，在某一天透過某種方式，讓自己可以成為村裡最富有的人。他們都很聰明而且勤奮，他們所需要的只是機會。

有一天，機會來了。村裡決定要雇用兩個人把附近河裡的水運到村廣場

的蓄水池裡去。村長把這份工作交給了柏波羅和布魯諾。

兩個人各抓起兩隻水桶奔向河邊開始了他們辛勤的工作。當一天結束時，他們把村廣場的蓄水池裝滿了。村長按每桶水一分錢付錢給他們。

「我們的夢想終於實現了！」布魯諾大喊著，「我簡直不敢相信我們的好運氣。」

但柏波羅卻不是這樣想的，他認為這並不算是夢想的實現，只能說是夢想的一個契機。

他的背又酸又痛，用來提那重重的水桶的手也起了水泡。他害怕每天早上起來都要去做同樣的工作。於是他發誓要想出更好的辦法，來將河裡的水運到村裡來。

「布魯諾，我有一個計畫，」第二天早上，當他們抓起水桶去河邊時柏波羅說道，「一個桶水才 1 分錢的報酬，卻要這樣辛苦地來回提水，我們不如修一條管道，將水從河裡引進村裡去吧。」

布魯諾愣住了。

「一條管道？誰聽說過這樣的事？」布魯諾大聲地嚷道，「柏波羅，我們擁有一份很棒的工作。我一天可以提 100 桶水，一天就是 1 元錢！我已經是富人了！一個星期後，我就可以買雙新鞋。一個月後，我就可以買一頭牛。6 個月後，我還可以蓋一間新房子。我們有全鎮最好的工作。我們這輩子都不用愁了！放棄你的管道幻想吧。」

柏波羅不是一個容易氣餒的人，他耐心地向他最好的朋友解釋這個計畫，可惜的是，這並不能改變布魯諾的想法。於是柏波羅決定，即使自己一個人也要實現這個計畫，他將一部分白天的時間用來提桶運水，用另一部分時間以及週末的時間來建造他的管道。他知道，要在像岩石般堅硬的土壤中挖出一條管道是多麼艱難的事。因為它的薪酬是根據運水的桶數來支付的。

他知道在開始的時候，自己的收入會下降。他也知道，要等上 1 年，2 年，甚至更多的時間，他的管道才能產生可觀的效益。但是他堅信，只要自己能夠堅持下去，他的夢想會實現，於是他全力以赴地去做了。

不久，布魯諾和其他村民就開始嘲笑柏波羅了，稱他為「管道建造者柏波羅」。布魯諾賺到的錢比柏波羅的多一倍，並常向柏波羅炫耀他新買的東西。他買了一頭毛驢，配上全新的皮鞍，拴在了他新蓋的兩層樓旁。

他還買了亮閃閃的新衣服，在餐廳裡吃著可口的食物。村民尊敬地稱他為布魯諾先生。他常坐在酒吧裡，掏錢請大家喝酒，而人們則為他所講的笑話高聲大笑。

當布魯諾週末晚上在吊床上悠然自得時，柏波羅卻還在繼續挖他的管道。頭幾個月裡，柏波羅的努力沒有多大的進展。他工作得很辛苦 —— 比布魯諾的工作更辛苦，因為柏波羅晚上、週末也還在工作。

但柏波羅不斷地提醒自己，實現明天的夢想是建立在今天的犧牲上面的。一天一天過去了，他繼續地挖，一次只能挖 1 英寸。

1 英寸又 1 英寸……成為 1 英尺。他一邊揮動鑿子，打進岩石般堅硬的土壤中，一邊重複這句話。1 英寸又 1 英寸……成為 1 英尺，然後 10 英尺，……20 英尺……100 英尺……

「短期的痛苦帶來長期的回報。」每天的工作完成後，筋疲力盡的柏波羅跌跌撞撞地回到他那簡陋的小屋時，他總是這樣提醒自己，自己是在為夢想而努力。他透過設定每天的目標來衡量自己的工作成效。他這樣一直堅持下來，因為他知道，終有一天，回報將大超過此時的付出。

每當他入睡前，耳邊盡是酒館中村民的嘲笑聲。「目光要牢牢地盯在回報上。」他一遍又一遍的重複這句話。

就這樣一天天，一月月地過去了。有一天，柏波羅意識到他的管道已經

完成了一半了，這也意味著他只需提桶走一半路程了。又一天天，一月月地過去了，柏波羅繼續建造著自己的建造管道。終於，完工的日期越來越近了。

在他休息的時候，柏波羅看到他的老朋友布魯諾還在費力地運水。布魯諾的背駝得更厲害了，並由於長期的勞累，步伐也開始變慢了。布魯諾顯得很憤怒，悶悶不樂，好像是為他自己注定一輩子要運水而憤恨的樣子。

他在吊床上的時間減少了，卻花更多的時間泡在酒吧裡。當布魯諾進來時，酒吧的老顧客們都竊竊私語：「提桶人布魯諾來了。」當鎮上的醉漢模仿布魯諾弓腰駝背的姿勢和他拖著腳走路的樣子時，他們都咯咯地大笑。布魯諾不再請大家喝酒了，也不再講笑話了。他寧願獨自坐在漆黑的角落裡，被一堆空酒瓶所包圍，他已經沒有了夢想，也沒有了生活的動力。

最後，柏波羅的重大時刻終於來了 —— 管道完工了！村民們簇擁著來看水從管道中流到水槽裡！現在村子裡有源源不斷的新鮮水了。附近其他村子裡有人也都紛紛地搬到這個村子中來了，於是這個村子就發展和繁榮起來了。

管道一完工，柏波羅就再也不用提水桶了。無論他是否工作，水都一直源源不斷地流入。他吃飯時，水在流入。他睡覺時，水在流入。當他週末去玩時，水還在流入。流入村子裡的水越多，流入柏波羅口袋裡的錢也就越多。

我們為許多人缺乏遠見而感到悲哀，但現實令我們又不得不承認，大多數人是生活在一個「提桶」的世界裡，只有一小部分人敢做建造管道的夢。你是誰？提桶者還是管道建造者？夢想在這其中起了重要的作用

夢想是支撐我們自身追求的一種精神力量，也是我們日益進取的動力源泉。對於任何一個想要成功的人來說，擁有夢想都是邁向成功的第一步。

　　然而，很多人還是一生碌碌無為，或者許多年來一直處在一種停滯不前的狀態，究其原因，答案在於：是否擁有夢想？擁有夢想之後是否把它付諸實踐之中？夢想不同於空想，空想家只是在白天做夢而已，並不付諸於行動。真正的夢想，無論大小，無論高下，最終都一定要用成果來兌現，否則最多只是一個令人遺憾的、但對這個世界沒有任何意義的願望的表達，甚至只是大話而已。

　　擁有夢想，然後再勇於實踐，在這個美麗的世界裡有很多是我們可以夢想得到而且是能夠得到的。請相信，我們有實現自己夢想的權利，也有實現自己夢想的能力。

如何制訂合適的目標

　　哥倫布在探險時，在每天的航海日誌的末尾都寫著同樣的一句話：「今天我們繼續前進！」這句話看似平凡，其實卻豪放無比，其中蘊含著的偉大的目標和決心。

　　英國首相邱吉爾是一位有名的演講家。他的最後一次演講是在一所大學的結業典禮上，這次演講大約只持續了 2 分鐘，在這 2 分鐘內，他只講了兩句話：「堅持到底，永不放棄！堅持到底，永不放棄！」而就是這兩分鐘、兩句話，卻成為歷史上最有名的演講之一。

　　有一位老太太，在 70 歲時開始學習登山，不怕年事已高，不畏登山艱難，在以後的日子裡奮勇前行，終於在 95 歲高齡之際登上了日本的富士山，並打破了登上富士山的最高年齡記錄，她就是胡達‧克魯斯老太太。

　　看，目標的力量就是如此之神奇！

　　對於一個想成功的人來說，奧里森‧馬登認為，必須把你的所有才能集中在一個絕不動搖的目標上，還要有那種不成功、便成仁的堅韌決心。

　　有了目標也就有了人生追求的高度，而人一旦有了追求，成功也就不再遙遠。每個人都應該有一個能夠讓自己信服且為之奮鬥的目標，這個目標並不一定是個確定的值，而是自己設定的在將來的某個時間點要達到的成就。

　　對現狀來說，目標總是很遙遠的。但是如果你懂得如何看待，它便不再可怕，而會成為你奮鬥的引擎及人生導航。當你明確了你的人生目標，你要懂得將它分解，這樣，你就不需要天天想這那個離你遙遠的總目標而沮喪，而只是想著離你現在最近的那個目標，就如遊戲過關一樣，一關一關過了，隨著時間的推移，實現你的人生目標一定是水到渠成。當你明確了你的人生目標，你便找到了人生的主流，也就是找到了奮鬥的方向。你便會明白：做什麼事情是重要的，什麼事情是不重要的；什麼樣的知識是你必須掌握的，什麼樣的知識你不掌握也沒關係。

　　那麼，應該如何制訂目標呢？

　　奧里森・馬登認為，制訂任何目標的時候，首先要確定的是：我想制訂的這樣一個目標是否真的現實呢？

　　這也就是說，制訂一個現實的目標非常重要，這是最終可能成功的根本保障。很多人之所以失敗，實際上是注定的 —— 因為他們的目標首先是不現實的。如果希望能夠保證目標是現實的，那麼就要尊重現實、遵守常識。

　　在制訂目標之前，我們該做什麼？

一、評估自己的長處和短處

　　我們每個人都有自己獨特的技能、天賦和能力。在當今分工非常細的市場經濟社會裡，每個人擅長於某一領域，而不是樣樣精通。根據個人情況，請做個表格，列出您自己喜歡做的事情和你的長處所在。同樣，藉由列表，你可以找出自己不是很喜歡做的事情和你的弱項。找出你的短處與發現你的長處同等重要，因為你可以基於自己的長處和短處做兩種選擇：一是努力去

提升長處，充分發揮你的優勢；二是放棄那些對你不擅長的技能要求很高的職業，因為這樣做無疑是自己替自己製造苦難。

二、找出自己的職業機會和威脅

我們知道，不同的行業（包括這些行業裡不同的公司）都面臨不同的外部機會和威脅，所以找出這些外界因素將助您成功地找到一份適合自己的工作，對你求職是非常重要的，因為這些機會和威脅會影響你的第一份工作和今後的職業發展。如果公司處於一個常受到外界不利因素影響的行業裡，很自然，這個公司能提供的職業機會將是很少的，而且沒有職業升遷的機會。相反的，充滿了許多積極的外界因素的行業將為求職者提供廣闊的職業前景。請列出您感興趣的一兩個行業（比如說，保健、金融服務或者電信），然後認真地評估這些行業所面臨的機會和威脅。

如何制訂適合自己的目標？

一、目標要切實可行

制訂一個切實可行的目標非常重要，這是最終可能成功的根本保障。不現實的目標，非常可怕，只會讓你好高騖遠，到最後竹籃打水一場空。舉個不太恰當的例子，我們常常看到有些人宣稱：「我要一個月內減肥減掉十公斤！」可是這樣的目標基本上是不現實的。你可以節食一個月，甚至依靠減肥藥去消除食欲，然後確實一個月內減掉了十公斤，但是這是無效的，因為任何人都做不到常態節食。因此，沒有多久就肯定堅持不下去了，然後體重就開始反彈，最終，曾經制訂的目標不僅沒有達成，甚至可能會出現比原先還差的情況。

二、目標必須是可衡量的

目標必須是能量化的，可測定的，這樣才能循序漸進。同時，目標要量

力而行，可為自己樹立一個切合實際的總目標，然後，再為自己樹立分目標，分目標是為總目標服務的，分目標容易實現，這能提高你的自信心，會增加你戰勝困難的勇氣。

三、目標要具體

你用一塊磁鐵朝著一些鐵屑試試看。當你把磁力那一端對準鐵屑的方向，好些鐵屑立刻就會被吸附過來；當你把磁鐵從這個定點移開，其磁力就隨著距離和方向的偏差而退減。一塊磁鐵絕無可能向兩個不同的方向發散磁力，而必須對準一個確定的目標。

目標必須明確而具體。目標在開始的時候，就應是一幅清晰、簡明、有待追求的畫面。當那幅畫面成長擴大，或發展到使人著魔的程度時，就被人的潛意識接受。從那一刻起，我們會身不由己地被牽扯著、引導著，為實現心底的那幅畫面而努力不己。這就是我們所說的：明確的目標是成功的基礎。如果你制訂的目標確實是現實的，那麼成功就有了一定的保障。

四、把目標寫下來。

把自己已經確定好的、確定是現實的並且已經相當具體的目標用紙筆寫下來是很重要的一件事情。千萬不要以為自己知道就可以了。每個人都有不同程度的惰性 —— 這是人類的基因所決定的，甚至不是大腦可以控制的。我們的惰性幾乎可能以任何形式發作，所以必須讓目標變得醒目，以便隨時提醒自己。

擁有明確的主導目標

奧里森・馬登認為，實現目標並沒有多少祕訣，但如果真的要為實現目標找個訣竅的話，那就是擁有一個明確的主導目標。一個人要想成功，首先

就是要制訂一個明確的主導目標，這個目標統領著其他的目標 —— 一個居高臨下、勢在必行的最高原則，要求絕對的承認和執行，絕對不能出現任何的不服從。在有了主導目標之後，可以再根據情況制訂分期目標，一步步走好每一段路，一步步向主導目標邁進。這樣做的話，要獲得成功就並不是一件很難的事情了。

比賽爾是西撒哈拉沙漠中的一顆明珠，每年有數以萬計的旅遊者來到這。可是在肯·萊文發現它之前，這裡還只是一個封閉而落後的地方。這裡的人沒有一個走出過大漠，據說不是他們不願離開這塊貧瘠的土地，而是嘗試過很多次都沒有走出去。

肯·萊文當然不相信這種說法。他用手語向這裡的人詢問原因，結果每個人的回答都一樣：從這無論向哪個方向走，最後都還是轉回出發的地方。為了證實這種說法，他做了一次試驗，從比塞爾村向北走，結果三天半就走了出來。

比塞爾人為什麼走不出來呢？肯·萊文非常納悶，最後他只得雇一個比塞爾人，讓他帶路，看看到底是為什麼？他們帶了半個月的水，牽了兩隻駱駝，肯·萊文收起指南針等現代設備，只帶著一根木棍跟在後面。

十天過去了，他們走了大約八百英里的路程，第十一天的早晨，他們果然又回到了比塞爾。這一次肯·萊文終於明白了，比塞爾人之所以走不出大漠，是因為他們根本就不認識北斗星。在一望無際的沙漠裡，一個人如果憑著感覺往前走，他往往會走出許多大小不一的圓圈，最後的足跡十有八九是一把卷尺的形狀。比塞爾村處在浩瀚的沙漠中間，方圓上千公里沒有一點參照物，若不認識北斗星又沒有指南針，想走出沙漠，確實是不可能的。

肯·萊文在離開比塞爾時，帶了一位叫阿古特爾的青年，就是上次和他合作的人。他告訴這位青年，只要你白天休息，夜晚朝著北面那顆星走，就

能走出沙漠。阿古特爾照著去做，三天之後果然來到了大漠的邊緣。阿古特爾因此成為比塞爾的開拓者，他的銅像被豎在小城的中央。銅像的底座上刻著一行字：新生活是從選定方向開始的。

這個小故事告訴我們，就像比賽爾當地的人們不知道北斗星所以才走不出沙漠一樣，如果我們的人生沒有明確的主導目標，我們也只能永遠站在原地轉圈。只有設定了明確的目標，我們的人生旅程才會清晰不盲目，我們才不會虛度光陰。

心理學家曾經做過這樣一個實驗：

集結三組人，讓他們分別向著 10 公里以外的三個村子前進。

第一組的人既不知道村莊的名字，也不知道路程有多遠，只告訴他們跟著嚮導走就行了。剛走出兩三公里，就開始有人叫苦；走到一半的時候，有人幾乎發怒了，他們抱怨為什麼要走這麼遠，何時才能走到頭，有人甚至坐在路邊不願走了；越往後，他們的情緒就越低落。

第二組的人知道村莊的名字和路程有多遠，但路邊沒有里程碑，只能憑經驗來估計行程的時間和距離。走到一半的時候，大多數人想知道已經走了多遠，比較有經驗的人說：「大概走了一半的路程。」於是，大家又簇擁著繼續往前走。當走到全程的四分之三的時候，大家情緒開始低落，覺得疲憊不堪，而路程似乎還有很長。當有人說：「快到了！」「快到了！」大家又振作起來，加快了行進的步伐。

第三組的人不僅知道村子的名字、路程，而且公路旁每一公里都有一塊里程碑，人們便走邊看里程碑，每縮短一公里大家便有一小陣的快樂。行進中他們用歌聲和笑聲來消除疲勞，情緒一直很高漲，所以很快就到達了目的地。

心理學家得出了這樣的結論：當人們的行動有了明確目標的時候，並能

把行動與目標不斷地加以對照，進而清楚的知道自己的行進速度與目標之間的距離，這時人們行動的動機就會得到維持和加強，就會自覺地克服一切困難，努力到達目標。

正像奧里森·馬登所說的，積極而明確的主導目標所帶來的力量將會改變一個人的一生，徹底地改變一個懶惰無能、胸無大志、遊手好閒、一無是處的人。就好像他身體內的某種神聖力量開始起了作用一樣。這種力量就像愛情的力量，可以把一個不修邊幅、性格粗暴的人變成一個整潔的、溫柔的、非凡的人。

當一個明確而又堅定的主導目標在一個人體內甦醒的時候，這個人就會煥然一新，就會創造出奇蹟，不信，請你嘗試看看！

讓你的目標達到沸點

不怕事情難以達成，不能始終如一地堅持下去。有目標也有實現目標的實力，不等於你就能實現目標。如果你不能專心致「志」，用鑽木取火的精神使你的目標達到沸點，那麼任何目標都不可能成功實現。

奧里森·馬登在其著作中做過這樣一個形象化的比喻：要使水變為蒸氣，一定要把水燒到華氏 212 度。200 度的溫度，水不能化為蒸氣，再加熱到華氏 210 度，也仍然不能。而只有到 212 度，才能發出蒸氣來，這樣才能推動機器，使火車獲得前進的動力。至於溫水是不能推動任何東西的。很多人想用微溫的水或用將沸的水來推動火車，但他們會感到很驚奇，火車為什麼老是停著不動？正如溫水不能推動火車一樣，如果用冷淡散漫的態度對待目標，也肯定不會實現目標。每一個人不但要有適合自己的目標，而且還應該具有專注的精神，使自己的目標趨於堅定。如果沒有這種精神，就像永遠達不到沸點的水一樣，不可能推動奔向目的地的「火車」。

　　身為一個成功學大師，奧里森・馬登認識很多看起來在事業上很積極進取的人，但是奧里森・馬登發現，在某一天，他們就會因為別的事情而放棄了自己的事業。他們總是在想自己是否找到了正確的位置或者自己的能力在哪裡才能得到最大的發揮。他們缺乏專注的精神，一旦遇到困難就會失去信心，或者一聽到其他人在別的行業取得成功時，就會沮喪萬分，想知道自己在那一個行業是不是也會做得很好。如果一個人失去了對目標的專注，總是輕而易舉地放棄目標，那麼可以肯定這個人很難真正的找到屬於自己的位置。

　　拉馬克在 1744 年 8 月 1 日生於法國皮卡第，他是兄弟姊妹 11 人中最小的一個，最受父母寵愛。拉馬克的父親希望他長大後當個牧師，就送他到神學院讀書，後來由於德法戰爭爆發，拉馬克當了兵。服役期間，他對植物學發生興趣。

　　後來，拉馬克在銀行裡找到了工作，想當個金融家。很快地，拉馬克又愛上了音樂，整天拉小提琴，想成為一個音樂家。這時，他的一位哥哥勸他當醫生，拉馬克學醫四年，可是對醫學沒有多大興趣。正在這時，24 歲的拉馬克在植物園散步時遇上了法國著名的思想家、哲學家、文學家盧梭，盧梭很喜歡拉馬克，常帶他到自己的研究室裡去。在那裡這位「朝三暮四」的青年深深地被科學迷住了。從此，拉馬克花了整整 11 年的時間，系統地研究了植物學，寫出了名著《法國植物志》。拉馬克 35 歲時，當上了皇家植物園標本保護人。

　　當拉馬克 50 歲的時候，開始研究動物學。此後，他為動物學花費了 35 年時間。也就是說，拉馬克從 24 歲起，用 26 年時間研究植物學，35 年時間研究動物學，成了一位著名的生物學家。他是最早提出生物進化論的科學家。

由拉馬克的經歷我們不難看出專心與堅持的重要性。目標就是如此，如果你的目標不專或不能堅持，既想做生意，又想去讀書還想找個伴侶，這樣怎麼能做得好？怎麼能實現夢想呢？

奧里森‧馬登指出，很多人往往不缺少鴻圖壯志，而缺少的是始終如一的專注和勇於堅持決心。認準一件事情，堅持下去，永不言棄，你就會有意想不到的收穫。當然，堅持理想也不能盲目進行。以下是在確定了明確的目標之後，堅持目標的幾大步驟：

步驟1：告訴自己，一定要實現目標

當制訂好目標以後，一定要想擁有自信，要樹立全神貫注信念。唯有專注於自己的目標，並切實去做才能實現目標。很多經驗證明，對目標的自信是邁向成功的第一步。

步驟2：要做最好的準備

凡事做好準備是實現目標的重要因素。因為準備充分，所以你才會信心十足，才會有機會戰勝對手。

步驟3：重心放在你最大的長處上

有大成就的人，知道把精力放在最擅長的地方。當你集中精神在你能表現最好的事情上時，你會覺得信心增強。

步驟4：從錯誤和失敗中吸取教訓

唯一避免犯錯誤的方法是什麼都不做，有些錯誤確實會造成嚴重影響，但是沒有錯誤，沒有失敗就無法成就偉大事業。聰明的人會從失敗中學到教訓。愚者是一再失敗，卻不能從其中獲得任何教訓。

步驟5：放棄逃避的念頭方能產生信心

缺乏信心的人終日與恐怖結伴為鄰，自我肯定的機會也就渺茫。有一句名言說得好：現實中的恐懼，遠比不上想像中的恐懼那麼可怕。大多數人在遇到困難時，大都考慮事物本身的困難程度，如此產生了恐怖感。但是一旦著手解決時，就會發現事情其實比想像中的要容易且順利得多。

步驟 6：要確實遵守自己為目標所訂下的約束

這是實現目標的一個重要步驟，也是所有步驟中最簡單且最具有效果的。這裡指的約束，泛指包含你的工作、經濟、健康等各種問題。當你自己做了某種程度的約束後再遵守這種約束時，你會發現由於實踐導致了自我信賴，這種自我信賴是你已經開始坦然面對自己的實證，此時，實現目標的信心當然也會跟著而來。隨著時間的推移根深蒂固地成為你的勇氣與力量。

總而言之，實現目標之路，貴在專注與堅持。誰能始終如一地專注，堅持到底，誰就能實現目標。在無邊無際的沙漠中，只有堅持的人，才能找到綠洲，取得水源，進而獲得生機。「為山九仞，功虧一簣」。成功路上有險灘、有風浪，但請記住：成功是專注與堅持的結晶。無論那虛掩的成功之門有多遠，堅持就是勝利！

不為自己找任何藉口

奧里森·馬登在研究了大量成功者的案例之後發現，具有成功特質的人不會尋找任何接口來推脫責任。他們努力工作，從不自怨自艾，而是始終為了實現自己的目標奮力向前。他們不會等待機會完成目標，而是創造機會實現目標。那些整天找藉口的人，認為自己之所以無法實現目標，是因為缺乏

機會，這事實上暴露了他們最大的一個弱點 —— 缺乏效率。

那些失敗者總是為自己找藉口。如果你去問問他們失敗的原因，他們總是會說，自己不具備別人那樣的機會，沒有人願意幫助他，也沒有人能推他一把。他們還會說機會已經被別人搶光了⋯⋯

奧里森・馬登指出，總在為自己找藉口的人永遠沒有機會，即使有，他也把握不住，更別提實現目標了。

在西點軍校，學員遇到軍官問話，只能有四種回答：

1. 報告長官，是

2. 報告長官，不是

3. 報告長官，沒有任何藉口

4. 報告長官，我不知道

除了四個「標準答案」之外，如果有任何額外的字句，長官立刻又會問：「你的四個回答是什麼？」這個時候新學員也只能回答：「『報告長官，是』；『報告長官，不是』；『報告長官，沒有任何藉口』；『報告長官，我不知道』。」除此之外，不能多說一個字。

學員可能會覺得這個制度不盡公平。例如學長問：「你的皮鞋這樣算擦亮了嗎？」你當然希望為自己辯解，腦中浮現出「報告學長，排隊的時候有位同學不小心撞到了我。」但是你只能有四種回答，別無其他選擇。

西點這樣訓練學員的講話習慣，不只是為他們個人，更重要的是因為學員的成功或失敗，決定於他們是否完全了解長官所下達的命令和要求。聽完所有的簡報、講解，做過該做的練習之後，接下來的責任完全落在學員身上。上級派學員去做一件事，是期望他圓滿完成任務。這才是重點所在。表現不達到十全十美，是沒有任何藉口的。

在有限的時間內要實現自己的目標，我們就沒有時間為做不好的事情找

藉口，沒有時間文過飾非，任何人都應該把握每一分每一秒抓緊時間去實現目標。

西點的訓練讓學員明白，長官只要結果，而不是要為什麼沒有完成任務的解釋。這是為了讓每一位學員懂得：失誤是沒有任何藉口的。

在走訪了多家大企業之後，奧里森‧馬登發現，那些效率不高的員工總是有很多藉口。上班遲到了，會有「路上塞車」、「手錶停了」或者「家務事太多」的藉口；銷量不及格，會有「產品太冷門」、「品質不好」、「廣告太少」的藉口；工作沒有完成會有藉口，工作落後了也會有藉口。只要細心去找，藉口總會有的。有許多員工不再是想方設法去爭取完成任務，而是把大量的時間和精力放在如何尋找一個更合適的藉口上。

那些喜歡發牢騷、抱怨的人曾經也都有過不錯的目標甚至夢想，卻始終無法實現。為什麼呢？因為他們總是在為自己找藉口，以至於沒有時間去服從執行。而成功者不善於也不需要編織任何藉口，因為他們能為自己的行為和目標負責，也能承受自己努力的成果。

藉口總是在人們的耳旁竊竊私語，告訴自己因為某原因而不能做某事，久而久之我們甚至會潛意識地認為這是「理智的聲音」。假如你也有此類情況，那麼請你做一個實驗，每當你使用「理由」一詞時，請用「藉口」來替代它，也許你會發現自己再也無法心安理得了。

一個人在面臨挑戰時，總會為自己未能實現某種目標找出無數個理由。正確的做法是，像西點學員一樣，拋棄所有的藉口，找出解決問題的方法。

西點學員們並不見得有超凡的能力，但卻有超凡的心態。他們能夠積極主動地抓住並創造機遇，而不是一遇到困難就逃避退縮，為自己尋找藉口。如果他們這樣做的話，是不可能取得成功的。

出身於西點的將軍布雷德利（西點 23 屆學員）說：「習慣性拖延的人常

常也是製造諸多藉口與託辭的專家。如果你存心拖延、逃避，你自己就會找出成千上萬個理由來辯解為什麼不能夠把事情完成。」

事實上，把事情「太困難、太無頭緒、太麻煩、太花費時間」等種種理由合理化，確實要比相信「只要我們足夠努力、勤奮，就能完成任何事」的信念要容易多了，但如果你經常為自己找藉口，你就不能實現任何目標，這對整個人生的成功也會產生毀滅性的影響。

如果你常常發現，自己會為沒做或沒完成的某些事而製造藉口與託辭，或想出成百上千個理由為事情未能照計畫實施而辯白、解釋，那麼，你最好是假設把自己放在軍隊中，想一想找藉口會為自己帶來什麼樣的後果。

目標須靠行動去實現

有了明確的目標，你不可能完全求助於他人去幫助你實現。因此，你自己的木材還得你自己來砍，你自己喝的水一定要你自己來挑。同樣，你自己確定的目標也必須由你自己來付諸行動才行。

奧里森‧馬登的成功學深刻地揭示出「化目標為成功」的必然性和可能性，它也同樣告訴了你所必須採取的具體步驟。

行動是成功之母。你可以界定你的人生目標，並認真制訂各個時期的目標，但如果你不行動，還是會一事無成。

如果你不行動，可以在這裡為你設想了一下後果，比如說，你計劃去歐洲旅遊。

為此，你為自己制訂了一個十分詳細的旅行計畫，花了幾個月的時間來閱讀自己所能找到的有關歐洲各國的各種材料 —— 法國、德國、義大利等國家的歷史、地理、哲學、文化、藝術……

你還研究了整個歐洲的地圖，仔細研讀了一些旅遊指南，並為此準備了

旅行的必需品（比如藥品什麼的），並制訂了詳細的日程表，而且最後也已經預訂了最早開往英國的船票。

總之，可以說是萬事俱備只欠東風了。大約 1 個月後，也就是你預定回國的日子之後的某日，你在大街上碰到一位要好的朋友。

朋友問：「歐洲旅遊怎麼樣？」

毫無疑問，如果你不是自欺欺人地大講一番夢中的歐洲之行，你肯定回答：「哎呀，我根本就沒去！」

或許，你還會說一通自我解嘲似的這原因那原因。

而你肯定想不到，朋友在聽了你一通這樣那樣的原因後，已經對你這個人的品性與人生態度了然於胸；或許，已經對你的為人處事的能力大打折扣了。

試想，如果有什麼事業，朋友還敢和你合作嗎？

因為事實上，與其說你是一個思想者，還不如說你是一個只知空想的人。

當然，但願這只是我們在這裡對你可能的一種設想。因此，你必須牢記：沒有行動的人只是在做白日夢。

冥思苦想，謀劃如何有所成就，是好事情，但這並不能代替行動和實踐。

目標實現的過程是循序漸進的過程，沒有經過許多曲折而成功的例子幾乎沒有一個。

當我們「迂迴前進」時，並沒有改變原來的目標，只是選擇另一條道路而已，目的地是不變的。

規定一個固定的日期，一定要在這個日期之前把你要求的事情做好 ——沒有時間表，你的船永遠不會「靠岸」。

擬定一個實現目標的可行計畫，馬上行動 —— 你要習慣「行動」，不能夠再耽於「空想」，即「現在就做」！

在你的有生之年，當「現在就做」的提示從你的潛意識閃現到你的意識中，而要你做應該做的事情時，立刻投入以適當的行動，這是一種能使你成功的良好習慣。

這種良好的習慣是事業成功的有效途徑，它影響到日常生活及事業的每個方面。它可以迅速完成應做的但你不喜歡做的事，它能使你在面對不愉快的問題時，不至拖延，也能幫助你做你想做的事，它能幫助你抓住那些寶貴的、一經失去便永遠追不回的時機。

深受奧里森・馬登影響的另一位成功學大師拿破崙・希爾在將目標化為現實這方面為我們做出了良好榜樣。

1908 年，年輕的希爾在田納西州一家雜誌社工作，同時又在上大學。由於他在工作上的傑出表現，被雜誌社派去訪問偉大的鋼鐵大王安德魯・卡內基。卡內基十分欣賞這位積極向上、精力充沛、有幹勁、有毅力、理智與感情相平衡的年輕人，他對希爾說：「我向你挑戰，我要你用 20 年的時間，專門用在研究美國人的成功哲學上，然後提出一個答案。但除了寫介紹信為你引薦這些人，我不會對你做出任何經濟支持，你肯接受嗎？」年輕的希爾信任自己的直覺，勇敢地承諾「接受！」以致數年後，希爾博士在他的一次演講中說：「試想，全國最富有的人要我為他工作 20 年而不給我一丁點薪酬。如果是你，你會對這建議說 YES 還是 NO ？如果識『時務』者，面對這樣一個『荒謬』的建議，肯定會推辭的，但我沒有這樣做。」

在卡內基對希爾的挑戰中包括了明確的目標 —— 研究美國人的成功哲學，以及達到目標時限 —— 20 年。長談之後，在卡內基的引薦下，希爾遍訪當時美國最富有的 500 多位傑出人物，對他們的成功之道進行了長期研

究，終於在 1928 年，他完成並出版了專著《成功定律》一書。1908 年開始，到 1928 年完成，正好是 20 年。《成功定律》這本書震撼了全世界，激發了千千萬萬的人發財或成名之路。

立刻行動吧！制訂目標，變目標為現實，你就會發現你離成功已越來越近。

目標不要太過於完美

我們的生活中總是存在很多煩惱、無奈與不公，但是很多人又在不停地追求完美的目標，希望以此得到幸福。其實仔細琢磨，幸福與完美並沒有本質上的關係，很多時候完美甚至會是阻礙我們幸福的絆腳石。

奧里森‧馬登曾為自己的學生講述過這麼一個寓言：一個圓的一部分圓弧被切去了，它希望自己是一個完美的圓，因此就四處尋找它遺失的那一部分，但因為它不是一個完整的圓，所以只能慢慢滾動，由此她得以沿途欣賞花草的芬芳、陽光的明媚，並與蚯蚓娓娓而談。

途中它也發現了許多圓遺失的部分，但沒有一片能與自己相匹配，因此它不得不繼續尋找。有一天，圓找到了自己遺失的那部分，與自己相配得天衣無縫。它高興極了，因為它又是個完美的圓。它又開始飛快的滾動，快得連花都看不清楚，更不用說與蚯蚓談話了。它發現在快速滾動中世界整個變了樣，許多美好的東西都失去了，於是它又停了下來，將千辛萬苦找回的那一部分丟在路旁，然後慢慢地滾動著行走。

奧里森‧馬登認為這個寓言揭示了這樣一個道理：有缺憾時拚命追求完美，而一旦擁有了完美的一切，反而沒有夢想，沒有渴望，沒有奮鬥的激情與快樂。

有一個成語是：白璧無瑕。潔白晶瑩的玉，通體透明，沒有一點瑕疵，

確實是美的，可惜的是，世上這樣的玉卻是罕見的。

不知道是在哪個遠古的時代，曾經出現過鳳凰。後來鳳凰再度出現，於是乎，無論是天上的飛禽，還是地上的走獸，都立刻簇擁到鳳凰的周圍。牠們驚異於鳳凰的美麗，全都直瞪著兩眼凝視著鳳凰，羨慕牠的如夢如幻的美。但隨著時間的推移，終於那些最聰明、最慎重的動物便開始用同情的目光審視鳳凰了。牠們惋惜地說：「完美的鳳凰啊！牠的命也真夠苦的，既沒有情侶，也沒有朋友，牠永遠體會不到愛或者被愛的快樂！」

人也是如此，如果過於完美，就會讓別人敬而遠之，因而也就沒有了朋友。

不能容忍美麗的事物有所缺憾，是大多數人的一種普遍心態。追求盡善盡美對大多數人來說是理所當然的事。但他們從未想過，正是這種似乎無關緊要的態度，為他們的生活帶來了巨大的壓力。

如果進一步分析，渴望完美是出於一種自我保護的需要。安全感是人的最基本需要之一。假如一個人缺乏自信，生活上屢遭挫折，那麼他的安全感就受到了傷害。這種傷害需要經由其他途徑來加以補償。

心理學研究證明，試圖達到完美境界的人與他們可能獲得成功的機會，恰恰成反比。追求完美為人們帶來莫大的焦慮、沮喪和壓抑。事情剛開始，他們在擔心著失敗，生怕做得不夠完美而輾轉不安，這就妨礙了他們全力以赴去取得成功。而一旦遭到失敗，他們就會異常灰心，想盡快從失敗的境遇中逃避離去。他們沒有從失敗中獲取任何教訓，而只是想設法讓自己避免尷尬的場面。

具有這種性格的人，在日常生活中通常帶有以下特點：

（1）神經非常緊張，以致於連一般的工作都不能勝任。

（2）不願冒險，生怕任何微小的瑕疵損害了自己的形象。

（3）不能嘗試任何新的東西。

（4）對自己諸多苛求，毫無生活樂趣。

（5）總是發現有些事未臻完美，於是精神總是得不到放鬆，無法休息。

（6）對別人也吹毛求疵，人際關係無法協調，得不到別人的合作與幫助。

很顯然，背負著如此沉重的精神包袱，不用說在事業上謀求成功，而且在自尊心、家庭問題、人際關係等方面，也不可能取得滿意的效果。他們抱著一種不正確和不合邏輯的態度對待生活和工作，他們永遠無法讓自己感到滿足，每天都是焦灼不安的。

只求完美，害怕失敗，只能使我們處於癱瘓的境地。如何從追求盡善盡美的誘惑中擺脫出來？奧里森・馬登給出的建議是：

對自己的潛能有個正確的估計

既不要自視太高，更不必要過於自卑。有一分熱發一分光。你如果事事要求完美，這種心理本身就會成為你做事的障礙。不要在自己不擅長的事上去與人競爭，而是要在自己的特長上培養起自尊、自豪和學習的興趣。

重新認識「失敗」和「瑕疵」

一次乃至多次的失敗並不能說明一個人價值的大小。仔細想一下，如果從不經歷失敗，我們能真正認識生活的真諦嗎？我們也許一無所知，沾沾自喜於愚蠢的無知中。因為成功僅僅只能堅定期望的信念，而失敗則給了我們獨一無二的寶貴的經驗。

人只有承受住失敗的考驗才能達到成功的巔峰，亡羊補牢，猶為未晚。更不必要為了一件事未做到盡善盡美的程度而自怨自艾。沒有「瑕疵」的事物是不存在的，盲目地追求一個虛幻的境界只能是勞而無功。我們不妨問一問：「我們真的能做到盡善盡美嗎？」既然不行，我們就應該盡快放棄這種想法。

請你為自己確定一個短期的目標

尋找一件自己完全有能力做好的事，然後去把它做好。這樣你的心情就會輕鬆自如，辦事也會較有信心，感到自己更有創造力和更有成效。實際上，你不追求出類拔萃，而只是希望表現良好時，你會出乎意料地取得最佳的成績。

目標切合實際的好處不僅於此，它還為你提供了一個新的起點，能使你循序漸進地摘取事業上的桂冠。同時你的生活也會因此而豐富起來，變得富有色彩，充滿了人情味，並不像你原來所想的那樣黯淡。

第六章
別讓成功的機遇從你身邊溜走

　　成功的機遇只屬於那些能夠發現機遇、抓住機遇乃至創造機遇的人。能否抓住機遇完全取決於你自己。

成功要善於抓住機遇

下面是奧里森・馬登在著作中記述過的兩件事。

第一件：有一位著名的紐約律師，當他年輕時，還只是一名來自鄉下的窮小子。一天，他看到一家商店門外掛著「招聘侍者」的廣告，他立即揭下這份廣告，大著膽子走近商店找到店主，店主憤怒地責問他為何揭下自己的廣告，「因為你已經不用貼了，」年輕人充滿自信地說，「這份工作由我來做。」結果他拿到了這份工作。

第二件：與上面這個故事類似。有一個勇敢無畏的探險家摘下了世界的告示 ──「尋找發現北極之人」，他認為這是一個難得的機遇和挑戰，所以決定接受這份工作。他堅信，如果說這個世界上還有一個人能找到北極，那這個人就是他。結果他真的找到了北極，他就是著名的探險家羅伯特・愛德溫・皮里（Robert Edwin Peary）。

奧里森・馬登透過這兩件事情得出一個結論，只有勇敢的抓住機遇，才能有取得成功的可能。

人生充滿機遇，而且，機遇對每個人來說都是公平的，只是有些人抓住了，有些人抓不住；有些人發現了，有些人卻茫然不知；有些人在不斷創造機遇，而有些人則在苦等機遇。

你不要以為機遇會像一個到你家裡來的客人，他在你門前敲著門，等待你開門把他迎接進來，恰恰相反，機遇是一件不可捉摸的活寶，無影無形，無聲無息，倘若你不用苦行僧的精神，努力去尋求它，也許永遠遇不著它。機遇如偶爾吹過你耳際的風，如偶爾劃破天際的流星，是那麼地令人捉摸不透，是那麼地了無聲息，但它又是確確實實地存在。

世界著名喜劇大師卓別林在一次母親參加演出時，由於母親嗓子突然啞了，她只能離開舞臺，舞臺總監決定讓卓別林上場，而僅有五歲的卓別林毫

不怯場，面對著滿場的觀眾，鎮定自若，毫不拘束，迎來了全場的喝彩。

正是由於他把握住了這次偶然的機會，卓別林以後才能走上藝術道路，最終成為家喻戶曉的世界喜劇大師。

的確，成功的祕訣就是當機遇來臨時，要毫不猶豫地立刻抓住它。那麼，機遇在哪裡？我們如何才能抓住機遇呢？

奧里森‧馬登列舉了一系列的正反兩面的事例，從中我們或許能得出一些啟示：

一位波斯商人以一半的價錢賣掉了自己位於如今印度南部的肥沃農場，隨後環遊全球尋找鑽石。飢餓難耐、衣不蔽體的他最終在絕望之中死在異鄉。而同時，在他所賣掉的農場（也就是著名的戈爾康達鑽礦）下面發現了大量的鑽石。

德國化學家凱庫勒是個好學的人。有一天，他做了一個夢，夢到有一條蛇自己咬住了自己的尾巴，形成了一個圓環，這時他猛然醒來，回想剛才做的夢，立刻與他正在研究的苯分子的結構聯想起來。經過仔細的研究與推敲，終於發現了苯分子的結構是圓環狀的。凱庫勒做的夢對他來說是個機遇，而這個機遇的到來是那麼的尋常和容易被人所忽視，可是凱庫勒卻及時發現並抓住了這個機遇，正是因為這點，使他走向了成功。

賓夕法尼亞州的一位農場主人以833美元的價格賣掉了他的農場，他與在加拿大發現煤油的侄子一起去了加拿大。有一天，買下這片農場的人正在用流經農場的河水餵牛，結果，他在河面上發現了一些流淌著的浮垢。他的這一發現導致了一個巨大油田的發掘。一位地理學家曾經說，賓夕法尼亞這片油田的價值可達10億美元。

1840年代早期，瑞士移民薩特（John Sutter）從一個加利福尼亞人手裡買了一塊土地，這塊土地位於現在的沙加緬度東北部幾英里處，他在這裡

的美洲河沿岸的科羅納建了一家鋸木廠。在鋸木廠用來排水的一個小水溝邊，薩特手下一個名叫馬歇爾的工人在泥土中發現了一些黃色閃光的東西。他撿了一些，洗乾淨之後帶回了房間。當晚，工人們收工之後，馬歇爾對他們說：「我想，我可能發現了一個金礦。」就是這樣一個發現，引發了 1848 年的淘金熱。大批的人群從美國各地湧到此地。把這塊土地賣給薩特船長的那個人可能做夢也沒有想到他把一個金礦賣給了薩特。他賣掉了自己的土地，跋山涉水去尋找更好的機會，但他一無所獲。而在他們出賣的這塊土地上採出了大約價值 4,000 萬美元的黃金。這塊土地後來的一位擁有者每 15 分鐘就會得到價值 120 美元的黃金，並且持續了多年。

機遇在哪裡？我們如何才能抓住機遇？讀了以上的一些例子，我們似乎應該明白，機遇其實就在我們的身邊，就在我們的手裡，就在我們的腳下！

愛迪生在鐵路賣報時開創了自己的事業；卡內基在電報局工作時發現了鑽石礦；沃納梅克在費城的大街上走向成功；塞盧斯・麥考密克因為在穀物加工廠工作而發明了收割機；儒勒・凡爾納之所以會走上文學之路，除了他對文學的喜愛，更重要的是因為他抓住了與大仲馬戲劇性相遇的偶然機會……這些成功的事例都證明了機遇其實就在我們身邊。

機遇就在我們的手裡，只是能牢牢把他抓在手裡的人太少了，所以成功只是屬那些能牢牢把握機遇的少數人。

瑪里・居禮說得好：「弱者等待時機，強者創造時機」。一個人的成功有偶然的機會，但偶然機會的被發現、被抓住與被充分利用，卻又絕不是偶然的。

許多人不僅善於抓住機遇，更善長創造機遇，他們總是在努力，總是在奮鬥，開始時他們是在追尋機遇，而一旦當他們自身的實力積累到一定程度時，機遇便會自動登門拜訪。而且，隨著他們自身才能的不斷提高，其所面

臨的發展機遇也會機應地有品質和數量的提高。可以說，沒有他們這些主觀的努力，就不會有那麼多的良好的機遇。從這個角度上來說，機遇是那些有準備的人創造出來的，是對其努力的一種肯定和回報。

機遇誠然很重要，可是我們也不能像守株待兔那樣坐等機遇的到來。因為機遇畢竟是外因，是偶然的。要知道，沒有什麼東西可以憑空從天而降。決定成功的真正因素，還是要靠我們自己本身的知識與能力，只有自己的知識與能力達到一定的程度了，當我們再次遇到機遇時，我們才可以穩穩得抓住它，讓它變成促使我們成功的催化劑！

面對機遇要當機立斷

莎士比亞說過：「時間不是金錢，不是任何可以失而復得的物質。你一旦把它輕易失去，它就永遠與你無情地分別。最可怕的事情是：它離開你時，還從你身上竊去了最珍貴的財產 —— 青春和生命！」從另一個角度來講，這句話就是在告訴我們，面對機遇，要抓住時機，毫不猶豫地做出決斷。

奧里森・馬登認為，人生有許多轉機，稍縱即逝。但如果你把握住了，就會迎來一片全新的天空。相反，在機遇面前猶豫不絕，你就會痛失機遇，乃至與成功無緣。

印度有一位知名的哲學家，天生有種特殊的文人氣質，不知迷倒了多少女人。

某天，一個女子來敲他的門，她說：讓我當你的妻子吧！錯過我，你將再也找不到比我更愛你的女人了！哲學家雖然也很中意她，但仍回答說：讓我考慮考慮！

事後，哲學家用他一貫研究學問的精神，將結婚和不結婚的好、壞所在，分別條列下來，結果發現，好壞均等，真不知該如何抉擇？於是，他

陷入長期的苦惱之中，無論他又找出了什麼新的理由，都只是徒增選擇的困難。

最後，他得出一個結論──人若在面臨抉擇而無法取捨的時候，應該選擇自己尚未經歷過的那一個。不結婚的處境我是清楚的，但結婚會是個怎樣的情況，我還不知道？對！我該答應那個女人的要求。

哲學家來到女人的家中，問女人的父親說：「你的女兒呢？請你告訴她，我考慮清楚了，我決定娶她為妻！」

女人的父親冷漠回答：你來晚了十年，我女兒現在已經是三個孩子的媽了！

哲學家聽了，整個人幾乎崩潰，他萬萬沒有想到，向來自以為傲的哲學頭腦，最後換來的竟然是一場悔恨。兩年後，哲學家憂鬱成疾，臨死前，將自己所有的著作丟入火堆，只留下一段對人生的批註──如果將人生一分為二：前半段人生哲學是「不猶豫」，後半段人生哲學是「不後悔」。

面對人生，既要有當機立斷的決心，更要有永不後悔的氣魄！讀完這個故事，相信所有人都會為哲學家感到遺憾。但是遺憾歸遺憾，遺憾之餘，我們是不是也應該考慮一下我們自己呢？

奧里森·馬登認為，許多人之所以終生渾渾噩噩最終一事無成，其實就是因為沒有把握好關鍵時刻的機遇。失敗者的墓碑上字裡行間都充滿這樣的警示：「太晚了」。往往就在幾分鐘甚至幾秒鐘時間，勝利與潰逃、成功與失敗轉手移人，其結局大相徑庭。

奧里森·馬登的話道出了成敗的關鍵。在我們的生活中就是有很多人，不善於發現並抓住機遇。在面對機遇的時候，總是優柔寡斷，等下定決心的時候，機遇已經溜走了，實在可惜！

面對機遇，不能當機立斷抓住機遇，而是優柔寡斷，思前想後，這是成

功的大忌！世間最可悲的是那些優柔寡斷的人。他們對待任何事都是舉棋不定，猶豫不決。他們一生會有很多機會，但卻由於他們性格的弱點而錯失良機。這樣的人既不相信自己，也不會被他人所信賴，更不會為他人所重用，他們總與成功無緣。

　　為什麼有些人做事易反反覆覆、優柔寡斷呢？這主要是因為：

1. 心理學認為，對問題的本質缺乏清晰的認識是使人做事無法做主意並產生心理衝突的原因。只要留心觀察，就不難發現優柔寡斷多發生在年輕人身上，這是因為年輕人涉世未深，對一些事物缺乏必要的知識和經驗。

2. 俗話說：「一朝被蛇咬，十年怕草繩。」以前吃過虧，一旦遇到類似的情境，便產生消極的條件反射，躊躇不已。

3. 一般說來，優柔寡斷者大都具有如下性格特徵：缺乏自信，感情脆弱，易受暗示影響，在集體中順應主流，過分小心謹慎等等。

4. 這種人從小就在倍受溺愛的家庭中長大，過著「衣來伸手，飯來張口」的生活，父母、兄弟姐妹就如同他的拐杖。這種人一旦獨自走進社會，做事易出現優柔寡斷現象；另一種情況是家庭從小管束太嚴，這種教育方式教出來的人只能循規蹈矩，不敢越雷池一步。一旦情況發生變化，他們就擔心不合要求，在動機上左右徘徊，拿不定主意。

　　如何克服面對機遇時拿不定主意、優柔寡斷的毛病呢？根據奧里森・馬登的成功學理論，以下建議可作為參考：

1. 培養自信、自主、自強、自立的勇氣和信心，培養堅強、獨立的良好品格。

2. 心理學認為，人的決策能力與其所具有的知識經驗有很大的關係。一個

人的知識經驗越豐富，其決策能力就越高；反之則越低。這也就是俗話
所說的「有膽有識，有識有膽」。

3. 「凡事豫則立，不豫則廢」。平時經常動動腦筋、勤學多思是關鍵時刻有
主見的前提和基礎。

4. 排除外界干擾和暗示，穩定情緒，由此及彼、由表及裡仔細分析，亦有
助於培養果斷的意志。

要學會利用你的運氣

現實生活中，有很多失敗者對於他人的成功往往不以為然，他們會說，
他只不過是運氣好罷了。我如果有他那麼好的運氣，一定會比他做得更好，
他有什麼了不起的？他的一切都只不過是運氣使然而已。

有這個觀點的人，不妨先看看鋼鐵大王卡內基的成功故事。

1865 年，美國南北戰爭宣告結束。北方工業資產階級戰勝了南方種植園
主，但林肯總統被刺身亡。

全美國都沉浸在歡樂與悲痛之中，既為統一美國的勝利而歡欣鼓舞，又
因失去了一位可敬的總統而無限悲傷。

但是，面對此種情境，後來成為美國鋼鐵大王的卡內基卻看到了另
一面。

他預料到，戰爭結束之後，經濟復甦必然降臨，經濟建設對於鋼鐵的需
求量便會與日俱增。

於是，他義無反顧他辭去了自己在鐵路部門的報酬優厚的工作，合併了
兩大鋼鐵公司，創立了聯合鋼鐵廠。

同時，卡內基又讓自己的弟弟湯姆·卡內基創立了火車頭製造公司，並
讓他控制和經營蘇必略鐵礦。

可以說，上天賦予了卡內基一次絕好的機會。

此時，美國擊敗了墨西哥，奪取了加利福尼亞州，決定在那裡建造一條鐵路。

同時，美國政府又正在規劃修建橫貫全美東西的鐵路。在當時，幾乎沒有什麼比投資鐵路更賺錢的了。美國聯邦政府和國會首先核准了聯合太平洋鐵路。然後，又決定以聯合太平洋鐵路為中心線，修建另外 3 條橫貫大陸的鐵路線。

這 3 條鐵路是：

從蘇必略湖，橫穿明尼蘇達，經過位於加拿大國界附近的蒙大拿西南部，再橫過落磯山脈，到達奧勒岡的北太平洋鐵路。

以密西西比河的北奧爾巴港為起點，橫越德克薩斯州，經墨西哥邊界城市艾爾帕索到達洛杉磯，再從這裡進入舊金山的南太平洋鐵路。

第三條則是由堪薩斯州溯阿肯色河，再越過科羅拉多河到達新墨西哥州的聖塔菲。

但是，對於當時的美國政府、國會及社會各階層人士來說，一切遠非上述的如此簡單。人們向當局提出了縱橫交錯的各種相連的鐵路建設的申請，形表色色，竟達數十條之多。

但不管怎麼說，美洲大陸鐵路革命的時代已經來臨。

而卡內基則正是看到了這一鐵路革命帶來的大好時機。

因為，他十分明白，美洲大陸現在是鐵路時代、鋼鐵時代，需要建造鐵路、火車頭和鋼軌，而鋼鐵則是一本萬利的。

不久，卡內基便向鋼鐵業發起了進攻。

在聯合鋼鐵廠裡，很快就矗立起了一座 225 公尺高的熔礦爐，這是當時世界上最大的熔礦爐。

對它的建造，投資者都感到提心吊膽。但卡內基的努力卻讓投資者的擔心成為了多餘。

他聘請了一些化學專家駐廠，以檢驗買進的礦石、灰石和焦炭的品質，使產品、零件及原材料的檢測系統化。

當時，從原料的購入到產品的賣出，都很混亂，直到結帳時才能知道盈虧狀況，缺乏科學的管理方式。

卡內基大力整頓經營方式，貫徹了各層次職責分明的高效率的概念，從而使聯合鋼鐵公司的生產力大為提高。

與此同時，卡內基又購買一系列先進的鋼鐵製造方面的專利技術。

他這一做法不乏先見之明，否則，卡內基的鋼鐵事業就會在不久的大蕭條中成為犧牲品。

1873 年，經濟大蕭條不期而至。銀行倒閉、證券交易所關門，各地的鐵路工程支付款突然被中斷，現場施工停止，鐵礦山及煤山相繼歇業，匹茲堡的爐火也熄滅了。

但是卡內基的信心卻沒有私毫的動搖，他反而斷言：「只有在經濟蕭條的年代，才能以便宜的價格買到鋼鐵廠的建材，並且薪水也相應便宜。其他鋼鐵公司相繼倒閉，向鋼鐵挑戰的東部企業家也已鳴金收兵。這正是千載難逢的好機會，絕不可以失之交臂。」

在最困難的情況下，卡內基卻一反常人之道，打算建造一座鋼鐵製造廠。

他走進股東大金融家摩根的辦公室，談出了自己的新打算：

「我計劃進行一個百萬元規模的投資，建立轉爐兩座，旋轉爐 1 座；再加上熔爐兩座……」

「那麼，工廠的生產能力會怎樣呢？」摩根問道。

「如果 1875 年 4 月開始生產，鋼軌年產量將達到 3 萬噸，每噸製造成本大約 69 美元……」

「現在鋼軌的平均成本大約是每噸 110 美元，新設備總投資額是 100 萬美元，第一年的收益就相當於成本……」

最後，卡內基指出：「事實上，投資鋼鐵製造比股票投資盈利更多。」

終於，股東們同意發行公司債券。

工程進度比預定的時間稍微落後。

1875 年 8 月 6 日，卡內基收到了第一份訂單，2,000 根鋼軌。熔爐點燃了。

每噸鋼軌的生產勞務費是 8.26 美元，原料 40.86 美元，石灰石和燃料費是 6.31 美元，專利費 1.17 美元，總成本不過才 56.6 美元。

這比原先的預算便宜多了。卡內基為此興奮不已。

1881 年，卡內基與焦炭大王弗里克達成協議，雙方投資組建了 H.C. 弗里克焦炭公司，雙方各持一半股份。

同年，卡內基又以他自己的 3 家製鐵企業為主體，並聯合許多小焦炭公司，成立了卡內基公司。

發展到這個時候，卡內基兄弟企業的鋼鐵產量已占了全美鋼鐵總產量的 1 ／ 7，而且正在逐步向壟斷型企業邁進。

到 1890 年，卡內基兄弟吞併了狄克仙鋼鐵公司之後，一舉將資金增加到 2,500 萬美元，公司名稱也變為卡內基鋼鐵公司。不久之後，又更名為美國鋼鐵公司。

從卡內基在鋼鐵製造業上的成功經歷，你一定能明白，他的成功與他善於抓住有利時機是休戚相關的。相信你一定能從他的身上大受啟發。

如果你在看了卡內基的成功故事後，依然堅信運氣說，那我們要遺憾地

告訴你，奧里森‧馬登的成功學不適合你，你還是闔上這本書吧。

　　奧里森‧馬登認為，無論你把這種抓住機會叫做運氣也好，或是將這一切都視為命運使然亦吧，有一點卻是絕對的，那就是：當運氣來了時，你的聰明與智慧就應該很快地利用你的好運氣。

　　站在這個意義上，奧里森‧馬登告訴我們，運氣其實也就是抓住機會的同義語。

機會垂青有所準備的人

　　在奧里森‧馬登看來，機會是有親和性的，它總是願意和那些喜歡與它交朋友的人交朋友。只有那些有著充分的心理準備和必要的物質準備的人，才能夠成為機會的成功把握者。

　　馬克道厄爾是阿穆耳肥料工廠的廠長，他之所以由一個速記員而走向自己事業的頂峰，便是因為他能做非他份內所應做的工作。

　　馬克道厄爾一開始是在一個懶惰的經理手下做事，那個經理總是把事情推到職員的身上。他覺得馬克道厄爾是一個可以任意驅使的人，因此經常指使馬克道厄爾為自己做事。

　　馬克道厄爾也總是那樣的服服貼貼，言聽計從。

　　不過，馬克道厄爾是一個十分細心的人，他在日常的生活中總是很注意觀察工廠裡各方面的情況，尤其是老闆阿穆爾先生的個人喜好。

　　於是，機會終於來了。

　　有一次，經理叫馬克道厄爾替自己編一本阿穆爾先生前往歐洲時用的密碼電報書。

　　於是，這位經理的懶惰，終於使馬克道厄爾擁有了做事的機會。

　　一般人編電碼都是隨便編幾張紙就了事，馬克道厄爾卻不一樣，他是將

這些電碼編成了一本小小的書，用打字機很清楚地打出來，然後好好地用膠裝裝訂著。

電報密碼書做好之後，便交給了老闆阿穆耳先生。

阿穆耳先生仔細地看了看電報密碼本，然後說：「這應該不是你做的。」

經理只好戰戰兢兢地回答：「是……馬克道厄爾……」

阿穆爾先生立即命令：「你叫他到我這裡來。」

馬克道厄爾到辦公室來了。

阿穆耳說：「年輕人，你怎麼把我的電報做成這樣子的呢？」

馬克道厄爾答道：「我覺得這樣你用起來會更方便。」

幾天後，馬克道厄爾便在廠裡擁有了一間獨立辦公室。

又過了幾天，他便代替自己的頂頭上司，也就是那位經理的職位了。

從馬克道厄爾小小成功中，你不難看出，如果他當初不有所準備，沒有他平日裡細心的觀察，他是不會有這樣機會的。

一天晚上，有一個青年進入底特律的克利夫蘭輪船公司的行李房裡，向一個行李經理自告奮勇提供幫忙，這個經理是位愛爾蘭人，青年的做法弄得那個愛爾蘭人莫名其妙。

愛爾蘭人說道：「你說你要幫助我，但是不要錢？」

此時那個青年已經把衣服脫下來，像個老手一樣，丟在箱子旁邊。

他笑著回答說：「我是新來的導遊，我是想來看看這條航線的行李是怎麼處理的。」

「但是，年輕人，」那個愛爾蘭人更覺得驚訝地說，「現在已過了7點，你休息的時候應該是5點半，而公司在上班外的時間是不會給你錢的，無論你把手弄得多麼髒。」

「噢！那沒關係的，」那年輕人說，「現在這件事我自願負責。我現在

是想除了與乘客接洽之外，再學一點別的東西，而你這裡就是一種開始學習的好地方。」

「那麼，如果你一定要幫助我，你就來幫我吧！」愛爾蘭人最後說，「不過我覺得恐怕你是太寂寞了。像如此美好的春夜，大多數的年輕人是想出去玩玩的。」

但是他並不寂寞。

這就是他如何得到教育，最後使他升為總經理的原因。

但是，需要注意的是，這樣做額外的工作，必須是以一種熱忱而有趣的精神去做，這樣才是有成效的。上述的那些人對於他們的工作是覺得有趣的。如果是以埋怨的態度去做，或是專門想引起同事或上司的注意，博取他們的同情或稱讚，那麼工作就一定不會有什麼成就。

記住，成功的人並不是希望獲得稱讚，而是因工作本身有趣才這麼做的。

敢在冒險中獵獲機遇

奧里森・馬登成功學告訴人們：成功的機遇很可能會主動降臨到我們每一個人頭上，就看我們是否能把握住，而那些一定能成功的人則不是等待這種機遇降臨在自己頭上，而是自己去捕獲機遇，冒險就是他們最好的工具。

不要抱怨生活的不公平，機會是均等的，只是有的人有能力去抓，有的人不敢去抓，有的人甘願與其失之交臂。那些成功者自然是捕捉機遇、創造機遇的高手，而且他們習慣於在風險中獵獲機遇！

機遇常與風險並肩而來。有些人看見風險便退避三舍，再好的機遇在他眼中都失去了魅力。這種人往往在機會來臨之時躊躇不前，瞻前顧後，最終什麼事也無法完成。奧里森・馬登雖然不贊成賭徒式的冒險，但他認為任何

機會都有一定的風險性，若只是因為怕風險就連機會也不要了，無異於因噎廢食。

最有希望的成功者並不都是才華出眾的人，而是那些最善於利用每一個時機去發掘開拓的人。他們在機會中看到風險，更在風險中逮住機遇。

奧里森‧馬登曾深入研究美國金融大亨約翰‧皮爾龐特‧摩根的發跡史，結果發現他就是一個善於在風險中投機的人。

約翰‧皮爾龐特‧摩根誕生於美國康乃狄克州哈特福的一個富商家庭：摩根家族 1636 年從英格蘭遷往美洲大陸。最初，摩根的祖父約瑟夫‧摩根開了一家小小的咖啡館，積累了一定資金後，又開了一家大旅館，既炒股票，又參與保險業。摩根的父親朱尼厄斯‧斯賓塞‧摩根則以開菜店起家，後來他與銀行家皮博迪合夥，專門經營債券和股票生意。

生活在傳統的商人家族，接受著特殊的家庭氛圍與商業薰陶，摩根年輕時就勇於夢想勇於實做，極具商業冒險和投機精神。1857 年，摩根從德哥廷根大學畢業，進入鄧肯商行工作。一次，他去古巴哈瓦那為商行採購魚蝦等海鮮歸來，途徑紐奧良碼頭時，他下船在碼頭一帶兜風，突然有一位陌生人從後面拍了拍他的肩膀：「先生，想買咖啡嗎？我可以出半價。」

「半價？什麼咖啡？」摩根疑惑地盯著陌生人。

陌生人馬上自我介紹說：「我是一艘巴西貨船船長，為一位美國商人運來一船咖啡，可是貨到了，那位美國商人卻已破產了。這船咖啡只好在此拋錨……先生！您如果買下，等於幫我一個大忙，我情願半價出售。但有一條，必須現金交易。先生，我是看您像個生意人，才找您談的。」

摩根跟著巴西船長一道看了看咖啡，成色還不錯。一想到價錢如此便宜，摩根便毫不猶豫地決定以鄧肯商行的名義買下這船咖啡。然後，他興致勃勃地向鄧肯發出電報，但鄧肯的回電是：「不准擅用公司名義！立即撤銷

交易！」

　　摩根對此非常生氣，不過他又覺得自己確實太冒險了，鄧肯商行畢竟不是他摩根家的。自此摩根便產生了一種強烈的願望，那就是開自己的公司，做自己想做的生意。

　　摩根無奈之下，只好求助於在倫敦的父親。朱尼厄斯回電同意他用自己倫敦公司的戶頭償還挪用鄧肯商行的欠款。摩根大為振奮，索性放手大幹一場，在巴西船長的引薦之下，他又買下了其他船上的咖啡。

　　摩根初出茅廬，做下如此一樁大買賣，不能說不是極大冒險。但上帝偏偏對他情有獨鍾，就在他買下這批咖啡不久，巴西便出現了嚴寒天氣。一下子使咖啡大量減產。這樣，咖啡價格暴漲，摩根便抓準時機大賺了一筆。

　　從咖啡交易中，朱尼厄斯認識到自己的兒子是個商業人才，便出了大部分資金為兒子辦起摩根商行，讓他施展經商的才能。摩根商行設在華爾街紐約證券交易所對面的一棟建築物裡，這個位置對摩根後來叱吒華爾街乃至左右世界風雲起了不小的作用。

　　這時已經是 1862 年，美國的南北戰爭正打得不可開交。林肯總統要求所有州派出總共 75,000 名軍人，重奪堡壘，保衛華盛頓，「保護聯邦」，並下令陸海軍對南方展開全面進攻。

　　一天，克查姆 —— 一位華爾街投資經紀人的兒子，摩根新結識的朋友，來與摩根閒聊。

　　「我父親最近在華盛頓打聽到，北軍傷亡十分慘重！」克查姆神祕地告訴他的新朋友，「如果有人大量買進黃金，匯到倫敦去，肯定能大賺一筆。」

　　對經商極其敏感的摩根立時心動，提出與克查姆合夥做這筆生意。克查姆自然躍躍欲試，他把自己的計畫告訴摩根：「我們先和皮博迪先生打個招呼，透過他的公司和你的商行共同付款的方式，購買四五百萬美元的黃

金 —— 當然要祕密進行；然後，將買到的黃金一半匯到倫敦，交給皮博迪，剩下一半我們留著。一旦皮博迪黃金匯款之事洩露出去，而政府軍又戰敗時，黃金價格肯定會暴漲；到那時，我們就堂而皇之地拋售手中的黃金，肯定會大賺一筆！」

摩根迅速地盤算了這筆生意的風險程度，爽快地答應了克查姆。一切按計畫行事，正如他們所料，祕密收購黃金的事因匯兌大宗款項走漏了風聲，社會上流傳著大亨皮博迪購置大筆黃金的消息，「黃金非漲價不可」的輿論四處傳播。於是，很快形成了爭購黃金的風潮。由於這麼一搶購，金價飛漲，摩根一看時機已到，迅速拋售了手中所有的黃金，趁著局勢混亂又狠賺了一筆。

這時的摩根雖然年僅 26 歲，但他那閃爍著藍色光芒的大眼睛，看去令人覺得深不可測；再搭上短粗的濃眉、鬍鬚，會讓人感覺到他是一個深思熟慮、老謀深算的人。

此後的一百多年間，摩根家族的後代都秉承了先祖的遺傳，不斷地冒險，不斷地投機，不斷地暴斂財富，終於打造了一個實力強大的摩根財團。

機遇常常有，但往往摻雜在風險中，想捕獲它，就要看你有沒有勇氣去冒這個險。

做人要想成就一番大事業，取得一番大成功，就要能把膽子放大，在不違背社會道德和法律制度的前提下，去冒最大的險。

奧里森‧馬登指出，你不得不為成功而冒險，正如你必須為失敗而冒險一樣。如果你試圖逃避，或者投降，你就輸了。所以說，要想成功，你就要勇於冒險，並且勇於冒最大的險。

在某種程度上，生活是一場博弈。勇於冒最大風險的人，在商場才能賺得最多的錢，在事業上才能取得最大的成功，才可能實現人生的最大價值。

要能置之死地而後生

做事時，想得太多就容易為進度拖後腿，斷絕所有退路，才可能勇往直前，因為這時你只有兩條路，一條是「死」，一條是「撐」，這時你才能全力以赴追求成功。

凱撒在尚未掌權之前，是一位出色的軍事將領。有一次，他奉命率領艦隊前去征服不列顛群島。

在他出發前，才發現一項嚴重的問題。隨船遠征的軍隊人數少得可憐，而且武裝配備也殘破不堪，以這樣的軍力征服驍勇善戰的盎格魯薩克遜人，無異於以卵擊石。

但凱撒當下還是決定啟程，航向不列顛。艦隊到達目的地之後，凱撒等候所有兵丁全數下船，胸中有了計策：立即命令親信部屬一把火將所有戰艦燒毀。

同時他召集全體戰士訓話，明確地告訴他們，戰船已經燒毀，所以大夥只有兩種選擇。一是勉強應戰，如果打不過勇猛的敵人，後退無路，只得被趕入海中餵魚。

另一條路是，不管軍力、武器、補給的不足，奮勇向前，攻下該島，則人人皆有活命的機會。

士兵們人人抱定必勝的決心，終於攻克強敵，而凱撒也因為這次成功的戰役，奠下日後掌權的基礎。

奧里森・馬登認為，將身後的橋梁全部燒毀，這也就意味著所有退路都已經被封死，意味著你對自己的事業必須全力以赴，沒有任何挫折或者困難能夠誘使你掉頭撤退。「在面臨挫折的緊要關頭因缺乏勇氣而後退逃跑」，這就是成千上萬放棄了戰鬥的失敗者最形象化的墓誌銘。

與此相反，當你堅定勇敢、精神飽滿地衝向自己的目標、切斷自己的一

切退路並且毫無保留地投入到你的事業中時，你必將贏得整個世界。

這個世界上有太多太多年輕人一事無成，奧里森‧馬登認為主要原因就是他們根本沒有必勝的信念。他們一遇到困難就知難而退，也不願為了心中渴望的成功付出相應的努力。他們無法忍耐成功前所必須經受的長時間的磨練和訓練。他們不願意為了贏得輝煌的未來而放棄平時的消遣娛樂，也不願意把晚上和平時的空閒時間都投入到自我提升、接受教育或者鑽研本職工作的活動中。

林肯曾向上帝發誓，如果南方軍隊被趕出賓夕法尼亞州，那麼他就一定要解放所有奴隸。他身上的每一個細胞，每一塊肌肉都發出吶喊聲：這個誓言一定要實現。無與倫比的堅定信念為這位巨人增加了成倍的力量。

一旦人們表現出非凡的勇氣和意志，那麼在他們的一生中還有什麼成就是不可能達到的呢？

賀拉斯‧曼就是這種成功者的典範。他剛剛進入大學時就在自己的房門上寫下一個大大的紅色「V」字。他的同學對此迷惑不解，便把他稱作「門上寫 V 字的人」。大學畢業時，他被選為代表全體畢業生致詞的學生（valedictoria，通常為畢業班成績最優秀的學生）。「現在，親愛的同學們，」他說道：「你們該明白『V』字代表什麼了。從踏人大學的門檻的第一天起，我就立志成為代表畢業生致詞的學生。」

我們可以假想，如果賀拉斯心裡這麼想：「我這樣一個窮孩子怎麼能競爭得過那些聰明的同學，成為代表畢業生致告別詞的優秀學生呢？他們大多數人都比我擁有更多優勢。不過我可以先努力學習，然後看看離這個標準差多遠。」這種想法實際上早早就承認了自己的無能，最終自然不可能贏得成功。

奧里森‧馬登將人們在奮鬥過程中的表現分為兩類：一些人往往毫無保留地投入到對人生目標的追逐中，發誓不惜一切代價要將自己的事業推向成

功的巔峰，無論達到這一目標會讓他等多久也毫不在乎；另一些人卻總是在奮鬥的過程中猶豫不決。他們不敢全身心投入自己的事業，擔心一旦失敗了就沒有退路。這兩種人的前途往往也會截然不同。

一旦全力以赴投入自己的人生目標，人們就會爆發出驚人的力量：一旦用盡全身力氣衝向自己的夢想，人們就會具備無限的動力。只要咬緊牙關絕不後退，那麼幾乎就沒有什麼力量可以阻擋你前進的腳步。

如今的年輕人最顯著的弱點之一就是優柔寡斷，並且缺乏全身心投入事業的堅定意志。而大多數成功人士之所以成功，都由於他能夠專心致志於他所努力想要成就的目標上。為了達成目標，他能捨棄一切與他成功之路不相關的事物，眼光只鎖定他的目標。

這種強烈的成功意志，對於一般人而言，似乎較為難以具備。故而，我們不妨可以學習凱撒大帝火燒戰船背水一戰的方式，來激勵自我全力以赴。

你可將紛亂的思緒暫時放下，靜心省思，有哪些事物阻礙在通往成功的路上？

當看清所有阻礙你成功的事物，諸如拖延、懶惰、消極意識……等等，接著你必須有個堅定的決心，先除去所有的障礙物，然後再斷絕你所有可退之路。唯有如此，才能夠保證渴望追求成功的願望，如同求生的本能一般迫切而強烈，而這種本能將引導你走向成功。

「狗急了也跳牆」這句話雖然難聽，但的確有道理，一個人如果確信自己已完全沒有退路時，往往能爆發出最巨大的勇氣，發揮出最巨大的潛能。所以說，如果你真想做一番大事業，那就找準目標，毫不猶豫地斷絕所有後路，置之死地，背水一戰，這或許就是你獲得成功的最好機遇。

重視小事以捕捉靈感

世界上最睿智的國王所羅門說過，「萬事皆因小事起」。奧里森・馬登非常認可這句話，並舉了一個著名的事例作為力證，那就是「水桶戰爭」的故事。

西元 1005 年，摩德納聯邦的幾個士兵帶著這只著名的水桶跑到了隸屬於波羅尼亞王國的一個共和國去了。這原本是一件不值一提的小事，但是卻引起了一場軍事糾紛。引發了一場長達十幾年的戰爭。

像這樣的例子，奧里森・馬登列舉了很多，最後他得出這樣一個結論：「小小錯誤的最壞之處在於，它並不會老是停留在小錯誤的程度上。」

事實上，「萬事皆因小事起」，並不是只是指小錯誤會引發大麻煩，奧里森・馬登還認為，重視小事情往往能捕捉大靈感，天才就是注意細節和小事的人，歷史上那些偉大發明很多都是在小事中捕捉到靈感的，最著名的自然是牛頓藉由砸在頭上的蘋果發現了萬有引力。不僅是科學家的偉大發明，那些傑出成功者也有很多是從小事中捕獲成功的機遇的。

下面是奧里森・馬登成功學中又一個著名的案例。

牛仔褲是一種風靡世界的服裝，幾百年來一直備受人們喜愛，在匆匆忙忙的時尚風潮中始終保持著自己獨特的品味，但似乎沒有人追問，究竟是誰發明了牛仔褲？他又是如何發明了這世界上的第一條牛仔褲的呢？

人們也許根本不會想到，風靡全世界，曾影響幾代人生活的牛仔褲竟是一個名叫李維・史特勞斯的小商販發明的，他製造的第一條牛仔褲竟然是美國西部淘金工人的工裝褲。

1850 年代，李維和千千萬萬年輕人一同經歷了美國歷史上那次震撼人心的西部移民運動。這場運動不是由政府發動，而是源於一則令人驚喜的消息：美國西部發現了大片金礦。

消息一經傳出，在美國立即颳起一股向西部移民的旋風。滿懷發財夢的人們，攜家帶口紛紛擁向通往金礦的路途，擁向那曾經是荒涼一片，人跡罕至的不毛之地。

於是，在通往舊金山的道路上，高篷馬車首尾相接，人潮絡繹不絕，景象分外壯觀。李維同樣也經不起黃金的誘惑，毅然放棄他早已厭倦的文職工作，加入到洶湧的淘金大潮中。一到舊金山，李維立刻被眼前的景象嚇住了：

一望無際的帳篷，多如蟻群的淘金者⋯⋯他的發財夢頓時被驚醒了一半。

「難道要像他們一樣忙忙碌碌而無所收穫嗎？」

「不能！」李維堅定地說道，他說服自己不要知難而退，而要留下來做一番事業。也許是猶太人血統裡天生的經商天分在李維的身上起了作用，他決定放棄從沙土裡淘金，而是從淘金工人身上「淘金」。

主意已定，李維用完身上所有的錢物，開辦了一家專門針對淘金工人銷售日用百貨的小商店。李維這一個獨具慧眼的決定，為他今後發財致富奠定了良好基礎。

小商店開業以後，生意十分興旺，日用百貨的銷售量很大。李維整日忙著進貨和銷貨，十分辛苦，但利潤也十分豐厚。漸漸的李維有了一筆積蓄，在商販同行中，他因為吃苦耐勞和善於經營而小有名氣，商店的生意越做越好。為了獲取更大的利潤，李維開始頻繁外出拓展業務。

一天，他看見淘金者用來搭帳篷和馬車篷的帆布很暢銷，於是乘船購置了一大批帆布準備運回淘金工地出售。在船上，許多人都認識他，他捎帶的小商品還沒運下船就被搶購一空，但帆布卻無人問津。

船到碼頭，卸下貨物之後，李維就開始高聲叫喊推銷他的帆布。他看見一名淘金工人迎面走來，並注意看他的帆布，於是趕緊迎上去拉住他，熱情

地詢問：

「您是不是要買一些帆布搭帳篷？」

淘金工人搖搖頭說：「我不需要再建一個帳篷。」

他看著李維失望的表情，接著又說：

「您為什麼不帶些褲子來呢？」

「褲子？為什麼要帶褲子來？」李維驚奇地問道。

「不經穿的褲子對挖金礦的人一錢不值，」這位金礦工人繼續說道，「現在礦工們所穿的褲子都是棉布做的，穿不了幾天很快就磨破了。」他話鋒一轉又說道：

「如果用這些帆布來做褲子，既結實又耐磨，說不定會大受歡迎。」

乍一聽到這番話，李維以為他是在開玩笑，但轉念仔細一想，卻是很有道理，何不試一試呢？

於是，李維便領著這位淘金工人來到裁縫店，用帆布為他做了一條工裝褲。這位礦工穿上結實的帆布工裝褲高興萬分，他逢人就誇讚他的這條「李維氏褲子」。消息傳開後，人們紛紛前來詢問，李維當機立斷，把剩餘的帳篷布全部做成工裝褲，結果很快就被搶購一空。

1850 年代，世界上第一條牛仔褲就這樣在李維手中誕生了，它很快風靡起來，同時也為李維帶來了無限巨大的財富。

就像風平浪靜掩飾不住海底洶湧的暗流一樣，在平平淡淡的生活中，到處都蘊藏著無限的商機，聰明的人知道，平淡並不是一部無聊的肥皂劇，相反，它是一幕傳奇的開始。只要你用心就會揭開它神祕的面紗。任何看似偶然、隨意的發現，其實往往都伴隨著巨大心血的付出。李維於不經意間創下了大業，正是得益於他的細心。

奧里森・馬登認為，如何抓住機遇，並沒有固定的模式和準則可循，但

過人的洞察力和預見能力無疑是非常重要的。

　　欲成大事的人平時一定要留心周圍的小事，有敏銳的洞察力。伽利略不忽視吊燈擺動、瓦特研究燒開水後的壺蓋跳動這些似乎司空見慣的現象，他們因此而有所發明或發現，就是這方面的典型事例。在日常生活中，常常會發生各種各樣的事，有些事使人感到驚奇，引起多數人的注意；有些事則平淡無奇，許多人漠然視之，但這並不排除它可能包含有重要的意義。

　　一個有敏銳觀察力的人，要能夠從日常生活中發現不奇之奇。19世紀的英國物理學家瑞利注意到一種生活現象，在端茶時，茶杯會在碟子裡滑動和傾斜，有時茶杯裡的水也會灑出一些，但當茶水稍灑出一點弄濕了茶碟時，會突然變得不易在碟上滑動了。他對此做了進一步研究，做了許多相類似的實驗，最後提出了「阻力方程式」──用以計算一物體在流體中運動所受阻力的方程式，他因此獲得了意外驚喜。

　　可見，一個要想抓住成功的機遇，就一定要留心日常生活中的小事，訓練敏銳的洞察力，這樣就更容易捕捉靈感，把握機遇，獲得成功。

第七章
你的職業就是你的雕塑

　　生活的偉大之處在於如何才能找到正確的位置，最大限度地發揮我們的能力。以快樂和充滿活力的心態去工作和以痛苦而又煩躁的心態去工作之間的差別該有多大啊！

做好自己的職業定位

在都市中，最令人遺憾的是，很多人都在定位錯誤的職業上奮鬥、掙扎，為此放棄了自己的舒適和安逸，這種精神雖然值得欣賞，但去追求不適合自己的夢想往往不會有很好的結果。如果這些人把精力花在定位準確的職業上，他就可以用更少的努力獲得更大的成功和快樂。

奧里森·馬登認識一位年輕而富有的青年，這位青年非常希望有一份屬於自己的成功事業，他受一些喜歡繪畫的朋友的影響而跑去法國巴黎學習繪畫藝術。可是，在經過三年的艱苦學習之後，他發現，自己根本沒有成為一個偉大藝術家的天賦。他的個性也不適合每天拿著畫筆作畫，繪畫對他來說成為一種痛苦，他一直嚮往著農場的生活。在最終將自己定位在一個成功的農場主人而不是一名平庸的畫家之後，他回到了美國，開始了農場生活。

後來，這個青年在伊利諾州擁有數千英畝的良田。他一座漂亮的房子，有一個美麗的妻子。他每年都要出國去學習農耕技術和畜牧技術。他僱傭了很多人，並且對周圍貧窮的人予以幫助。總之，他成為了一個快樂而又對社會有用的人，因為他的定位準確，他找到了符合自己性格而又喜歡的事業。這個青年後來告訴奧里森·馬登，如果自己沒有抓住改正錯誤的機會，重新定位自己的工作，那他肯定會是一個痛苦而不幸的失敗者。

奧里森·馬登據此認為，一個人要想成功，首先必須在職業定位上做出一番努力，真正做好自己的職業定位。

良好的職業定位至少有以下四大好處：

第一，定位準確可以持久地發展自己。很多人事業上發展不順利不是因為能力不夠，而是選擇了並不適合自己的工作，而且沒有認真地思考一下「我是誰」、「我適合做什麼」，也不清楚自己想要什麼，從而無法體會如願以償的感覺。有些人把時間用於追逐不是自己真正適合的工作上，但是隨著

競爭的加劇會感覺後繼無力。準確的定位，可以獲得更加長遠的發展。

第二，定位準確可以善用自己的資源。集中精力的發展，而不是「多元化發展」，這是職業發展的一個規律，有些人多來年涉足很多領域，學習很多知識，博而不專，雖然表面看起來什麼都懂，無所不知無所不曉，但其實內部很虛弱，每一項能力上都沒有很強的競爭力，外強中乾。人們常說，「學MBA吧，大家都在學」，「出國吧，再不出國就來不及了」，「讀研究生和博士吧，年齡大了就讀不動了」，但現實已經說明，MBA、出國、研究生和博士並生不代表持續的發展，投資很多，收益很少，過於分散精力反而會讓你失去原有的優勢。

第三，定位準確可以抵抗外界的干擾，不會輕言放棄。有的人選擇工作，用現實的報酬作為準則，哪裡錢多去哪裡，什麼流行就做什麼，以至於放棄自己本已不錯的職業，捨本逐末。但事實是，頭幾年這一職位在待遇上會有一些優勢，但是後來差距越來越小了，甚至風水輪流轉，今天流行的過幾年不再流行了，從前容易賺錢的職業幾年後不再容易，有的人憑藉機遇獲得一個好職位，但是輕易地放棄了。只要給自己一個準確的定位，你就會理性地面對外界的誘惑。

第四，定位準確還能吸引上司的目光，或甚至使上司正確地培養自己，調動一切有利因素幫助自己發展。很多人在寫簡歷和面試的時候，不能準確地介紹自己，使得面試官不能迅速地了解你，有的人在職業上搖擺不定，使得上司不敢委以重任；還有的人經常換工作，使得朋友們不敢積極相助。定位不準，就好像遊移的目標，讓人看不清真實的面目。

在了解了職業定位的好處以後，我們再來看看職業定位有哪些步驟：

第一步，了解自我。這是在「知道自己的長處和自己的行事方式」之後對自己的進一步了解。這裡所謂的進一步了解是要正確評價自己的核心價值

觀念、個性特點、天賦能力、缺陷、性格、氣質、興趣等等，問問自己想做什麼，能做什麼。對自己各方面能力進行全盤了解，了解自己能力的高低，明確自己的優勢和劣勢，根據其他應聘者的經驗、經歷，選擇推斷未來可能的工作方向，從而徹底解決「我能做什麼」的問題。

第二，了解職業。只了解自己還不夠，還要了解職業。了解職業包括職業的工作內容、知識要求、技能要求、經驗要求、性格要求、工作環境、工作角色等。在了解職業的基礎上，進一步仔細地分析比較自己和職業要求的差距，根據自己的特點仔細地權衡選擇不同目標的利弊得失，以根據自己的現實條件確定最終達到目標的方案。

第三，充分規劃。這是職業定位規劃的最後一步。每一個想找到自己理想職業的人，要在找工作前明確掌握職業定位，充分結合自己的個性特點和興趣愛好，認真思考自己要做什麼，能做什麼，從事哪個專業領域的工作，朝哪個方向發展，從而避免求職時的盲目和錯失良機。

對於不同的人，職業規畫肯定不同。其實不僅如此，奧里森‧馬登認為，即使是同一個人在自己一生的各個不同的階段，他的職業規畫也有著很大的不同。而對於處在二十歲至三十歲之間的年輕人來說，他的職業規畫重在走好第一步。二十歲至三十歲這一階段是事業發展的起點。如何起步，直接關係到今後的成敗。這一階段的主要任務之一，就是選擇職業。在充分做好自我分析和內外環境分析的基礎上，選擇適合自己的職業，設定人生目標，制訂人生計畫。再下一個任務，就是要樹立自己良好的形象。年輕人步入職場，表現如何，對未來的發展影響極大。有些年輕人，特別是剛畢業的大學生，總認為自己有知識，有學歷，出社會工作後不屑於做打雜小事，結果在同事面前留下一個很差的印象，這對一個年輕人的發展而言，可以說是一個危機。還有一個重要任務，就是要堅持學習。根據日本科學家研究發

現，人一生工作所需的知識，90% 是工作後學習的。這個數據足以說明參加工作後學習的重要性。

最後要強調一點的就是，職業定位一定要實事求是。這山望著那山高是職業定位的大忌。客觀的自我認識和自我評價是制訂個人職業計畫的前提，職業定位應以個人發展為目標，應符合自己的興趣、特長，與個人的知識、能力相符，除此之外，職業定位還需考慮客觀環境因素。

你不只是為老闆工作

「我不過是在為老闆打工。」這種愚蠢的想法要不得。在許多人看來，工作只是一種簡單的僱傭關係，做多做少，做好做壞對自己意義並不大。這種觀點錯誤至極。

奧里森・馬登在其著作中舉過這麼一個例子：

漢斯和諾恩同在一個工作區域裡工作，每當下班的鈴聲響起，諾恩總是第一個換上衣服，衝出廠房，而漢斯則總是最後一個離開，他十分仔細地做完自己的工作，並且在工作區域裡走一圈，看到沒有問題後才關上大門。

有一天，諾恩和漢斯在酒吧裡喝酒，諾恩對漢斯說：「你讓我們感到很難堪。」

「為什麼？」漢斯有些疑惑不解。

「你讓老闆認為我們不夠努力。」諾恩停頓了一下又說：「要知道，我們只是在為別人工作。」

「是的，我們是在為老闆工作，但是，我們也是在為自己而工作。」漢斯的回答十分肯定且有力。

現實生活中，類似諾恩的人不在少數，他們並沒有意識到自己在為他人工作的同時，也是在為自己工作 —— 你不僅為自己賺到了養家糊口的薪水，

還為自己積累了工作經驗，工作帶給你的遠遠超過薪水以外的東西。從某種意義上來說，工作真正是為了自己。

我們常常講努力工作，那麼怎樣才算努力工作呢？努力工作就是盡自己最大的努力把工作做好！從低層次講是拿人錢財，替人消災，對老闆有個交代；更高層次上則是拋棄「只是為老闆打工」的觀念，將工作當成自己的事，融入一種使命感和道德感。而無論哪個層次，努力工作所表現出來的就是認真負責、一絲不苟、善始善終的工作態度。

奧里森‧馬登指出，當你把努力工作當成一種習慣時，哪怕一開始並不能為你帶來可觀的收益，但是可以肯定，你的付出永遠比那些缺乏敬業精神的人好十倍。相反，一旦散漫、馬虎、不負責任的做事態度深入到我們的潛意識中，那做任何事都會隨意而為之，其結果自然是一團糟。

在美國西部的一個小鎮裡，有一位叫做貝恩的木匠，他做這一行做了一輩子，並且以其敬業和勤奮深得老闆的信任。年老力衰時，貝恩對老闆說，自己想退休回家與妻子女享受天倫之樂。老闆十分捨不得他，再三挽留，但是他去意已決，不為所動。於是老闆只好答應他的請辭，但希望他能再幫助自己蓋一座房子。貝恩自然無法推辭。

貝恩歸心似箭，心思全然不在工作上了。用料也不那麼嚴格，工作品質也全無往日的水準。老闆看在眼裡，但卻什麼也沒說。等到房子蓋好後，老闆將鑰匙交給了貝恩。

「這是你的房子，」老闆說，「我送給你的禮物。」

老木匠愣住了，悔恨和羞愧溢於言表。自己的一生蓋了這麼多的華亭豪宅，最後卻為自己建了這樣一棟粗製濫造的房子。

這也許不過是一個故事，但是生動地說明了你所做的努力並不完全是為了老闆，你歸根究柢是為自己而工作。

　　貝恩沒有保持以往的工作態度，而許多新鮮人卻是一踏入社會就缺乏責任心，以善於投機取巧為榮；老闆一轉身就懈怠下來，沒有監督就沒有工作；工作推諉塞責，畫地自限；不思進取，反而以種種藉口來遮掩自己缺乏責任心。懶散、消極、懷疑、抱怨……種種職業病如同瘟疫一樣在企業、機關、學校中流行。付出多麼大的努力，都揮之不去。值得欽佩的是那些不論老闆是否在辦公室都會努力工作的人，是那些盡心盡力完成自己工作的人，這種人永遠不會被解僱，他在任何地方都會受到歡迎，這個時代更需要這種人才。

　　「我只是在為別人打工。」這句話中隱藏著的另外一層意思是：「如果我是老闆，我會更加努力。」但是，事實卻並非想像得那麼簡單。

　　勤奮和敬業並不完全是由於物質的刺激，物質的刺激是一種本能的反應，是個人追求最低的層次，更高層次的則是一種自發性執行的精神，一種對事業更深層次的理解。

　　奧里森‧馬登年輕曾經認識一個叫做傑克的年輕人，他頗有才華，但是對待工作總是顯得漫不經心。奧里森‧馬登曾經因此而忠告過他，他的回答是：「這又不是我的公司，我沒有必要為老闆拚命。如果是我自己的公司，我相信自己會像老闆一樣夜以繼日地工作，甚至會比他做得更好。」

　　一年以後，他寫信告訴奧里森‧馬登，自己離開了原來的工作，獨立創業，開辦了一家事務所。「我會很用心地做好它，因為它是我自己的。」在信中的末尾他這樣寫道。

　　奧里森‧馬登回信對他表示祝賀，同時也提醒他注意，對未來可能遭遇的挫折一定要有足夠的心理準備。

　　半年以後，奧里森‧馬登又一次得到了傑克的消息，傑克說，自己一個月前關閉了公司，重新去為別人工作，因為「太麻煩，太複雜，根本不適合

自己的個性」。

　　這種結果其實在奧里森‧馬登意料之中。

　　創業伊始，許多年輕人都會抱著滿腔熱情，全身心投入其中，但是一遭遇困境，就缺乏足夠的耐心堅持下去。外在的物質利益只能起到短時間的刺激作用，必須養成持之以恆和努力的良好習慣。

　　創業是一種激情，但是如果抱著「如果自己當老闆，我會更努力」的想法，工作就會變成一種不良的情緒。有些人的態度十分明確：「我是不可能永遠打工的。打工只是過程，當老闆才是目的。我每一份工作都是在為自己獲得經驗和開闊眼界。等到機會成熟，我會毫不猶豫地自己去創業。」

　　一個人在做員工時缺乏忠誠敬業的態度，這種習氣必將影響到他今後的發展，無論他做何種行業，或者是自己做老闆，這種態度絕不會輕易被驅除。

　　因此，「如果自己當老闆，我會更努力」的論調只是自欺欺人，是為自己現在的懶散和不負責任尋找藉口罷了。

不要只為薪水而工作

　　奧里森‧馬登認為，一個人的工作品質往往決定其生活品質。在工作中無論薪水是多是少，一定要竭盡全力，積極進取。這樣的工作作風往往是事業成功者和失敗者之間的重要差異。

　　奧里森‧馬登還著重強調，一個人工作的動機不應該只是為了薪水，他應該有更高層次的動力和追求。

　　遺憾的是，現實生活中，很多人卻常常麻痹自己，告訴自己工作就是為了賺錢。他們會選擇薪水比較多的工作，而不選擇一樣適合自己，但薪水相對比較低的工作。他們中的很多人是為了薪水而工作，而不是別的。如果出

現公司中只有他一個人的薪水是最低的時候，他會毫不猶豫選擇辭職，當然態度也肯定是忿忿不平的。

對於有這種想法或做法的人，尤其是年輕人，奧里森‧馬登有這樣的忠告：不要計較你開始上班時老闆支付給你的薪水，你應該看到薪水背後所得到的東西。你會提高自己的工作技能，你可以積累更多的工作經驗，你可以發現並發揮自己的潛能。而這一切都是寶貴的無形財產。」

為了證實自己這段話，奧里森‧馬登用德國著名的「鐵血首相」俾斯麥的「職場經歷」當作例子。當俾斯麥在德國的外交部門工作時，他的薪水很低。但是在那裡他學到了很多有用的外交技巧，同時也提高了自身的判斷力和決策力，這些為他後來擴大德國的疆土，進行有效的國內改革是有很大幫助的。俾斯麥從來沒有因為自己的薪水低而不努力工作，相反，他不僅出色地完成了一個外交官的使命，更令人敬佩的是，他為自己國家的強大做出了偉大的貢獻。如果沒有俾斯麥，德國分裂混亂的局面不知道還會延續多久。

跟俾斯麥相比，現在很多的年輕人，尤其是剛畢業的大學生，往往視薪水為自己身價的標誌，絕不能低於別人。他們的「理想遠大」，剛出校門就希望自己成為年薪幾十萬元的總經理；剛創業，就期待自己能像比爾蓋茲一樣富可敵國，他們只知道向老闆索取高額薪酬，卻不知自己能做些什麼，更不懂得從小事做起，實實在在地前進。

只為薪水而工作讓很多人缺乏更高的目標和更強勁的動力，也讓職場上出現了幾種不正常的現象：

1. 應付工作

一些人總認為公司付給自己的薪水太微薄，他們有理由以敷衍塞責來報復。他們工作時缺乏激情，以應付的態度對待一切，能偷懶就偷懶，能逃避就逃避，以此來表示對老闆的抱怨。他們工作僅僅是為了

對得起這份薪水，而從來沒想過這會與自己的前途有何聯繫，老闆會有什麼想法。

2. 到處兼職

為了補償心理的不滿足，他們到處兼職，一人身兼二職、三職，甚至數職，多種角度不停地轉換，長期處於疲勞狀態，工作不出色，能力也無法提高，最終謀生的路子越走越窄。

3. 時刻準備跳槽

他們抱有這樣的想法：現在的工作只是跳板，時刻準備著跳到薪水更高的單位。但事實上，很大一部分人不但沒有越跳越高，反而因為頻繁地換工作，公司因怕洩露機密等原因，不敢對他們委以重任。由於他們過於熱衷「跳槽」，對工作三心二意，所以就很容易失去上司的信任。

一個人若只是為薪水而工作，把工作當成解決生存問題的一種手段，而缺乏更高遠的目光，最終受欺騙的可能就是你自己。在斤斤計較薪水的同時，失去了寶貴的經驗，難得的訓練，能力的提高。而這一切較之金錢更有價值。

而且相信誰都清楚，在公司晉升員工的標準中，員工的能力以及其所做出的努力，占很大的比例。沒有一個老闆不願意得到一個能幹的員工。只要你是一位努力盡職的員工，總會有晉升的一日。

所以，你永遠不要驚異某個薪水微薄的同事，忽然被擢升至要職。若說其中有關鍵原因，那就是他們在開始工作的時候 —— 得到的與你相同，甚至比你還少的微薄薪水的時候，付出了比你多一倍，甚至幾倍的切實的努力，正所謂「不計報酬，報酬更多」。

假如你想成功，對於自己的工作，最起碼應該這樣想：工作是為了生活，更是為了自己的未來而工作。薪水的多與少永遠不是我工作的終極目標，對我來說，那只是一個極微小的問題。我所看重的是，我可以因工作獲得大量知識和經驗，以及踏進成功者行列的各種機會，這才是有極大價值的酬報。

事實證明，如果你不計報酬、任勞任怨、努力工作，付出遠比你獲得的報酬更多、更好，那麼，你不僅表現了你樂於提供服務的美德，還因此發展了一種不同尋常的技巧和能力，這將使你擺脫種種不利的環境，無往而不勝。

對待工作要保持熱情

根本沒有必要去詢問一個人是否熱愛自己的工作，因為他臉上的光彩就能告訴我們。他執行任務時的輕快和驕傲，他那無法掩飾的激情和精神都體現了這一點。他應該非常熱愛自己的工作，在其中找到了最大的樂趣，這種內心深處的喜悅使他整個人都亮了起來。

兩個人做同一件工作時，在態度、方式上都有著很大的不同。奧里森‧馬登舉了這樣一個例子：「我認識一些非常擅長做家務勞動的家庭主婦，我發現，不管她們是蒸麵包，鋪床鋪，還是擦洗家具，都是一副樂在其中的專注神態。她們以積極的心態做這些事，並從中享受到樂趣。在一些主婦看來是非常枯燥乏味的事，在她們看來，卻自有它的妙處。她們能從家務事中看出藝術的美。無論是照料孩子還是料理家務，都不覺得單調無趣。實際上，看著她們以輕鬆愉悅的心情打理事情，看著她們那種發自心底的滿足，簡直就是一種享受。她們愉快自在地擺放著每一件家具，擺弄著自己喜愛的小物件，這其中無不顯露出她們的品味。整個家庭的氛圍是那樣的溫馨、舒適，使人的心靈得到慰藉，生活變得更為美好。

　　我還認識另外一些家庭主婦，她們把家務活當成是天下最乏味的事，如果可能的話，寧願以少活兩年來換取免做一切家務。她們痛恨做家務。只要稍有可能，她們就會拖延或乾脆省掉那些家庭勞動，即使是被迫做了一些，結果也不能令人滿意，甚至一片狼藉，整個房間亂成一團，毫無舒適感。在這樣的家庭裡，心靈怎麼會得到滿足呢？你只會覺得一切都是亂七八糟。換句話說，她是以三心二意的手藝人的心態在做事，而不像前面提到的家庭主婦，完全以藝術家的心態在做家務。」

　　的確，當一個人喜愛他的工作時，你可以一眼看出來。他非常投入，其表現出來的自發性、創造性、專注和謹慎，十分明顯。而這在那些視工作為應付差事、乏味無聊的人那裡，是根本看不見的。

　　對於懶惰的主婦，如果不巧某個僕人生病或外出有事，她不得不做家務活時，就會暴跳如雷，大發脾氣；而在另一種主婦那裡，卻會大發同情心，認為剛好給僕人們一個放假的機會，對偶爾親手做一些事、準備一頓晚餐也甚為高興。具有這種心態的主婦，做任何事都會全身心投入，表現出自己高雅的品味，以愉快的心情和藝術家的眼光審視自己的所作所為，而在那些覺得家務勞動不可忍受的人那裡，就會是相反的情形。

　　這樣的情形在辦公室、商店、工廠裡也經常見到。一些員工拖拖拉拉似乎連走路都費很大的勁，讓人覺得，對他們來說生活是一個沉重的負擔。他們討厭自己的工作，希望一切都快些結束，他們根本就不明白，為什麼別人能充滿熱情，幹勁十足，自己卻總是覺得什麼都單調乏味。看著這樣的員工做事，簡直就是受罪，他們對什麼事都厭煩。而那些充滿樂觀精神、積極向上的人，做什麼事都有一股使不完的勁，神情專注，心情愉快，並且主動找事做，期望事業越做越大。對工作的不同態度：有的一心一意，有的三心二意；有的充滿熱情，有的不冷不熱；有的專注投入，有的冷漠淡然；其最終

的結果存在著天壤之別。

　　每一個老闆自然而然地覺得，勤勤懇懇，全神貫注，充滿熱情的員工更有價值。每一次晉升對他們都是莫大的鼓勵。這些員工的積極心態也常常感染上司，上司也知道，這樣的下屬在盡力幫助自己，並且對那些喜歡逃避責任的員工也是一種激勵。另一方面，在那些冷漠、粗心大意、懶惰的員工的影響下，領導者自己也覺得壓抑、對工作失去信心，存在一種隨遇而安的心理。因此，他會自覺地與有良好心態的員工在一起，關心他們的生活，對那些不專心工作，開脫責任，不注重成績的員工，有一種本能的排斥心理。

　　即使是補鞋這麼個低微的工作，也有人把它當作藝術來做，全身心地投入進去。不管是一個補丁還是換一個鞋底，他們都會一針一線地精心縫補。這樣的補鞋匠你會覺得他就像一個真正的藝術家。但是，另外一些補鞋店則截然相反。隨便打一個補丁，根本不管它的外觀。好像自己只是在謀生，根本沒有熱情來關心自己生活的價值。前一種人好像熱愛這項工作，不總想著會從修鞋中賺多少錢，而是希望自己手藝更精，成為當地最好的補鞋匠。

　　有一些教師常以大師的標準要求自己，在教書育人的生涯中全力以赴，以滿腔愛心、同情心和責任心對待每一位學生，學生也能從他那裡受益，成為一生的財富。他們好像要把溫暖的陽光照射到每個同學的心中。教室就像他們的畫室，而他們是站在畫布前面的大師，全神貫注於自己的創作。另外一些教師的態度則截然不同，從早晨一開始就對一天的工作覺得厭倦，想到要去幫那些愚蠢的學生上課，就煩膩透頂，想著如果哪一天不用上課就解放了。他們的授課既無熱情，也無生氣，反而把不良心態傳染給了學生。

　　100多年前有一位家住羅德島的人，他殫精竭慮，砌了一堵石牆，就像一位大師要創作一幅傑作一樣，其專注程度甚至有過之而無不及。他翻來覆去地審視著每一塊石頭，研究這塊石頭的特點，思考如何把它放在最佳的位

置。砌好以後，站在附近，從不同的角度，細細打量，像一位偉大的雕刻家，欣賞著粗糙的大理石變成的精美塑像，其滿足程度可想而知。他把自己的精神和熱情都傾注到了每一塊石頭上。每年，到他的農莊參觀的人絡繹不絕，他也很樂意解說每一塊石頭的特點以及自己是如何把它們的個性充分展現出來的。

你會問砌一堵石牆有什麼意義呢？這堵圍牆已經存在了一個多世紀，這就是最好的回答。

把工作當成一種快樂

奧里森・馬登認為，只有當人們把自己的工作當成一種快樂時才會有所建樹。假如你出現以下這些情況：總要強迫自己投入工作，每天早上都精神不濟，拖拖拉拉不願去上班；工作時感覺力不從心，經常會覺得疲勞，行動缺乏靈活性，那麼毫無疑問，你的工作就已經沒辦法帶給你快樂和力量了，你也就很難在工作上有所建樹了。

當你在工作時，千萬不要讓消極情緒主導你的心情。只有以積極的態度投身於工作中，才能為你帶來歡樂和激情，工作也就會更加有力度。

即便你的處境再不如人意，也不應該厭惡自己的工作，世界上再也找不出比厭惡工作更糟糕的事情了。如果環境迫使你不得不做一些令人乏味的工作，你應該想方設法使之充滿樂趣。用這種積極的態度投入工作，無論做什麼，都很容易取得良好的效果。

人可以透過工作來學習，可以透過工作來獲取經驗、知識和信心。你對工作投入的熱情越多，決心越大，工作效率就越高。當你抱有這樣的熱情時，上班就不再是一件苦差事，工作就變成一種樂趣，就會有許多人願意聘請你來做你所喜歡的事。工作是為了自己更快樂！如果你每天工作八小時，

你就等於在快樂地游泳，這是一個多麼合算的事情啊！

事實上，許多在大公司工作的員工，他們雖然擁有淵博的知識，受過專業的訓練，他們朝九晚五穿行在辦公大樓裡，有一份令人羨慕的工作，拿一份不菲的薪水，但是他們並不快樂。他們是一群孤獨的人，不喜歡與人交流，不喜歡星期一。他們視工作如緊箍咒，僅僅是為了生存而不得不出來工作。他們精神緊張、未老先衰，常常患胃潰瘍和精神官能症，他們的健康真是令人擔憂。

當你在樂趣中工作，如願以償的時候，就該愛你所選擇的，不輕言變動。如果你開始覺得壓力越來越大，情緒越來越緊張，在工作中感受不到樂趣，沒有喜悅的滿足感，就說明有些事情不對勁了。如果我們不從心理上調整自己，即使換一萬份工作，也不會有所改觀。

一個人工作時，如果能以精益求精的態度，火焰般的熱忱，充分發揮自己的特長，那麼不論做什麼樣的工作，都不會覺得辛勞。如果我們能以滿腔的熱忱去做最平凡的工作，也能成為最精巧的藝術家；如果以冷淡的態度去做最不平凡的工作，也絕不可能成為藝術家。各行各業都有發展才能的機會，實在沒有哪一項工作是可以藐視的。

如果一個人鄙視、厭惡自己的工作，那麼他必然遭到失敗。引導成功者的磁鐵，不是對工作的鄙視與厭惡，而是真摯、樂觀的精神和百折不撓的毅力。

不管你的工作是如何的卑微，都應當以藝術家的精神對待，傾注十二分的熱忱。這樣，你就可以從平庸卑微的境況中解脫出來，不再有勞碌辛苦的感覺，厭惡的感覺也自然會煙消雲散。

我們常常聽到一些剛畢業的大學生抱怨自己的科系，於是我們試著向他們提出這樣的問題：如果你所選的科系與個人的志趣南轅北轍，那麼，當初

為什麼會選擇它呢？如果已經為你所在的科系付出了四年的時光甚至更多的時間，這說明你對自己科系雖然談不上熱愛，但至少可以忍受。

所有的抱怨不過是逃避責任的藉口，無論對自己還是對社會都是不負責任的。想一下亨利・約翰・凱薩 —— 一個真正成功的人，不僅因為冠以其名字的公司擁有 10 億美元以上的資產，更由於他的慷慨和仁慈，使許多啞巴會說話，使許多跛足者過上了正常人的生活，使窮人以低廉的費用得到了醫療保障……所有這一切都是由凱薩的母親在他的心田裡所播下的種子生長出來的。

瑪麗・凱薩給了她的兒子亨利無價的禮物 —— 教他如何應用人生最偉大的價值。瑪麗在工作一天之後，總要花一段時間做義務保姆工作，幫助不幸的人們。她常常對兒子說：「亨利，不工作就不可能完成任何事情。我沒有什麼可留給你的，只有一份無價的禮物：工作的歡樂。」

凱薩說：「我的母親最先教給我對人的熱愛和為他人服務的重要性。她常常說，熱愛人和為人服務是人生中最有價值的事。」

如果你掌握了這樣一條積極的法則，如果你將個人興趣和自己的工作結合在一起，那麼，你的工作將不會顯得辛苦和單調。興趣會使你的整個身體充滿活力，使你在睡眠時間不到平時的一半、工作量增加兩三倍的情況下，不會覺得疲勞。

工作不僅是為了滿足生存的需要，同時也是實現個人人生價值的需要，一個人總不能無所事事地終老一生，應該試著將自己的愛好與所從事的工作結合起來，無論做什麼，都要樂在其中，而且要真心熱愛自己所做的事。

成功者樂於工作，能夠在工作中找到快樂，並且能將這份喜悅傳遞給他人，使大家不由自主地接近他們，樂於與他們相處或共事。人生最有意義的就是工作，與同事相處是一種緣分，與顧客、合作夥伴見面是一種樂趣。

讓我們牢記奧里森‧馬登的下面這段話：熱愛工作吧！對你的本職工作盡心盡責，不去管別人的看法如何，工作是成功者永遠的樂趣。能快樂工作的人，身心永遠年輕。

將愛融入到工作之中

只要將愛融入一個人所從事的任何工作，這項工作的價值就能即刻提高，這是奧里森‧馬登成功學中一個重要的發現。

每個人都要選擇自己的工作態度，工作的時候，你是什麼樣的人？你是無奈、厭倦？還是想做出成績？如果你希望做出成績，就要為自己工作，就像在和工作談戀愛，保持熱情和情趣。

對我們大多數人來說，選擇職業不外乎一求生存二求發展，能抱著先結婚後戀愛的態度倒是不錯，就當這是一場不牽涉任何興趣的「無愛婚姻」，而不是當作愛得死去活來的一見鍾情後的閃電婚姻。這樣，因沒有不切實際的幻想，你對工作採取的是極現實的態度，能接受周圍環境的許多局限性，沉下心來，與自己的潛力競爭，耐心打磨，懷著白頭偕老的心念，慢慢地你在這種「婚姻」中找到了穩固的樂趣，說不定能收穫意想不到的幸福和成功。

某公司的員工說：「我必須和我的工作談戀愛。」其實他這就是在為自己工作，所以每次快被工作磨到熱情消退的時候，他都努力保持其趣味的新鮮度。

我們再看看市場上那些賣魚的商販，他們在工作的時候都充滿樂趣和活力。這些商販和顧客一道度過了快樂的時光。他們採用吸引顧客的方式創造活力、樹立品牌。誰是他們的顧客？他們採用什麼方法吸引顧客並使他們快樂？他們相互之間又怎麼得到快樂？他們怎樣才能有更多的樂趣、創造更多的活力？

　　所有的商販都全身心投入工作，他們教會我們如何快樂工作的方法，那就是和你的工作談戀愛。

　　然而，現實生活中，很多人都在想「如果可能，我一定選擇『不工作』！」人人都企盼「能做自己喜歡的事情是最幸福的」，今天絕大多數人都像上了發條的時鐘一樣，每天固定而麻木地工作著 —— 那種完全為了自己的隨心所欲的自在生活，永遠還只在想像之中。

　　在飛速運轉的都市生活中，高壓工作換取的報酬可以滿足人們物質的要求，卻很難讓他們自己的內心充滿快樂。

　　於是日復一日，這些人一天比一天更忙碌，一天比一天更憔悴而精疲力竭。工作就像那個永不會停止的風車，拖著人習慣性地轉動。

　　他們為什麼會如此疲憊呢？原因在於他們不會正確看待自己的工作，也不會為自己工作。

　　如果他們懂得為自己工作，把工作當成戀愛一樣來對待，或許，他們將會輕鬆快樂得多！

　　當一個人從事他所喜愛的工作時，他能輕鬆地比分內該做的做得更好、更多。為此，每個人都有責任去找出他自己最喜愛的工作。因為以愛的精神為勞動而付出的勞動，過去不會白費，將來也不會白費，從前不會失敗，將來也永遠不會失敗。

主動與你的老闆溝通

　　奧里森・馬登認為，在人們交往過程中，有效的溝通是人們交往的重要保證。同樣的道理，員工要想讓老闆重視你，並且欣賞你，就必須主動地與老闆溝通。

　　阿爾伯特是奧里森・馬登的一位好友，他是美國金融界的知名人士。他

初入金融界時，他的一些同學已在金融界內擔任高職，也就是說他們已經成為老闆的心腹了。他們教給阿爾伯特的一個最重要的祕訣，就是「要主動跟老闆講話」。

話之所以如此說，就在於許多員工對老闆有生疏及恐懼感。他們見了老闆就噤若寒蟬，一舉一動都不自然起來。就是職責上的述職，也可免則免，或拜託同事代為轉述，或用書寫形式報告，以免受老闆當面責難的難堪。長此以往，員工與老闆的隔閡肯定會愈來愈深。

然而，人與人之間的好感是要經由實際接觸和語言溝通才能建立起來的。一個員工，只有主動跟老闆面對面接觸，讓自己真實地展現在老闆面前，才能令老闆直覺地認識到自己的工作才能，才會有被賞識的機會。

在許多公司，特別是一些剛剛走上正軌或者有很多分支機構的公司裡，老闆必定要物色一些管理人員前去工作，此時，他選擇的肯定是那些有潛在能力，且懂得主動與自己溝通的人，而絕不是那種只知一味勤奮，卻害怕溝通、不夠主動的員工。

因為兩者比較之下，肯主動與老闆溝通的員工，至少能夠透過溝通渠道，更快更好地領會老闆的意圖，把工作做得近乎完美。所以前者總深得老闆歡心。

想主動與老闆溝通的人，應懂得主動爭取每一個溝通機會。事實證明，很多與老闆匆匆一遇的場合，可能決定著你的未來。

比如，電梯間、走廊上、吃飯時，遇見你的老闆，走過去向他問聲好，或者和他談幾句工作上的事。千萬不要像其他同事那樣，極力避免讓老闆看見，僅僅與老闆擦肩而過。能不失時機地表明你與老闆興趣相投，是再好不過了。老闆怎會不欣賞那些與他興趣相投的人呢？也許你大方、自信的形象，會在老闆心中停留很長的一段時間。

　　當然，這並不是說，只要你主動與老闆溝通，就能得到老闆的垂青。不同老闆喜歡用不同方式去管理。主動與老闆溝通時，須懂得自己的老闆有哪些特別的溝通傾向，這對員工的溝通成功與否，至關重要。一般而言，以下是老闆所欣賞的肯主動與老闆溝通的員工：

・與老闆溝通越簡潔越好

　　老闆階層的人有一個共的特性，就是事多人忙，加上講求效率，故而最不耐煩長篇大論，言不及意。因此，要引起老闆注意並很好與老闆進行溝通，應該學會的第一件事就是簡潔。簡潔最能表現你的才能。莎士比亞把簡潔稱之為「智慧的靈魂」。用簡潔的語言、簡潔的行為來與老闆形成某種形式的短暫交流，常能達到事半功倍的良好效果。

・「不卑不亢」是溝通的根本

　　雖然你所面對的是你的老闆，但你也不要慌亂，不知所措。無可否認，老闆喜歡員工對他尊重。然而，不卑不亢這四個字是最能折服老闆，最讓他受用的。員工在溝通時若盡量遷就老闆，本來是無可厚非，但直白一點說，過分地遷就或吹捧就會適得其反，讓老闆心裡產生反感，反而妨礙了員工與老闆的正常關係和感情的發展。你若在言談舉止之間，都表現出不卑不亢的樣子，從容對答。這樣，老闆會認為你有大將風度，是個可造之材。

・溝通時老闆和員工是對等的

　　在主動交流中，不爭占上風，事事替別人著想，能從老闆的角度思考問題，兼顧雙方的利益。特別是在談話時，不以針鋒相對的形式令對方難堪，而能夠充分理解對方。那麼，你的溝通結果常會是皆大歡喜。

- **用聆聽開創溝通新局面**

  理解的前提是了解。老闆不喜歡只顧陳述自己觀點的員工。在相互交流之中，更重要的是了解對方的觀點，不急於發表個人意見。以足夠的耐心，去聆聽對方的觀點和想法，是最令老闆滿意的，因為這樣的員工，才是領導者人選。

- **貶低別人不能抬高自己**

  在主動與老闆溝通時，千萬不要為標榜自己，刻意貶低別人甚至老闆。這種褒己貶人的做法，最遭人所不屑。與人溝通，就是把自己先放在一邊，突出老闆的地位，然後再取得對方的尊重。當你表達不滿時，要記住一條原則，那就是所說的話對「事」不對「人」。不要只是指責對方做得如何不好，而要分析做出來的東西有哪些不足，這樣溝通過後，老闆才會對你投以賞識的目光。

- **用知識說服老闆**

  對於日新月異的科技、變化飛速的潮流，你都應保持應有的了解。廣泛的知識面，可以支持自己的論點。如果你知識淺陋，對老闆的問題就無法做到有問必答，條理清楚。而當老闆得不到準確的回答，久而久之，他對員工就會失去信任和依賴。

  在了解了老闆的溝通傾向後，員工需要調整自己的風格，使自己的溝通風格與老闆的溝通傾向最大程度地吻合。有時候，這種調整是與員工本人的天性相悖的。但是員工如果能透過自我調整，主動有效地與老闆溝通，創造和老闆之間默契和諧的工作關係，無疑更有可能使你獲得老闆的認可。

欣賞和讚美你的老闆

　　老闆之所以成為你的老闆，一定有許多你所不具備的特質，這些特質使他超越了你，這一點是你必須承認的。

　　任何人身上都可能擁有你所欣賞的人格特質。瑪格麗特‧沃爾夫‧亨格福德（Margaret Wolfe Hungerford）曾經說過：「美存在於觀看者的眼中。」她的看法和我們平常所說的「我們在別人身上看到我們所希望看到的東西」不謀而合。每個人都是相當複雜的綜合體，融合了好與壞的感情、情緒和思想。你對他人的想像，往往奠基於自己對他人的期望之中。

　　如果你相信他人是優秀的，你就會在他身上找到好的人格特質；如果你不這麼思考，就無法發現他人身上潛在的優點；如果你本身的心態是積極的，就容易發現他人積極的一面。當你不斷提升自己，別忘了培養欣賞和讚美他人的習慣，認識和發掘他人身上優秀的特質。

　　奧里森‧馬登在其著作中不只一次提出這麼一個觀點：看到他人的缺點很容易，但是只有當你能夠從他人身上看出優秀的特質，並由衷地欣賞他們的成就時，你才能真正贏得友誼和讚賞。

　　這個道理同樣適用於我們對待老闆的態度。然而，正由於他是老闆，我們做到這一點並不是十分容易。身為公司的管理者自然會經常對我們的許多做法提出批評，經常會否定我們的許多想法，這些都會影響我們對他做出客觀的評價。

　　人生而就有缺陷，大多數人都有嫉妒之心，無法面對那些比我們優秀的人。這一點正是阻擋大多數人邁向成功的絆腳石。成功學家告訴我們，提升自我的最佳方法就是幫助他人出人頭地。當你努力地幫助他人時，人們一定會回報你。如果我們能衷心地欣賞和讚美自己的上司和老闆，當他們得到升遷，當公司得到成長時，一定對你會有所回報 —— 是你的善行鼓舞了他們這

樣做。有許多意想不到的機會都來自於你發自內心對他人的欣賞和讚美，你在他們最需要的時候給予了他們精神上的支持。

也許你的老闆並不比你高明，但只要是你的老闆，就必須服從他的命令，並且努力去發現那些優越於你的地方，尊敬他、欣賞他、向他學習。如果我們都抱著這樣的心態，即使彼此之間有種種隔閡，有許多誤解，也會慢慢消解的。

在職時要讚美自己的老闆，離職後同樣也要說過去老闆的好話。一位曾經聘用過數以百計員工的管理者曾向我談起自己招聘人的心得：「面談時最能體現出一個人思想是否成熟，心胸是否寬大，是他對剛剛離開的那份工作說些什麼。前來應徵的人，如果只是對我說過去雇主的壞話，對他惡意中傷，這種人我是無論如何也不會考慮的。」

「也許一些人確是因為無法忍受老闆的壓迫而離職的，」他繼續說，「但是聰明的做法應該是，不要去談論那些不愉快的舊事，更不要因自己所遭受的不公正待遇耿耿於懷。」

許多求職者以為指責原來的公司和老闆能夠提高自己的身價，於是信口開河，說三道四，這種做法看似聰明，實則愚蠢，其中道理不難理解。所有公司都希望員工保持忠誠，每個老闆都希望能吸引那些對公司忠誠不二的員工，而將那些過河拆橋的人拒之門外。如果今天為了謀取一份工作，而將原來的雇主說得一無是處，誰能保證明天不會將現在的公司批評得體無完膚呢？

對以前就職的公司和老闆做一些無傷大雅的評價未嘗不可，但如果這種評價帶有明顯的個人色彩，就可能變成一種不負責任的人身攻擊，很可能引起現在老闆的反感。此外，許多公司和機構在招聘一些重要職位時，通常會藉由各種手段、渠道來了解應聘者在原公司的表現。世上沒有不透風的牆，

當你的攻擊傳回原單位後，別人對你的評價就可想而知了。

這種「說以前老闆好話」的原則，也適用於生活的其他方面。有一個人，打算與一位離婚婦女結婚，一切都已經安排就緒，忽然間，所有的計畫都改變了。為什麼呢？這個人這樣解釋道：「她總是一再談論前夫的各種醜事——如何胡說八道，如何對她不公平，如何好吃懶做、不務正業等等，真把我嚇壞了。我想，應該沒有一個如此壞的人吧。如果我和她結婚了，也不就成了她批評的對象了嗎？想來想去，於是決定取消婚事。」

還有一位年過四十的人，在最近的一次公司改組之中失去工作。被解聘之後，他逢人就訴說自己所遭受的不公平待遇，他會告訴你整個公司上下一切都依靠他，而最後自己卻被人惡毒地扳倒了。

他訴苦時的表現使人越來越相信，他被解聘是咎由自取。他是一個十足的專講「過去時態語句」的人，而且只會說些不幸、恐怖、消極的事。如今，他依然還在失業中，如果這一點沒有徹底的改觀，對他而言，失業的歲月會相當漫長。

第八章
積極的心態是成功的前提

　　對於一個人來說，不管面對怎樣的困境，如果都能夠以積極的心態對待，那麼，他就一定會獲得最終的成功。

人生的成敗在於心態

　　心態決定命運。消極心態是失敗、疾病與痛苦的源流，而積極心態是成功、健康與快樂的保證！你千萬要記住，你的心態決定了一切成功，無論情況怎麼樣，都要抱著積極的心態，莫讓你的沮喪取代了你的熱情。

　　你的生命可以價值連城，也可以一無是處，關鍵之一就在於你選擇怎樣的心態。在奧里森‧馬登看來，一個人只要選擇了積極心態，就一定會到達成功的彼岸，選擇了消極心態，則只會遭遇失敗。有些人只是暫時擁有積極的心態，當他們遇到了挫折，就失去了信心。他們一開始是對的，但是一遇到挫折，便立刻從積極心態轉化到了消極心態，以消極心態來麻痺自己，慰藉自己，封閉自己，期望憑著他們的消極心態，天上會掉下餡餅來。他們不了解消極心態產生的後果。

　　一般來說，持續持有消極心態會產生兩種十分嚴重的後果：其一是消極的心態會在關鍵時刻為你帶來疑慮，其二便是使你的希望最終破滅。

　　就第一種後果而言，我們可以看出，一個人如果在生活中老是尋找消極的東西，那麼消極心態就會成為一種難以克服的習慣，這時即使出現好機會，這個消極的人也會看不見抓不著，他會把每種情況都看成是一種障礙，一種麻煩。

　　障礙與機會有什麼差別呢？其關鍵就在於人們對它的態度，積極的人往往把挫折當成成功的基礎，並將挫折轉化為機會；消極的人則往往把挫折當成成功的絆腳石，讓機會悄悄溜走，我們常說無所用心便是這樣，

　　你不難發現，面對同樣的機會，充分使用積極心態的人能獲得人生中有價值的東西；而充分運用消極心態的人則會看著幸福漸漸遠去，心裡懊悔，卻看不到有任何行動。

　　積極心態可以使你克服困難，發現自身的力量，有助於你踏上成功的彼

岸；而消極心態卻會在關鍵時刻使你產生疑慮，使你錯失良機，奧里森・馬登曾講過一個十分有趣的故事。故事是這樣說的：

在美國南方某州，人們一般都用燒木柴的壁爐來取暖，有一個樵夫，他為某一戶人家供應木柴達兩年多之久，他知道木柴的直徑不能大於 18 公分，否則就不適合這戶人家特殊的壁爐，但是，有一次，他幫這位老顧客送去的木柴大部分都不符合規定的尺寸，顧客發現這種情況後，就打電話給他，要他調換或者劈開這些不合尺寸的木柴。

「我不能這樣做！」這位樵夫說，「這樣所花費的成本就會比全部柴價還要高。」

顧客只好自己來劈柴。大概在劈了一半的時候，他注意到一根非常特別的木頭，上面有一個很大的節疤，節疤明顯地被人鑿開又堵塞住了。這是什麼誰弄的呢？他不禁自問道。

他拿起木頭，覺得它很輕，彷彿是空的。他用斧頭把它劈開，一捲發黑的白鐵片掉了出來。他蹲下去，撿起白鐵片，打開一看，他吃驚地發現夾層裡包著一些很舊的 50 美元和 100 美元的鈔票，他數了數恰好有 2,250 美元。

從這些鈔票的顏色可以看出，它們藏在這個樹節裡已有許多年了。顧客唯一的想法是使這些錢回到它的真正的主人那裡。於是，他又立即打電話給那位樵夫，問他從哪裡砍了這些木頭。但是，這位樵夫的消極心態卻使他說出了這樣的話：

「那是我自己的事。小心你的嘴，如果你洩露了祕密，我不會放過你的。」

儘管主顧做了多次努力，還是無法知道這些木頭是從哪裡砍來的，也不知道是誰把錢藏在樹幹裡。

十分明顯，這個故事並不是要諷刺什麼，而是要說明：具有積極心態的

人發現了錢，而具有消極心態的人卻視錢而不見。

可見，好運在我們每一個人的生活中都是存在的，然而，以消極的心態對待生活的人卻會阻止好運造福於自己。

只有具有積極心態的人才會抓住機遇，並進而從不利的環境中獲得某種成功。另一方面，消極心態還會使你難得的希望破滅。看不到將來的希望，就激發不出現在的動力。

消極心態就像一劑慢性毒藥，吃了這副藥的人會慢慢變得意志消沉，失去任何動力，成功也就會越來越遠。

關於消極心態造成的嚴重後果，奧里森．馬登同樣講過一個十分有趣的故事。

約翰．格里爾是一匹良種賽馬，曾經取得過多次賽馬比賽的勝利。

1802 年 7 月，在阿奎德市即將舉行一次德維爾獎品賽，約翰．格里爾是其中的種子選手之一，並極有可能戰勝在任何時候都占優勢的一匹良種賽馬 —— 「戰鬥者」。

於是，牠被精心地照料、訓練，

兩匹馬終於相遇了。

這是一個極為莊嚴隆重的日子，萬眾矚目。當這兩匹馬沿著跑道並列奔跑時，人們都清楚，「格里爾」是在與「戰鬥者」進行殊死的搏鬥。

跑了 1/4 的路程，牠們不分高低，跑了一半的路程，跑了 3/4 的路程，牠們仍然不分高低。在僅剩 1/8 的路程的時候，牠們似乎還是齊頭並進。然而就在這時，「戰鬥者」卻使勁向前竄去，並最終跑到了最前面，

很明顯，對於「戰鬥者」的騎手來說，這是一個十分危急的時刻。因為，他看得出，約翰．格里爾是在與他的「戰鬥者」進行一場生死搏鬥。

於是，他便在賽馬生涯中第一次用皮鞭持續地抽打著坐騎。

對於「戰鬥者」來說，騎手似乎在放火燒它的尾巴。牠猛衝到前面，終於與約翰・格里爾拉開了距離。相反地，約翰・格里爾卻好像靜靜地站在那一樣。

約翰・格里爾原本是一匹精神抖擻的馬，是一匹很有希望的馬，但是，這次比賽卻把牠打敗了，並將牠的心態從積極的一面翻到了消極的一面，從此消極悲觀，一蹶不振，後來牠在一切比賽中都只是應付一下，且再也沒有獲勝過了。

人雖然不是賽馬，但是具有約翰・格里爾品性的人卻並不少見。

你不難發現，他們也像約翰・格里爾一樣，在積極心態黃金定律的指導下，也曾經有過輝煌的時刻，但是當他們一遇到挫折，他們的心態便立即由積極轉向消極，他們是那樣的悲觀失望，看不到成功的希望，從此一敗塗地，

抱著消極心態的人，他們對將來總是感到失望。在他們的眼中，玻璃杯永遠不是半滿的，而是半空的。

事實上，消極心態不僅會產生兩種主要後果，而且還具有傳染性。

人們大概都知道物以類聚、人以群分的道理。

對於那些結婚多年的夫婦來說，他們的行為在不知不覺間竟逐漸變得一樣了，甚至連外貌也相似，而心態的同化則是最明顯不過的。

毫無疑問，跟消極心態者相處久了，你就會受到他的影響，時常和具有消極心態的人接觸，你就會像接觸到原子輻射，如果輻射劑量小，時間短，你還能活，持續輻射就會危及性命了。

另外，消極心態還限制了人的潛能，一個人的行為方式，不可能永遠與他的自我評價脫節，具有消極心態的人不但會去想到外部世界最壞的一面，而且總是想到自己最壞的一面，他們不敢祈求，所以往往收穫很少，遇到一

個新觀念，他們總是說：

「這事根本行不通！」

「我從沒有這麼做過！」

「不這麼做不是也過得很好嗎？」

「誰敢冒這種風險！」

「現在條件還不成熟吧！」

「這可不是我們的責任！」

在《聖經・箴言》第 23 章第 7 節中，以色列歷史上最偉大的智者之一，所羅門就說：「他的心怎樣思量的，他的為人就是怎樣的。」換句話說，你相信會有什麼結果，你就可能得到什麼結果。

你不可能取得你自己並不追求的成就，你不相信自己能達到的成就，自然地你就不會去爭取，很明顯，當一個心態消極的人對自己的事業不抱很大期望的時候，他自然就會將自己取得成功的能力打下一個大大的折扣，不言而喻，他成了自己潛能的最大敵人。

你一定要牢記，消極心態就是你失敗、頹廢、消極的源泉，你一定要想盡辦法遏制這股「暗流」，不要讓這種錯誤的心態所操縱，使自己成為一個可悲的失敗者。

正確地認識積極心態

大千世界，芸芸眾生，人們都在時刻盼望著實現自我的人生價值，人們都在企盼著發財致富，終日企盼著事業的成功。但是，怎樣才能成功，通向成功之路的起點究竟又在哪裡呢？

在對成功人士長達幾年的悉心研究後，奧里森・馬登認為，積極的心態正是他們共有的一個簡單祕密。

奧里森‧馬登告訴人們，你如果要想成功，首先就應該認識你的隱形護身符。我們每個人都有著自己的隱形護身符。護身符的一面刻著積極的心態，一面刻著消極的心態。它具有兩種驚人的力量：其一，使人登峰造極，一覽眾山小，即積極的心態；其二便是消極的心態，它使人終身陷在谷底，即使爬到巔峰，也會被它拖下來。這兩種巨大的力量既能吸引財富、成功、快樂和健康，又能排斥這些東西，奪走生活中的一切。

那麼，心態是如何影響人的呢？在馬斯洛的行為心理學看來，當你有一種信念或心態後，你把它付諸行動，就更能加強並助長這種信念了。

比如，你有一個信念，就是你能夠很好地完成自己承擔的工作，這時你會覺得在工作中很有信心，你常常這樣想，並在實踐中想方設法去做好工作，信心就會更強。這就是你的行動加深了你的心態。

又比如，你欣賞一個人，你喜歡他，你就會主動與他溝通交往。然後，你就會不斷發現這個人的優點，從而更喜歡他或她。這是情緒和行為相應的一種反應。

同樣，對你自己也一樣。你很喜歡自己，或者你根本就不喜歡自己，其情形也會是一樣的。

當一種心態存在以後，你的行為就會加深這種心態。

所以，有的孩子或者女人，他們哭起來總是越哭越傷心，這就是「哭」這個行為促使他們在發洩自己的情緒，彼此的因和果就混淆在一起了。所以，當你認為自己有能力的時候，你就會覺得各方面只要經過自己努力就能取得成功。

事實上，這個世界上沒有任何人能夠改變你，只有你能改變自己；沒有任何人能夠打敗你，也只有你自己可以。因此，無論你自身條件如何惡劣，只要你運用積極心態，並將它和獲取成功其他法則相結合，就可能達到成功

的彼岸。否則，無論你自身條件如何優秀，機會如何千載難逢，只要是消極心態在起主導性的作用，那你的失敗是必然的。

美國總統富蘭克林‧羅斯福就是運用積極心態成就事業的典型。羅斯福 8 歲的時候，本來是一個脆弱膽小的男孩，臉上時常顯露著一種驚懼的表情。他的呼吸總像喘氣似的，在背誦什麼東西的時候，雙腿不斷發抖，嘴唇也顫抖不已，回答問題時總是含糊不清並且不連貫，回答完畢之後就十分頹廢地坐下來。

或許，按照一般的情況，像他這樣的小孩，自我感覺一定很敏感：迴避任何活動，不喜歡交朋友，是一個只知道自憐的人！

但事實上，羅斯福卻不是這樣。他雖然先天有些缺陷，卻保持著積極心態，持有一種積極、奮發、樂觀、進取的心態，這種積極心態激發了他的奮鬥精神。

他的缺陷促使他更加努力地去奮鬥，並沒有因為同伴對他的嘲笑便削減了勇氣。他喘氣的習慣變成了一種堅定的嘶聲。他以堅強的意志，咬緊自己的牙床使嘴唇不顫動而克服他的懼怕。就是憑著這種奮鬥的精神，憑著這種積極心態，羅斯福終於成為了美國歷史上最偉大的總統之一。

羅斯福並不因為自己的缺陷而氣餒，甚至很好的利用了自己的這種缺陷，使其化為自己勇敢進取的資本，化為自己向上的扶梯，從而爬到了成功的頂點。他的晚年，已經有很多人知道他曾有嚴重的缺陷，但是美國人民仍是一如既往地熱愛他。

羅斯福的成功是神奇、偉大的，自身的先天缺陷是那樣的嚴重，但他卻能毫不灰心地幹下去，直到成功。

像他這樣的人，如果停止奮鬥而自甘墮落，應該說是相當自然而平常的事！但是他卻不是這樣。他從來不落入自憐的羅網裡，這種羅網害過許多比

他的缺陷要輕得多的人。沒有人能想像這位受到人們廣泛愛戴的總統，竟會有如此悲哀的童年而又有如此偉大的信心。

他不把自己當作嬰兒看待，而是要使自己成為一個真正的人。

他看見那些強壯的孩子玩遊戲、游泳、騎馬、做各種極難的體育活動時，他也強迫自己去打獵、騎馬、玩耍或進行其他一些激烈的活動，使自己變成最能吃苦耐勞的典範。

他看見別的孩子用剛毅的態度對付困難、克服懼怕的情形時，他也就用一種探險的精神，去應對所遇到的險境。如此，他也覺得自己勇敢了。當他和別人在一起時，他覺得他喜歡他們，並不迴避他們。由於他對人們很感興趣，他自卑的感覺無從發生。

他覺得當他用「快樂」這兩個字去接待別人時，就不覺得懼怕別人了。還沒進大學之前，他已經藉由自己不斷的努力、有系統的運動和生活，將健康和精力恢復得很好了。

他利用假期在亞利桑那追趕牛群，在落磯山獵熊，在非洲打獅子，使自己變得強壯有力。

有人會懷疑這位世界大戰中的領袖的精力嗎？有人對於他的勇敢發生過疑問嗎？可是千真萬確，羅斯福就是那個曾經體弱膽怯的小孩。

羅斯福使自己成功的方式是如此地簡單，然而卻又是如此地有效！這是每個人都可以做到的。羅斯福成功的主要因素在於他的心態和他的努力奮鬥。但最重要的還是他的心態。正是他這種積極的心態激勵他去努力奮鬥，最後終於從不幸的環境中找到了成功的祕訣。他使用隱形護身符，把積極心態的那面朝上，終於把成功吸引過去了。

「我是自己命運的主宰，我是自己靈魂的主導。」

這句話告訴我們：因為我是自己心態的主宰，所以自然會變成命運的主

宰。心態會決定我們將來的機遇。

這句話也強調，無論心態是破壞性的還是建設性的，這個定律都會完全應驗。運用積極心態，你就能把心中的各種念頭和態度變成現實，並同樣把你心中富裕或貧窮的思想都變成現實。

把隱形護身符翻過來，不用消極心態的那一面，而使用具有積極心態的威力的這一面，這是許多傑出人士的共同特徵。

大多數人都以為成功是透過自己沒有的優點而突然降臨的，或是我們擁有這些優點，卻視而不見。其實最明顯的往往最不容易看見，每一個人的優點正是自己的積極心態，一點也不神祕，積極的心態是正確的心態。正確的心態是由「正面」的特徵所組成的，比如信心、誠實、希望、樂觀、勇氣、慷慨、容忍、機智、誠懇與豐富的常識等等都是正面的。至於消極的心態的特性都是反面的，它們是消極、悲觀、頹廢的心理態度。

如何讓自己出類拔萃

奧里森・馬登認為，積極的心態能使你出人頭地、出類拔萃，它至少能為你帶來以下的回報：

（1）帶來成功環境的成功意識；

（2）生理和心理的健康；

（3）獨立的經濟環境；

（4）出於愛心而且能表達自我的工作；

（5）內心的平靜；

（6）驅除恐懼的實用信心；

（7）長久的友誼；

（8）健康而且各方面都能取得平衡的生活；

（9）免於自我設限；

（10）了解自己和他人的智慧。

　　幾乎所有白手起家的創業者都有一個共同的特點，那就是具有積極的心態。他們運用積極的心態去支配自己的人生，用樂觀的精神去面對一切可能出現的困難和險阻，從而保證了他們不斷地走向成功。而許多一生潦倒者，則普遍精神空虛，以自卑的心理、失落的靈魂、失望悲觀的心態和消極頹廢的人生目的作前導，其後果只能是從失敗走向新的失敗，甚至是永駐於過去的失敗之中，不再奮發向前。

　　福勒是美國路易斯安那州的一個佃農家庭的黑人孩子。他的家庭窮苦極了，福勒 5 歲時就開始工作，9 歲就靠趕騾子賺錢了。這並不是什麼特殊的事，農民或窮人的家庭都這樣，這些家庭認為他們的貧窮是命運安排的而並不要求改善生活。但小福勒的母親是個優秀的農婦，她絕不這樣認為，她知道貧困的家庭存在於一個繁華世界中，一定是有什麼原因的。於是，她說：「福勒，我不願意聽到你們說：這是上帝的旨意。不，聖經裡的每一個字都想讓我們富裕起來，你為什麼不去做一個出人頭地的人呢？」這段話在福勒的心靈中刻下深深的烙印，最終改變了他的一生。

　　「我要致富、我要出人頭地！」他決定把經商作為生財的一條途徑，最後他選擇經營肥皂。於是他就擔任流動銷售員叫賣肥皂長達 12 年之久。後來他獲悉供應他肥皂的那家公司即將被拍賣，售價是 150,000 美元。當時他已存有 25,000 美元，他與那家公司達成了協議。他先交 25,000 美元的保證金，然後在 10 天之內付清剩下的 125,000 美元。如果 10 天之後付不出，他將同時喪失那筆作為自己全部儲蓄的保證金。機會來了，但風險極大，然而福勒很積極地去做這件事並成功了，後來他是這樣告訴別人的：「我心中有數，即使當時的情況太冒險。我從客戶、朋友、信貸公司和投資集團那裡獲

得了援助。在第 10 天的前夜，我已籌集了 115,000 美元，但還差 10,000 美元。我怎麼也沒有辦法了，真要命！那時已是深夜了，我在幽暗的房間裡一遍又一遍地做禱告，渴盼奇蹟出現。可是我知道奇蹟之說是騙人的，於是毅然走出房門，我要再尋找，仔細地搜尋。夜已深了，我沿芝加哥 61 號大街走去。走過幾條街後，我看見一所承包商事務所亮著燈光。我激動地走了進去。在那裡坐著一個看起來因為經常熬夜工作而疲乏不堪的人。我一下子放鬆了許多。我好像有點認識他，我意識到自己必須勇敢些、再勇敢些。」

「『先生，您想賺 1,000 美元嗎？』我直接地進入談話。」

「這話使得這位承包商嚇得向後仰去。『是呀，親愛的，』他答道。」

「我一聽見『親愛的』這個詞，立刻就愉快了起來。『那麼，親愛的，請為我開一張 10,000 美元的支票；當我奉還這筆借款時，我將另付 1,000 美元給你。』我對他誠懇地說。我接著就把其他借我款的先生們的名單及簽有親筆字的借款單給這位承包商先生看，並詳細地解釋了我這次商業冒險的具體情況，承包商很感動，支持了我。這樣，我就如期地付出了買肥皂公司所需的資金，有了這家公司，以後的一切都很自然地發展起來了。」

福勒先生最後向我們強調的正是：一定要樹立你積極的心態。

有些人雖然有積極的心態，但是一遇到挫折就會失去信心，他們不了解成功需要用積極的心態不斷嘗試。

我們創造了自己的環境 —— 心理的、情緒的、生理的、精神的 —— 我們自己的態度決定我們的人生。

積極的心態將使你成為強者、勇敢者、勝利者、成功者、英雄、聖者！

也許你現在已經確信一點，積極的心態與消極的心態一樣，它們都能對你產生一種作用力，不過兩種作用力的方向相反，作用點相同，這一作用點就是你自己。為了獲取人生中最有價值的東西，為了獲得自己家庭的幸福和

事業的成功，你必須最大限度地發揮積極心態的力量，以抵消消極心態的反作用力。

積極心態能挖掘潛能

你認為你可以，你就可以；你認為你能成功，你就能成功；你認為你能開發潛能，你就能開發潛能。

奧里森‧馬登講過這樣一個故事：一個星期六的早晨，一個牧師正在為講道詞傷腦筋，他的太太出去買東西了，外面下著雨，小兒子又煩躁不安，無事可做。後來他隨手拿起一本舊雜誌，順手翻一翻，看到一張色彩鮮麗的巨幅圖畫，那是一張世界地圖。他於是把這一頁撕下來，把它撕成小片，丟到客廳地板上說：「強尼，你把它拼起來，我就給你兩毛五分錢。」

牧師心想他至少會忙上半天，誰知道不到十分鐘，他書房就響起敲門聲，他兒子已經拼好了，牧師真是驚訝萬分，強尼居然這麼快就拼好了。每一片紙都整整齊齊地排在一起，整張地圖又恢復了原狀。

「兒子啊，怎麼這麼快就拼好啦？」牧師問。

「噢，」強尼說：「很簡單呀！這張地圖畫的背面有一個人的圖畫。我先把一張紙放在下面，把人的圖畫放在上面拼起來，再放一張紙在拼好的圖上面，然後翻過來就好了。我想，如果人拼得對，地圖也應該會拼得對。」

牧師忍不住笑起來，給他一個兩毛五的銀幣，「你把明天講道的題目也給了我了。」他說：「如果 —— 一個人是對的，他的世界也是對的。」

這個故事意義非常深刻：如果你不滿意自己的環境，想著手力求改變，則首先應該改變自己。假如你有積極的心態，你所遇到的所有問題都會迎刃而解。

庫柏是最受民眾尊敬的法官之一，但他小時候卻是一個懦弱的孩子。庫

柏從小在一個貧民窟裡長大，他的父親是一個移民，以裁縫為生，收入微薄。為了幫家裡取暖，庫柏常常拿著一個煤桶，到附近的鐵路去撿煤塊。庫柏為必須這樣做而感到困窘，他常常從後街進出，以免被放學的孩子們看見了。但是，那些孩子還是時常看到他。特別是有一群孩子常埋伏在庫柏從鐵路回家的路上，襲擊他，以此取樂。他們常常把他的煤渣撒遍街上，使他回家時一直流著眼淚。這樣，庫柏總是生活在或多或少的恐懼和自卑的狀態之中。

有一件事發生了，這種事在我們打破失敗的生活方式時總是會發生的。庫柏因為讀了一套書，內心受到了鼓舞，從而在生活中採取了積極的行動。這本書的作者是霍瑞修·愛爾傑，內容正是關於一個貧窮的少年，透過他的努力和堅持不懈，最終取得成功的故事。

庫柏讀到了一個像他那樣的少年的奮鬥故事。那個少年遭遇了巨大的不幸，但是他以勇氣和道德的力量戰勝了這些不幸。庫柏也希望具有這種勇氣和力量。

這個孩子讀了他所能借到的每一本霍瑞修的書。當他讀書的時候，他就將自己代入主角的處境。整個冬天他都坐在寒冷的廚房裡閱讀。勇敢和成功的故事，不知不覺地養成了積極的心態。

在庫柏讀了那本霍瑞修的書之後一個月，他又到鐵路上去撿煤。隔開一段距離，他看見三個人一起在他的後面飛奔。他最初的想法是轉身就跑，但很快地記起了他所欽羨的書中主人公的勇敢精神，於是他把煤桶握得更緊，一直向前大步走去，猶如他是霍瑞修書中的一個英雄。

這是一場惡戰。三個男孩子一起衝向庫柏，庫柏丟開鐵桶，堅強地揮動雙臂，進行抵抗，嚇得這三個恃強淩弱的孩子大吃一驚。庫柏的右手猛擊到一個孩子的嘴唇和鼻子上，左手猛擊到這個孩子的胃部。這個孩子便停止打

架，轉身溜跑了，這也使庫柏大吃一驚。同時，另外兩個孩子正在對他進行拳打腳踢。庫柏設法推走了一個孩子，把另一個打倒，用膝部猛擊他，而且發瘋似的揍他的腹部和下巴。現在只剩一個了，他是孩子群中領頭的，已經跳到庫柏的身上，庫柏用力把他推到一邊，站起身來。大約有一秒鐘，兩個人就這麼面對面站著，狠狠瞪著對方，互不相讓。

後來，這個孩子王一點一點地退後，然後拔腿就跑。庫柏也許出於一時氣憤，又拾起一塊煤炭朝他扔了過去。

庫柏這時才發現自己的鼻子掛了彩，身上也青一塊、紫一塊。這一仗打得真好。這是他一生中最重要的一天，那一天他已經克服了恐懼。

庫柏並不比那三個少年強壯多少，那些壞蛋的兇悍也沒有收斂多少，不同的是他的心態已經有了改變。他已經學會克服恐懼，不怕危險，再也不受壞蛋欺負。從現在開始，他要自己來改變自己的環境，他果然做到了。

透過運用積極心態，庫柏戰勝了懦弱，戰勝了恐懼，最終成為一位受到民眾尊敬的法官。透過運用積極心態，庫柏還取得了比這更大的成就，那就是將隱形護身符翻到了積極心態的一面，這是他最終能獲得成功的祕訣。

積極心態該如何培養

奧里森・馬登認為，對於一個堅定的成功者而言，積極心態是走向成功的必要條件之一，不過，為了培養你的積極心態，奧里森・馬登指出，你卻必須遵循以下必要的步驟：

一、不要做一個受制於自我的困獸，而要衝出自製的鐵籠

你只要抱著樂觀主義，必定是實事求是的現實主義者。這樣，樂觀主義和現實主義這兩種原則便成為解決生活與工作問題的孿生兄弟。

最不足以交往的朋友，是那些悲觀主義者和一些只會取笑他人的人。真

正的朋友，應該是那種說「沒有什麼大不了，只是有些不方便而已！」的人。

你幫助朋友時，不要僅僅只是去分擔他／她的痛苦或者說些愚昧的話。如果要建立親密的關係，你和你的朋友就必須有共同的人生價值和目標。

二、多了解他人的痛苦與不幸是十分有益的

情緒低落時，你不妨去訪問孤兒院、養老院、醫院，看看世界上除了自己的痛苦之外，還有多少不幸的人。

如果情緒仍不能平靜，你不妨積極地去和這些人接觸，深入他們的生活，和他們同喜同憂。

當然，和孩子們一起散步或者遊戲也是一個調整自己情緒的好辦法。

努力把你不好的情緒，轉移到幫助別人身上，並重建自己的信心。

通常只要改變一下環境，就能改變自己的心態和感情。

三、聽聽愉快、歡愉的音樂

不要去看早上的電視新聞。

你只要瀏覽一下任一家報紙第一版的新聞就足夠了，它已足以讓你知道將會影響你生活的國際或國內新聞。

不妨看看與你的職業及家庭生活有關的當地新聞。

不要經不起好奇的誘惑而浪費時間去閱讀別人悲慘的新聞。

上學或上班途中，在車上聽聽電臺的音樂或自己的音樂播放清單。

如果可能的話，你也可以和一位擁有正向心態的人共進早餐和午餐。

晚上不要坐在電視機前，要把時間花在你所愛的人身上，比如和他們聊天。

四、改變你的習慣用語

不要說「我累壞了」，而要說「忙了一天，現在真輕鬆」。

不要說「你們怎麼不自己想想辦法」而要說「我知道我將怎麼辦」。

不要總是在集體或組織中抱怨不休，而要試著去讚揚讚揚每一個人。

不要說「為什麼偏偏找上我，上帝啊」，而要說「上帝，考驗我吧」。

不要說「這個世界簡直就是亂七八糟」，而要說「我得先把自己家裡收拾好」。

五、要學會向龍蝦學習

龍蝦的生命歷程可以是你學習的榜樣。龍蝦在某個成長的階段裡，會脫掉外面那層具有保護作用的硬殼，因而很容易受到敵人的傷害。這種情形將一直持續到牠生長出新的外殼為止。

生活中發生某些變故是很正常的。

每一次發生變化，你總會遭遇到陌生及預料不到的意外事件。只是，發生變化時，你不能躲起來，使自己變得更懦弱。

相反地，要勇於去應付危險的狀況，對你未曾見過的事物，要培養出堅定的信心。

六、重視你自己的生命

碰到不幸或是痛苦的時候，千萬不要說：「只要吞下一口毒藥，就可獲得解脫。」

你不妨這樣去想，樂觀將協助我度過難關的。

你所交的朋友，你所去的地方，你所聽到或看到的事物，全都記錄在你的記憶中。由於是大腦在指揮身體的行動，因此你不妨去進行一些高層次或者樂觀的思考。

七、從事有益的娛樂和教育活動

你不妨看看那些介紹自然美景、家庭健康及文化活動的媒體。

　　觀看電視節目或電影時，要根據它們的品質與價值來決定其取捨，而不是注意其商業價值或是某種突然而起的轟動效應。

八、盡量表現你身體的健康

　　在幻想、思考或是談話中，你應盡量表現出你身體的健康。

　　你應該每天都對自己做積極的自言自語，不要老是想著一些小毛病，像感冒、頭痛、刀傷、擦傷、抽筋、扭傷以及一些小傷病等。如果你對這些小毛病太過注意了，它們將會成為你最好的朋友，經常來「問候」你。

　　你腦中想些什麼，你的身體就會表現出來。

　　要專門想著家庭的好，注意整個家庭的健康環境。在撫養及教育孩子時，這一點特別重要。

　　有一些父母，似乎比其他人更關心孩子的健康與安全，殊不知，他們這樣卻反而使他們的孩子變成了精神病患者。

九、不妨隨時向他人傳達你的積極心態

　　在你生活或工作中，只要可能或是方便，就傳訊息、拜訪或打電話給現在需要幫助的每一個人。

　　向他人顯示你的積極心態，並把你的積極心態傳給別人。

擺脫消極心態的干擾

　　我們必須面對這樣一個奇怪的事實：在這個世界上，成功卓越者少，失敗平庸者多。成功卓越者活得充實、自在、瀟灑，失敗平庸者過得空虛、艱難、猥瑣。

　　奧里森・馬登認為，失敗平庸者多，主要是心態觀念有問題。遇到困難，他們只是挑選容易的倒退之路。「算了，我還是退縮吧。」結果陷入失

敗的深淵。成功者遇到困難，懷著挑戰的意識，用「我要！我能！」、「一定有辦法」等積極的意念鼓勵自己，這樣便能想盡辦法，不斷前進，直至成功。

成功者從成功中獲得更多的信心，失敗者從失敗中得到更多的害怕和藉口，積極行動的積累，可以造就偉大的成功；消極言行的累積，足以讓人萬劫不復。

如何才能擺脫消極心態的干擾呢？你必須明白以下道理：

成功只在一念之間

仔細觀察比較一下成功者與失敗者的心態，尤其是關鍵時候的心態，我們就會發現「一念之差」導致驚人的不同。

在推銷員中，廣泛流傳著一個這樣的故事：兩個歐洲人到非洲去推銷皮鞋。由於天氣炎熱，非洲人向來都是打赤腳。第一個推銷員看到非洲人都打赤腳，立刻失望起來。「這些人都打赤腳，怎麼會要我的鞋呢？」於是放棄努力，失敗沮喪而回。另一個推銷員看到非洲人都打赤腳，驚喜萬分：「這些人都沒有皮鞋穿，這皮鞋市場大得很呢。」於是想方設法，引導非洲人購買皮鞋，結果發大財而回。

這就是一念之差導致的天壤之別。同樣是非洲市場，同樣面對打赤腳的非洲人，由於一念之差，一個人灰心失望，不戰而敗；而另一個人信心滿懷，大獲全勝。

要改變失敗的命運，就要改變消極錯誤的心態。永遠記住一念之差決定成敗。

來看這樣一個故事：

塞爾瑪陪伴丈夫駐紮在一個沙漠的陸軍基地裡，她丈夫奉命到沙漠裡去演習，她一人留在陸軍的小鐵皮房子裡，天氣熱得受不了 —— 在仙人掌的

陰影下也是華氏一百二十五度。沒有人能和她說話，只有墨西哥人和印地安人，而他們不會說英語。她太難過了，就寫信給父母，說要丟開一切回家去。她父親的回信只有兩行，這兩行信卻永遠留在她心中，完全改變了她的生活：

兩個人從牢中的鐵窗望出去，

一個看到泥土，一個卻看到星星。

塞爾瑪一再地讀這封信，覺得非常慚愧。她決定要在沙漠中找到星星。

塞爾瑪開始和當地人交朋友，他們的反應使她非常驚奇，她對他們的紡織、陶器表示興趣，他們就把最喜歡捨不得賣給觀光客人的紡織品和陶器送給了她。塞爾瑪研究那些令人入迷的仙人掌和各種沙漠植物，又學習有關土撥鼠的知識。她觀看沙漠日落，還尋找海螺殼，這些海螺殼是幾萬年前、這沙漠還是海洋時留下來的……原來難以忍受的環境變成了令她興奮、留連忘返的奇景。

是什麼使這位女士內心有了這麼大的轉變？

沙漠沒有改變，印地安人也沒有改變，但是這位女士的念頭改變了，心態改變了。一念之差，使她把原先認為惡劣的情況變為一生中最有意義的冒險。她為發現新世界而興奮不已，她從自己造的牢房裡看出去，終於看到了星星。

「藉口症」的虛假和危害

社會中因各種藉口造成的消極心態，就像瘟疫一樣毒害著我們的靈魂，並且互相感染和影響，極大地阻礙著人們正常潛能的發揮，使許多人未老先衰，喪失鬥志，消極處世。

然而，正像任何傳染病都可以治療一樣，「藉口症」這個心態病也是可以想辦法克服的。辦法之一就是用事實將藉口的理由一一駁倒，使它沒有理

由在我們心中佇足。

消除恐懼與憂慮

恐懼與憂慮，人人都或多或少有過，程度輕微，我們可能看不出它們的危害。實際上任何恐懼和憂慮都會侵蝕破壞我們的積極心態，妨礙我們的行為果斷。只有當我們戰勝恐懼，戰勝憂慮，並利用它們為我們成功服務，恐懼和憂慮便可以轉害為利。比如我們擔心失敗，但我們有信心戰勝恐懼與憂慮，我們做更大的努力，採取更細緻妥善的規畫、謀略和行動去爭取成功，這樣我們就控制了恐懼和憂慮。

不受控制的恐懼和憂慮對我們危害很大，它會擾亂我們的心理平衡，並導致某些生理問題，如憂鬱、失眠、神經衰弱、陽萎等等。嚴重的恐懼和憂慮，會使人理智混亂，產生嚴重的心理和生理病態。長期的恐懼和憂慮會使一個優秀的人變成一個平庸無能的失敗者。

只有戰勝恐懼和憂慮，我們才能平安、幸福、成功卓越。

而對恐懼我們應該如何做呢？

1.「恐懼衍生於無知」

這是卡內基引用一位大哲學家的話。這話可以幫助我們戰勝恐懼和憂慮：你擔心害怕什麼，你就採取行動了解它。

看清它的本來面目，然後用行動擊潰它，戰而勝之。但是必須借助積極成功的心態來武裝自己：我要戰勝它！我能戰勝它！我一定能戰勝它！成功積極的心態使人堅強無比，可以克服任何恐懼。

2. 不要說「人言可畏」

人們常常害怕流言，不但憂慮而且恐懼。讓我們來分析一下：「人家會怎麼說呀！」「人言可畏！」「眾口鑠金！」「千夫所指，無疾而

亡！」這些都似乎說明人的言論確實令人害怕，我們似乎只好恐懼憂慮了。

流言為什麼令人害怕呢？主要原因大概是流言可能會使我們失去面子、失去自尊，受到攻擊，受到威脅等等。注意，這裡是用「可能會」三字，事實上並非如此。

就我們內心來說，除非自己不相信自己，誰能不經我們同意就打倒我們呢？請仔細品味這句話的意思。

流言大概有三種，一種是基於正確客觀的，一種是以訛傳訛的誤會，一種是惡意的挑釁中傷，誇大事實的誹謗。後面這種流言，其實反映了傳播流言者的消極心態及虛弱和害怕。抱持正面心態的成功者是不會去中傷誹謗他人的。

不管哪種流言，其實都不可怕。林肯任職美國總統期間，曾受到許多流言的攻擊。如果害怕這些流言，他這個總統就不要當了。他是如何對待流言的呢？「如果最終證明我是對的，那麼人家怎麼說我，就無關緊要了，如果最終證明我是錯的，那麼即使花十倍的力氣來說我是對的，也沒有什麼用了。」「我盡我所知的最好辦法就是去做 —— 也盡我所能去做。而我將一直這樣把事情做完。」

害怕流言毫無作用，唯有盡力去做，去行動，才是戰勝流言恐懼的最佳辦法。

舌頭長在別人嘴裡，筆桿握在別人手上。別人愛怎麼說愛怎麼寫，我們是無法控制的，但是，腦袋長在自己頭上，我們可以控制我們自己的心態反應，可以控制我們的行為方式。按照自己的志向，努力自我提升，掌握人性的弱點和與人交往的技巧，戰勝一切困難，爭取成功卓越，這就是對一切流言的最好回答。

當流言影響到我們的成功時怎麼辦？那就採取行動——有策略有指導下的行動。對流言最無價值的反應就是恐懼和憂慮。而恐懼和憂慮本身才真正傷害我們自己。

社會上有種現象很可笑：你無能，什麼事都不做，人家要批評你。你追求成功卓越，人家也要道你長短，甚至找盡一切漏洞來批判你。從我們自身的利益來說，成功卓越會帶給我們財富的幸福，即然流言始終存在，與其忍受人家說你無所事事，倒不如讓人批評你追求成功。

流言不可怕，可怕的是我們自己不走自己的路。任何恐懼和憂慮都不能改變現實，只能為我們增添麻煩、壓力和障礙。採取行動，恐懼和憂慮就會怕你。

其實任何恐懼和憂慮都可以採取分析的方法，讓恐懼憂慮顯得可笑和多餘。不過徹底戰勝和清除恐懼和憂慮還要針對具體情況，採取積極的行動。假如你擔心害怕去公開談話或演講，唯一克服這種恐懼的辦法就是去進行公開談話或演講實踐。

奧里森・馬登成功學的一個重要內容，便是透過協助人們公開談話，幫助人們戰勝恐懼，增強信心。這個方法非常有效，幫助了成千上萬的人改變了心態，改善了人生。因為人們一旦能克服在一群人面前發表公開談話的恐懼，那麼他也容易克服其他場合下的恐懼。

這個課程的具體做法是：幫助學員認識公開談話的實質、特點以及技巧，幫助學員認識到害怕公開談話的原因只是因為準備不好和缺乏經驗，然後鼓勵學員改變心態，以積極肯定的方式鼓勵和協助學員在安全的環境下走上講臺進行反覆的練習，直至能夠自信地發表公開談話。獲得成功經驗後原先的恐懼便自然而然地被戰勝了。你也由此極大地增強了克服困難的勇氣和信心。

　　由於憂慮是一種慢性恐懼症，因人而異涉及的具體問題較多，有不少專著進行了較詳細的分析。戴爾・卡內基在書中提及一些克服憂慮的技巧。這裡簡單介紹其中的一些克服憂慮的原則：

　　用鐵門把過去和未來隔斷，生活在完全獨立的今天。

　　解決憂慮的基本公式：

（1）　你問自己：可能發生的最壞情況是什麼？

（2）　如果你必須接受的話，就準備接受它。

（3）　然後很鎮定地想辦法改善最壞的情況。

　　憂慮的人要讓自己保持心「淨」。

　　看看以前的記錄、平均率，不要為幾乎不可能的事擔憂。

　　經常休息，防止疲勞造成的憂慮。

　　克服憂慮，抓住三個要點：一是認清憂慮的危害，憂慮不能解決任何問題，反而浪費時間，傷害自己的自信。二是對所憂慮的事情進行分析，並從中找出解決問題的方法。三是採取行動。人一旦採取行動，憂慮就會不戰而敗。對於憂慮的人，工作是一種良藥。

　　下面是一些掙脫消極心態的方法：

（1）　認識到家庭、學校和社會的教育可能是不健全的，可能存在相當多的消極因素。應該依靠自己，提高分辨能力，擇善而從之。教育與訓練不能被動地依靠家庭、學校和社會教育。

（2）　提高辨別積極心態和消極心態的能力，關鍵在於多學習，觀察成功卓越人物的思想，心態和行為方式以及他們的成功經歷和成功技巧（本書是介紹成功人物和成功知識的書籍之一）。同時對照生活中的失敗平庸者，觀察並思考他們的心態與行為，想想他們為什麼會失敗？把成功的卓越人物與失敗的平庸者的心態進行對照比較，可

使你洞察是非，增強抵制消極失敗心態的能力。

(3) 增加個人的成功體驗，增強自信心。

(4) 只以成功者為榜樣，不向失敗者學習。盡可能選擇具有積極氛圍的
環境，選擇積極樂觀的朋友。迴避細菌感染，是保持健康心理的一
個重要方法。

(5) 你想改變消極環境，你必須先提升自己，建立牢固的自信心基礎。
先離開消極環境，救出自己，樹立牢固的成功積極心態後，再去影
響和改造那消極的環境，這也是一些落後地區走向進步的一條重要
途徑。

(6) 對照成功的知識，接受成功訓練，從小事開始，增加成功的實際體
驗，不斷提高自己的能力和素質。

(7) 進行提高自信心的訓練，增強免疫消極心態的能力。

一個人若有消極思想作祟，內心就會沉寂畏縮，熱情被壓抑在心中，不
再相信自己的能力，總是自怨自艾，這樣的人怎麼能成大事呢？所以，我們
必須認真審視自己，發現有消極情緒就努力消除它，充實自己的內心，發揮
自身的精神力量。這樣，你才能取得成功！

別為打翻的牛奶哭泣

奧里森‧馬登認為，對任何人來說，失敗都很難避免，與其在失敗後後
悔不迭，倒不如從失敗中總結出教訓，並從失敗中堅強地站起來，發憤上
進，那麼，成功遲早會來到你的身邊。相反，如果你只是一味地自責、懊
惱，活在失敗的陰影裡，那你就永遠也無法逃離失敗的魔爪。

奧里森‧馬登的觀點正好和這樣一句諺語所講的道理不謀而合：別為打
翻的牛奶哭泣。

　　是的，牛奶已經打翻了，再怎麼悲傷哭泣也無濟於事，牛奶不會再跑回杯子裡。但如果因為今天打翻了的這杯牛奶，我們以後再不打翻牛奶，不再犯類似的錯誤，那麼，即使打翻一盤牛奶也值。

　　生活中，難免會發生一連串意想不到的失誤，從而把事情搞得一團糟。這時，一味地怨天尤人，把火氣發在別人身上，不僅挽回不了原有的損失，反而可能造成更加嚴重的後果。

　　這種損失或者說失敗，我們可以套用上面那個諺語，將其稱為「打翻的牛奶」。關於這個名詞還有這樣一個故事：

　　某天的晨會上，主管把一瓶牛奶放在講桌上，大家都安靜了下來，望著那瓶牛奶，不知道它和這次的會議，有什麼關聯？

　　過了一會，主管突然站了起來，一巴掌把那瓶牛奶打翻了，所有的同事都驚詫了，主管大聲叫道：「不要為打翻的牛奶哭泣！」

　　然後，他把所有的同事叫過去，「好好看看，我希望大家能一輩子記住這一次晨會，這一瓶牛奶現在已經全部漏光了，無論你怎麼著急，怎麼抱怨，都沒有辦法再救回一滴！事前，只要先行思考，先加以預防，它就不至於被打得破碎，還可以保得住。可是現在來不及了，我們能做的只是盡快把它忘掉，盡快丟開這件事情，集中精力只注意下一件事。」

　　曾經有一位精神病專家，在精神病學界，有很高的聲譽。他曾這樣說過：「我有許多病人，都把時間花在了緬懷過往上，後悔當初該做而沒做的事：要是，如果，我那次這樣做……。」

　　是的，在後悔的海洋裡打滾，是人們的通病，更是對精神的嚴重損耗。要是我們都只是活在後悔的海洋裡，何來目標，何以奮鬥？怎麼去改正它呢？簡單點地說，只要抹去那些「要是早知道」、「如果當初」……這些詞彙，改用「下次」。只要能堅定地對自己說：「下次如果有機會我應該這樣

做……」那麼，你對失敗的感覺就會輕鬆很多。

說穿了，還是那句老話 ── 千金難買早知道！

在這一方面，美國著名神經生理學家學家謝靈頓的經歷是一個很好的例子。

謝靈頓年青時曾經是一個街頭惡少，人們稱他「壞蛋」。開始，他並不以為恥，毫無悔過之心。可是有一次，他向一位他深深愛慕的擠奶女工求婚，那女工說：「我寧願投河淹死，也絕不嫁給你這惡人！」

謝靈頓因此無地自容，羞愧萬分，從此幡然悔悟。他發誓：將要以輝煌的成就出現在人們面前。於是他懷抱發憤的志向，悄悄離開了那位姑娘，也徹底埋葬了舊我。由於他刻苦鑽研，在中樞神經系統生理學方面碩果累累，先後在英國多所名牌大學任教授，1932 年獲諾貝爾生理學或醫學獎。

謝靈頓的確「打翻過牛奶」，犯過錯誤，他肯定也自責、後悔，但他沒有將自己的一生都用於自責和後悔上，而是用行動證明了自己：我絕不會在同一個地方摔倒兩次！

這才是一個強者應有的態度！

過去的就讓它們過去吧，從失敗中總結教訓，未來是掌握在自己手中的，千萬不要為「打翻的牛奶哭泣」。

要是我們都能建立一種積極樂觀的心態，面對失敗，與其苦苦糾纏，倒不如「快刀斬亂麻」，迅速整裝重新上路，那麼，反而很可能會取得好的效果。

豐富心智以保持心態積極

一個人擁有正確的心態，那他就會創造不同凡響的奇蹟。善於處理危機的獨立創業者，往往都是為自己在成功之路上創造各種有利於自己的條件，

而不是死死抱住自己原有的勢力範圍。也就是奧里森・馬登所說的：「善用你的積極心態，不要讓消極的東西占據了你的腦袋。」

根據診斷企業和個人的經驗，奧里森・馬登觀察到豐富心智會消除狹隘的想法和敵對關係，而卓越與平庸的分歧也在於此。

奧里森・馬登的一生也經歷了許多豐富與貧乏心智的掙扎。當擁有豐富心智時，他相信別人，開朗、肯施捨，願意和別人共同生活，能夠欣賞彼此的成就。因為他察覺到力量的泉源在於差異，個體並非一模一樣，每個人都應該取長補短。

有豐富心智的人，注重互利的原則，溝通時先求了解別人，再求被人了解，心理上的滿足並非來自擊敗他人，或與他人比較。這些人沒有占有欲，不要求他人照自己的話做，其安全感並非建立在別人的意見上。

豐富心智來自內在的安全感，而不是外在的排名、比較、意見、擁有或關係。如果自身的安全感是從這些俗務而來，那這些俗務舉動就會影響到我們的生活。

「貧乏心智」的主張者認為機會是稀少的，若同事獲得升遷，朋友得到認同或有重大成就，自己的安全感或自我身份即受到威脅，即使口頭上讚譽有加，內心卻是痛苦不堪。這些人的安全感是和他人比較而來，而不是來自自然法則與原則的信仰。

愈堅持以原則為重心，愈能培養豐富心智：願意與他人分享權力、利潤和認同，也愈能為他人的功成名就感到自豪。別人的成就對自己的影響是正面的，而非負面的。

豐富心智主張者奧里森・馬登，指出豐富心智有七項特徵：

1. 回歸正確的來源
豐富心智的人從內在安全感的泉源中汲取動力，並保有平和、開朗、

信任，為他人成就而自豪。重新開展、塑造自己的生命，培養豐富的感情，以滋長舒適、內省、期望、指導、保護和寧靜的心靈。他們期待回到心靈的泉源。缺少這方面的滋潤，甚至只工作數小時，也會產生退縮的症狀，好像身體缺乏水及食物。

2. 尋找孤寂，享受自然

豐富心智的人保留時間，尋找獨處的機會；心智貧乏的人，由於本性喜歡喧囂，獨處時往往感到寂寞。應該培養獨處的能力、深思、享受寧靜與孤寂，常常反省、寫作、聆聽、準備、想像、沉思、放鬆等活動。

自然界有許多寶貴的東西可充實我們的心靈感受，靜謐的自然環境讓人深省、心境平和，好準備重返步調緊湊的生活。

3. 每天鍛鍊心智與體能，以保持身心巔峰

在心智方面，我們建議培養廣泛且深人閱讀的習慣。加入培養主管的訓練課程，再慢慢地增加紀律與責任感。若能不斷充實自己，經濟上的安全感就不會依附在工作、老闆的意見或人為制度上，而是靠自己的生產能力。未解難題是個龐大的未知市場，對於有創見的人和能為自己創造價值的那些人而言，這裡永遠充滿機會。

無法經常養精蓄銳的人，不但會發現自己的刀鋒遲鈍，自己也變得陳腐不堪，為生存只好小心翼翼，採取防衛手段，以安全為重，開始為自己打上一副金手銬。

4. 樂意為他人服務

為了培養內在安全感，有些人願意盡力服務他人，不求名利。與日俱增的內在安全感與豐富的心智，就是他們最好的回報。

5. 與別人維持長期良好關係

配偶或親密夥伴，在我們失去信心時，仍會關愛並相信我們。心智豐富的人會與許多人維持這種關係，當察覺到某人正在十字路口彷徨時，就會不辭辛苦地表達對那人的信任。

6. 寬恕自己與他人

心智豐富的人不會為自己的愚蠢行為或社交過失而自責，也不會在意他人的莽撞。過去或明日的夢想不是他所關切的，這些人很理性地活在現在，仔細規劃未來，並靈活面對變動的環境。充滿幽默感、坦承錯誤並學著寬恕，滿懷喜悅去做能力範圍內的工作。

7. 解決難題

這些人就是答案的一部分，知道如何將人與問題分開，把精神擺在整體利益上，而不在立場上爭辯。別人會慢慢察覺他們的誠意，一起為解決問題貢獻心力。在這種交心過程中產生的解決方案，比妥協、折衷的方案好得多。

下篇
完善自我，追求卓越

第九章
你靠什麼吸引別人

　　每個人都是一塊磁鐵，它的吸引力可以從任何渴望的方向得到開發。每個人都可以引導這種力量使他得到渴望的東西。

與人交往要多用「禮」

對身居高位的人而言，彬彬有禮在其為人處事中占有很重要的位置。沒有哪個真正偉大的人會缺少這種優秀品格。有禮有節向來是高貴出身和良好教養的標誌。

奧里森・馬登指出，世界上沒有人不受禮節的感染。要想完善自我，追求卓越，就最好將下面這句話當做座右銘，並循此座右銘而行：「禮貌成就不凡之人」。

誰都想在人際交往中順風順水，誰都想做出一番事業，擁有成功的人生，而實現這些的前提就是要在做人時注意「禮」的運用。有「禮」之人會注意形象，有教養、不樹敵、彬彬有禮、言談舉止誠懇謙和、待人接物大方得體。在做人時塑造出完美的形象，自然而然，做事時也會事事順心，一帆風順。

禮多人不怪，是人之常情。老巴利是不善客氣的人，又患有高度近視，十步以外，看不清來人的面貌，對於熟人，只會由聽聲音來辨別他是誰，因此不熟悉的人，往往誤會他是自大成性。他為補救他的缺憾所做的行動，就是對於服務員倒茶，也總是加上「請你」，或「謝謝你」，有人來到面前，有所陳述或要求，他總是起立，絕不坐在椅子上，有時還稱他們先生。這些舉動他們未必發生好感，但相信至少不會發生厭惡感。

有個人是某公司的最高領袖，高階員工去見他時，他不但坐著不動，也不屑回你一聲，而且不肯注視你，來人只好站在旁邊說話，真是架子十足，有時碰到他不高興，或認為你說的話不對，他竟始終不開口，彷彿聽而不聞，也始終不對你看，好像視而不見，你只好悻悻退出。他對高階員工如此，對其他下屬，當然可想而知。對待朋友時，同樣也是愛理不理的神氣，實在令人難堪。當他得勢的時候，大家只敢在背後批評，當面還是恭維，還

是奉承，但心裡都是反對他。他種了這種惡因，後來形勢逆轉，一時攻擊他的人非常多，當然可能還有其它重要原因，然而平常待人傲慢，仍然是個不容忽視的因子。

《詩經》說：「相鼠有皮，人而無禮，人而無禮，胡不遄死！」無禮取怨於人，真會咒人早死。人在社會上，要多結人緣少結人怨，而多禮便是一件必要的工具。禮是人為的，是後天的，必須要用心去學習，學習使人養成習慣，如此，多禮便能行無所礙了。

孔子說：「不學禮，何以立。」孔子的所謂禮，並不是單指禮貌而言，但是禮貌必在其中，這是可以肯定的。言語行動，表情眼神，都要注意。文質彬彬，然後君子，禮多人不怪，在為人處世方面來，禮多可足以表示你是位君子呢！

然而多禮還必須誠懇，多禮而不誠懇，可得知其人的虛偽，虛偽反而使人討厭。能誠懇，才能恭敬，才是真的禮貌。俗語說：人熟禮不熟。這就表示，你對於熟人，要有禮貌，「晏平仲善與人交，久而敬之」。晏子所以能夠被「久而敬之」，就在於他對人能夠久敬。久而敬之是指雙方面而言，並且，須先由每一個人自身開始。

「謙謙君子，賜我百朋」，禮多不怪，原是為人做事之常情，所以在與人交往時，萬莫吝嗇你的「禮」。

在別人面前留下良好印象

做人做事，講究給人良好的印象，而禮儀與著裝決定著你給別人的第一印象。

第一印象，就是兩個素不相識的人第一次見面就留下的相互印象。一個人給人的初次印象幾乎都是視覺上的，如表情、姿態、身材、儀表、年齡、

服裝等方面。在我們真正了解一個人之前，我們早在第一眼看到他時，就形成了對他的初步看法，即所謂先入為主。例如，學校裡對新來的導師、新來的轉學生，部門裡對新來的上司、新來的同事，相親對象的第一次見面等，第一印象都會發生作用，雙方都對彼此留下深刻的印象，同時雙方也都力圖使對方對自己獲得好印象，做為今後交往的起點和根據。所以，一個善於交際的人都很重視自己給別人的第一印象。

　　怎樣在別人面前留下良好的第一印象呢？奧里森・馬登認為，應該從以下幾點做起：

1. 留意你的穿著

「先敬衣裝後敬人」，從道德上說是不公正的，但面對現實的社會觀念，我們尚無法改變。因為要對方了解你的內在美，仍需一段時間，而體現一個人個性的著裝卻一目了然，在人前留下一個美好的印象。

留意你的穿著，並不是叫你穿上最流行、最時髦的衣服，而是希望你穿得乾乾淨淨、整整齊齊，至於衣服是新是舊，衣料是好是壞，卻不是主要問題。

美國有許多家大公司對所屬雇員的裝扮都有「規格」，這規格不是指要穿得怎麼好看，而是人們觀感的水準。有一本關於「應酬」的書提出，在與人見面前應注意以下幾點事項：

· 鞋擦過了嗎？

· 褲管有沒有痕跡？

· 襯衫的扣子扣好了嗎？

· 鬍鬚刮了嗎？

· 梳好頭了嗎？

· 衣服的皺褶是否注意到？

乍一聽似乎可笑。事實上，這些小細節會在人前留下良好的印象，整潔的著裝總是給人一種信賴感。

2. 展現你的風度

與衣著緊密相連的是人的風度。如果說衣著是一個人的審美觀的反映的話，那麼風度則是一個人的性格和氣質的反映。有的人性格開朗，氣質聰慧，風度則往往瀟灑大方；有的人性格豪爽，氣質粗獷，風度則往往豪放雄壯；有的人性格沉靜，氣質高潔，風度則溫文爾雅；有的人性格溫柔，氣質恬靜，風度則秀麗端莊。風度是性格和氣質的外在表現，屬於一個人的外部形態，是由一個人的言談舉止所構成的。與心靈相對而言，風度是人的一種形式，也是感受形式美的眼睛所最先接觸的。因此，從風度的好壞，不僅可以看到一個人的文明程度，而且也可以部分地看到一個人的美醜。人是需要有美的風度的，你的言談舉止、待人接物都應當表現出文明的美的風度。如果舉止輕浮，言談粗鄙，待人接物玩世不恭，甚至粗暴狂躁，那就不是文明禮貌的表現。

風度不是模仿得之，更不是裝腔作勢的結果，而是一個人的心靈美的外在表現，是在長期的社會實踐中所形成的良好性格、氣質的自然流露。要有美的風度，關鍵在於每個人在實踐中培養自身的美的本質，形成美的心靈。古人早就說過：「誠於中而形於外。」心裡誠實，才有老實的樣子。心不誠實遲早要被人看破的，更何況風度這種人的外在美是沒法裝得像的。當然，人的風度是多樣的，不能強求一致。人的風度的多樣性，是由人的性格、氣質的多樣性所決定的。但是，無論性格、氣質的多樣性也好，還是風度的多樣性也好，都應當體現出人的美的本質。而只有美的心靈，美的性格、氣質，才能有美的風度。

3. 提高你的修養

此處強調了「第一印象」在取悅中的重要作用，但這僅僅是一種首要效應，並不是本質的、內在的、不可改變的。

其一，雙方初次見面所獲得的印象只是一些表面特徵，不是內在的本質特徵，所以單憑第一印象做為繼續交往的基礎是不牢固的。如一些男女初次見面時，往往是憑儀表、長相而一見鍾情，而不考慮對方的性情態度、個性品格便草率結婚。事實證明，這是靠不住的，往往會留下後患，最後甚至導致感情破裂。

其二，第一印象不是無法改變的，隨著時間的推移，往來次數的增加，對一個人各方面的情況會愈來愈清楚，從而可以改變第一次見面時留下的印象。

其三，即使是第一印象的展示，也反映了人的個性，總而言之，它是一個人平時長期修養的結果。沒有平時良好的修養，即使主觀上想在人前留下一個好印象，也往往是東施效顰，裝模作樣，反而令人生厭。

「良好的第一印象是登堂入室的門票」。如果你給對方的第一印象有所偏差的話，就很難修正自我的第一印象。即使能修正過來，也要花費很長時間，很大力氣。

養成善於傾聽的習慣

專心聽別人講話，是我們所能給予別人的最大讚美，也是贏得別人喜歡的有效方式，因為聆聽是世界上最動人的語言。

奧里森‧馬登曾經說過這樣的話：「傾聽，你傾聽得越久，對方就會越喜歡你，依據我的觀察，有些推銷員喋喋不休，卻只讓客戶心煩意亂。上帝

為何給我們兩個耳朵一張嘴，我想，意思就是讓我們多聽少說。」

要贏得別人的好感，在人際交往中，就千萬不可永遠把自己當作主體，一切以自我為中心，一味地口若懸河，硬將自己的觀點施加給對方，這樣做的結果只能是徒費口舌，讓人憎厭。

傾聽的作用

大多數人，想讓別人同意他自己的觀點時，往往把話說得太多。尤其是產品的推銷員，常做這種得不償失的事情。盡量讓對方說話吧，他對自己的事業和他的問題，了解得比你多。所以向他提出問題，讓他告訴你幾件事。

如果你不同意他，你也許會很想打斷他。奧里森・馬登指出，千萬不要那樣，那樣做很危險。當他有許多話急著說出來的時候，他是不會理你的。因此你要耐心地聽著，抱著一種開放的心胸，讓他充分地說出他的看法。

如果你要得到仇人，就表現得比你的朋友優越吧；你要得到朋友，要讓你的朋友表現得比你優越。

這句話是事實。當我們的朋友表現得比我們優越，他們就有了一種受到重視的感覺；當我們表現得比他們還優越，他們就會產生一種自卑感，造成羨慕和嫉妒。

我們應該謙虛，因為你我都沒什麼了不起。我們都會死去，百年之後就被人忘得一乾二淨了。生命是如此短暫，請不要在別人面前大談我們的成就，使別人不耐煩，我們要鼓勵他們談談他們自己才對。回想起來，我們反正也沒有什麼驚天動地的成就業績好談的。你知道是什麼東西使你沒有變成白癡嗎？那就是傾聽他們說話，我們沒有什麼值得向他們誇誇其談的東西。

因此，如果你要別人同意你的觀點，應遵循的規則是：「使對方多多說話。」試著去了解別人，從他的觀點來看待事情就能創造奇蹟，使你得到友誼，減少摩擦和困難。

由此可見，傾聽使人獲得如下收益：

1. 使他人得到尊重

根據人性的知識，我們知道，人們往往對自己的事更感興趣，對自己的問題更關注，更喜歡自我表現。一旦有人專心傾聽他們談論他們自己時，就會感受自己被重視。

卡內基曾說：專心聽別人講話的態度，是我們所能給予別人的最大讚美。不管對朋友、親人、上司、下屬，傾聽有同樣的功效。

傾聽他人談話好處之一是，別人將以熱情和感激來回報你的真誠。

2. 增加溝通效力

任何人如果只顧自己一個勁地說產品如何如何的好，而不學會使用傾聽的話，他就無法了解顧客。無法了解顧客，則推銷的效率就低，甚至引起討厭。一個成功的推銷員說過：有效的推銷是自己只說 1 ／ 3 的話，把 2 ／ 3 的話留給對方去說，然後，傾聽。傾聽使你了解對方對產品的反應以及購買產品的各種顧慮、障礙等。只有當你真實地了解了他人，你的人際溝通才能有效率。

人們都喜歡自己說，而不喜歡聽人家說，常常在沒有完全了解別人的情況下，對別人盲目下判斷，這樣便造成人際溝通的障礙、困難，甚至衝突和矛盾。

3. 減除他人壓力

身為美國總統的林肯，心中有來自多方面的壓力。他把他的一位老朋友請到白宮，讓他傾聽自己的問題。

林肯和這位老朋友談了好幾個小時。他談到了發表一篇解放黑奴宣言是否可行的問題。林肯一一講解這一行動的可行和不可行的理由，然

後把一些信和報紙上的文章念出來。有些人怪他不解放黑奴，有些人則因為怕他解放黑奴而罵他。

在談了數小時後，林肯跟這位老朋友握握手，甚至沒問他的看法，就把他送走了。

這位朋友後來回憶說：當時林肯一個人說個不停，這似乎使他的心境清晰起來。他在說過話後，似乎覺得心情舒暢多了。

是的，當時遇到巨大麻煩的林肯，不是需要別人給他忠告，而只是需要一個友善的、具有同情心的傾聽者，以便減緩心理壓力，解脫苦悶。

這就是我們碰到困難所需要的。心理學家已經證實：傾聽能減除心理壓力，當人有了心理負擔和問題的時候，能有一個合適的傾聽者是最好的解脫辦法之一。

你幫了別人的忙，解除人家的困境，當你需要的時候，別人就會隨時感恩並予以回報的。

4. 解決矛盾衝突

一個牢騷滿腹，甚至最不容易與他相處的人，在一個有耐心、同情心的傾聽者面前，都常常會軟化而通情達理。

某電話公司曾碰到一個兇狠的客戶，這位客戶對電話公司的工作人員破口大罵，威脅要拆毀電話。他拒絕付某種電信費用，他說那是不公正的。他寫信給報社，還向消費者保護協會提出申訴，到處告電話公司的狀。

電話公司為了解決這一麻煩，派了一位最善於傾聽的「調解員」去會見這位無事生非的人。這位調解員靜靜地聽著那位暴怒的客戶大聲的「申訴」，並對其表示同情，讓他盡量把不滿發洩出來。3個小時過去

了，調解員非常耐心地靜聽著他的牢騷。此後還兩次上門繼續傾聽他的不滿和抱怨。當調解員再次上門去傾聽他的牢騷時，那位已經平息憤怒的顧客把這位調解員當作最好的朋友看待了。

由於調解員利用了傾聽的技巧，友善地疏導了暴怒顧客的不滿，尊重了他的人格，並成為了他的朋友，於是這位兇狠的客戶也變得通情達理了，自願把所有該付的費用都付清了。矛盾衝突就這樣徹底解決了，那位顧客還撤銷了相關的申訴。

5. 擺脫自我

每個人都有他的長處和短處，傾聽將使我們能取人之長，補己之短，同時防備別人的缺點錯誤在自己身上出現。這樣便能使自己更加聰明。

當你把注意力集中到傾聽理解對方的時候，你便會很容易地擺脫掉人們比較討厭的「自我」的糾纏。這樣你便成為一個備受歡迎的謙虛的人。

6. 保守祕密

當你說話過多的時候，就有可能把自己不想說出去的祕密洩露出來。這對某些人來說將會帶來不良後果。做生意談判時，有經驗的生意人常常先把自己的底牌藏起來，注意傾聽對方的談話，在了解對方情況後，才把自己的牌打出去。

傾聽的技巧與要領

1. 集中注意力

如果你沒有時間，或別的原因不想傾聽某人談話時，最好是客氣地提出來：「對不起，我很想聽你說，但我今天還有一些事必須完成。」

如果你不真心願意聽又勉強去聽，或假裝著傾聽，則你可能會不自覺地分心，比如一邊聽，一邊翻書或做別的，想別的。你的舉動逃脫不了說者的眼睛，說者對你的粗心產生很大的不滿。我們設身處地想想，對一個漠視我們談話又勉強應付的人，你的感覺是什麼？傾聽可能會耽誤我們一些時間，但如前面所述，傾聽對我們對他人都有好處，只要我們事先安排好時間，或只要有一些空閒時間，我們專心致志地去傾聽他人談話是值得的。

2. 要有耐心

一是等待或鼓勵說話者把話說完，直到聽懂全部意思。有些人語言表達可能會有些零散或混亂，但如你有足夠的耐心，任何人都可以把事情說清楚的。

二是若遇到你不能接受的觀點，甚至有意傷你的情緒性話語，你也得耐心聽完。你不一定要同意對方觀點，但可表示理解。一定要想辦法讓說話人把話說完，否則你無法達到傾聽的目的。

3. 改掉不良習慣

隨便插話、改變說話人的思路和話題、任意評論和表態、把話題拉到自己的事情上來、一心二用做其他事等等，這些都是常見的不良習慣，妨礙傾聽。我們要迴避一些不利於傾聽的習慣，方法是把注意力集中在聽懂、理解對方所說的話上。

4. 表示理解

傾聽一般以安靜認真聽為主，臉向著說話者，眼睛看著說話人的眼睛或手勢，以理解說話人的身體輔助語言。同時必須適時用簡短的語言如「對」、「是的」等或點頭微笑之類進行適時的鼓勵，表示你的理

解或共鳴。讓說話人知道，你在認真地聽，並且聽懂了。如果某個意思沒聽懂，你可以要求說話人重複一遍，或解釋一下。這樣說話人能順利地把話說下去。」

5. 適時做出反饋

說話人的話告一段落，你可以做出一個聽懂對方話的反饋。有時說話人會要求傾聽人做出反饋。準確的反饋對說話人會有極大的鼓舞。比如：「你剛才的意思我理解是……」、「你的話是不是可以這樣來概括……」等等。但是需要注意，不準確的反饋是不利於傾聽的。

讓自己變得幽默一些

奧里森・馬登認為，幽默可以帶給人們愉悅，讓自己擺脫尷尬，化險為夷；幽默，可以緩和緊張的氣氛，使大家相處得快樂，相處得融洽。幽默是一個人優秀個性的重要表現。

嚴格來講，幽默算不上是一種禮儀，但運用得好的話，它在人際交往中的作用是非常巨大的。著名喜劇演員曾經說過：「在我的成長過程中，幽默是生活中的七彩陽光，沒有它，就沒有我五彩繽紛的童年，也沒有我充滿歡聲笑語、幸福無限的家庭。」事實確實如此，幽默感是一個人最具智慧的體現。和有幽默感的人相處，你會感到非常輕鬆愉快。

真正善於社交的人一定是具有幽默感的人，因為幽默的思維方式可以讓他們輕鬆面對各種互動的窘境。

美國廢奴運動領袖溫・菲利普斯（Wendell Phillips）有一次被一位牧師詰問：「您不是要拯救黑奴嗎？為什麼不直接到非洲去宣傳呢？」

菲利普斯不疾不徐地回答：「您不是拯救靈魂嗎？為什麼不直接到地獄裡去呢？」一句話把牧師問得無話可說。

幽默其實是一種情感的宣洩。佛洛伊德說：「詼諧與幽默是把心裡的能量以遊戲的方式釋放出來。」幽默也是一種樂觀向上的生活態度，它基於一個人對自己的尊重。幽默與搞笑是不同的，在大多數情況下，有幽默感的人總是不動聲色就能使別人充分享受到輕鬆快樂。

幽默感是人與人之間的潤滑劑，透過幽默的表達，可以舒緩緊張情緒，更能營造出快樂的氣氛。

善於發揮幽默的人，人際交往中通常是比較討喜的，因為，人們是不會討厭一個能讓他笑起來的人的。

幽默有時是文雅的，有時是含有暗示意義的，有時是高級的。切忌在交際中開低級趣味的玩笑，以此為幽默便形如譏笑。有時一句普通的譏諷話會使人當場下不了臺階，與你反目成仇，所以在社交場合中，幽默應該顯示人的高尚、風度比較妥當。

在社交場合上，談笑也要注意。應該恰如其分，因地因時適宜。但如果大家正聚精會神地討論研究一個嚴肅的問題，你突然在這裡插進了一句毫無關係的笑話，不但不能令人發笑，反而使人覺得無趣。

在社交場合中，如果一味地說俏皮話，無限制地幽默，其結果也會適得其反。譬如，你把一個笑話反覆地講了三遍或五遍，最初別人會認為你很風趣，但到後來也會厭煩。

如果你的幽默帶著惡意的攻擊，以挖苦別人為目的，還是不說為妙。再好的「糖衣炮彈」，如果裡面包的是毒藥，也會致人於死地。

幽默成了個人魅力的重要砝碼，是個性的體現。那麼，如何使自己具有幽默感呢？

要在構思上下工夫，掌握必要技巧

　　幽默是一種「快語藝術」，它突破慣性思維，遵循反常原則，想得快、說得快，觸景即發、涉事成趣，即出入意料之外，又在情理之中。比如，有位將軍問一位士兵：「馬克思是哪國人？」士兵想了會說：「法國人。」將軍一愣，說道：「哦，馬克思搬家了。」

要注意靈活運用修辭手法

　　極度的誇張、反常的妙喻、順手的借代、含蓄的反語，以及對比、擬人等說法都能構成幽默。另外，選詞的俏皮、句式的奇特也能構成幽默。表達時，特殊的語氣、語調、語速以及半遮半掩、濃淡相宜或者委婉圓滑、引而不發語意 —— 甚至一個姿勢、一個心照不宣的微笑，都能表達意味深長的幽默和風趣。

注意搜集幽默素材

　　豐富多彩的生活提供了許多有趣的素材，這些素材無意識地進入我們記憶倉庫的也很多，如果我們做個「有心人」，就會使自己的語言材料豐富起來。例如諺語、格言、趣聞、笑話等，我們可以提取、改裝並加工利用，這樣我們的語言就會增加許多趣味性的「調料」了。

用「趣味思維方式」捕捉生活中的喜劇因素

　　「趣味思維」是一種反常的「錯位思維」，這種人不按照普通人的思路想問題，而是「岔」到有趣的一面去。演說家羅伯特是個光頭，有人挪揄他總是出門忘了戴上帽子，他說：「你們不知道光頭的好處，我可是第一個知道下雨的人。」羅伯特並不為自己的「光頭」苦惱，反而「美化」光頭，用「趣味思維方式」捕捉自己身上的「喜劇因素」，從而產生了詼諧的效果。

掌握一些關於幽默小技巧

幽默風趣較多運用於應變語境。作為口才訓練的終結，幽默風趣的表達是口才的高層境界。透過「趣說訓練」，要在進一步提高心理素質的同時，習慣於「趣味思維方式」，習慣於用「錯位」語言藝術構成風趣和幽默，並掌握幾種常見的幽默表達技巧。透過說俏皮話、自嘲、講笑話等訓練手段，使表達更風趣、詼諧，更有吸引力。

微笑具有神奇的魔力

奧里森‧馬登曾將說過這麼一個故事：

百貨店裡，有個窮苦的婦人，帶著一個約四歲的男孩在轉圈子。走到一架快照攝影機旁，孩子拉著媽媽的手說：「媽媽，讓我照一張相吧。」媽媽彎下腰，把孩子額前的頭髮攏在一旁，很慈祥地說：「不要照了，你的衣服太舊了。」孩子沉默了片刻，抬起頭來說：「可是，媽媽，我仍會面帶微笑的。」

如果你在生活的攝像機前也像那個貧窮的小男孩一樣，穿著破爛的衣服，一無所有，你能坦然而從容地微笑嗎？

奧里森‧馬登認為，微笑具有著神奇的魔力，它能夠化解人與人之間的堅冰，它也是一個人身心健康和家庭幸福的標誌。

微笑是造物主賦予人類的特權。看看，除了人之外，還有什麼動物懂得微笑呢？微笑是人類最好看的表情，當你忘記了整理裝束的時候，你可以用微笑來彌補，以增加臉上的神采。微笑或許不能解決任何實際的問題，但是它在許多方面都能發揮很好的作用。一個微笑能令別人減少憂慮，心情愉悅；傳遞你的愛心，有助於結交新朋友；令你看起來更有自信和魅力，留給別人良好的印象；換來別人的另一個微笑，甚至產生一段終生的情誼。

無論你在什麼地方，無論你在做什麼，在人與人之間，簡單的一個微笑

是一種最為普及的語言，它能夠消除人與人之間的隔閡。人與人之間的最短距離是一個可以分享的微笑，即使是你一個人微笑，也可以使你和自己的心靈進行交流和撫慰。

一旦你學會了陽光燦爛的微笑，你就會發現，你的生活從此就會變得更加輕鬆，而人們也喜歡享受你那陽光燦爛的微笑。

面對著親人，你的一個微笑，能夠使他們體會到，在這個世界上，還有另外一個人和他們心心相連；

面對著朋友，你的微笑，能夠使他們體會出世界上除了親情，還有同樣溫暖的友情，讓我們感受到，對朋友，它是重要的，必不可少的；

走遍世界，微笑是通用的護照；走遍全球，陽光雨露般的微笑是你暢行無阻的通行證。

不僅如此，笑，還是一種神奇的藥方，它能醫治許多疾病，並具有強身健體的醫療功能。醫學家告訴我們，精神病患者很少笑，一個人有疾病或者有其他煩惱，那他也不會從心底發出笑聲。

微笑，甚至也能為人帶來巨大的成功。

美國旅館大王希爾頓於 1919 年把父親留給他的 12,000 美元連同自己賺取的幾千美元投資出去，開始了他雄心勃勃的經營旅館的生涯。當他的資產奇蹟般地增值到幾千萬美元的時候，他欣喜而自豪地把這一成就告訴了母親。出乎意料的是，他的母親淡然地說：「依我看，你和以前根本沒有什麼兩樣……事實上你必須把握比 5,100 萬美元更值錢的東西：除了對顧客誠實之外，還要想辦法使來希爾頓旅館的人住過了還想再來住，你要想出這樣一種簡單、容易、不花本錢而行之久遠的辦法去吸引顧客。這樣你的旅館才有前途。」

經過了長時間的迷惘、長時間的摸索，希爾頓找到了具備母親說的「簡

單、容易、不花本錢而行之久遠」四個條件的東西，那就是：微笑服務。

這一經營策略使希爾頓大獲成功，他每天對服務員說的第一句話就是「你對顧客微笑了沒有？」即使是在最困難的經濟蕭條時期，他也經常提醒員工們記住：「萬萬不可把我們心裡的愁雲擺在臉上，無論旅館本身遭受的困難如何，希爾頓旅館服務員臉上的微笑永遠是屬於旅客的陽光。」就這樣，他們度過了最艱難的經濟蕭條時期，迎來了希爾頓旅館業的黃金時代。

經營旅館業如此，其他行業又何嘗不是如此呢？生活中遇到的一切煩惱，又何嘗不能用你的微笑化解呢？

不論你將來從事什麼工作，在什麼地方，也不論你的人生會遇到了多麼嚴重的困境，甚至你的人生遭遇了前所未有的打擊，用你的微笑去面對它們，面對一切，那麼一切都會在你的微笑前低頭。微笑不是僅僅為了別人，更是為了自己。

要能適度地讚美別人

讚美是必不可缺的社交禮儀，人類本性上最深的企圖之一也是期望被讚美。奧里森·馬登認為，如果你希望能很好地與他人溝通，得體地表達自己的心聲，那麼就要注意培養適度讚美別人的能力。

讚美是語言的鑽石，讚美有著巨大的威力，讚美是我們樂觀面對生活所不可缺少的，是我們自強、自信、自我肯定的力量源泉；讚美是人際關係的潤滑劑，還可以約束人的行動，能使人自覺克服缺點，積極向上；讚美的效果常常會出乎人的預料，即使是簡單的幾句讚嘆都會讓人感到心理上的滿足。向別人傳遞一個真誠的讚美，能為對方的心靈帶來光明。

所以，在日常生活中，應該培養自己去發現，去尋找別人值得稱讚的地方，並設法真誠並適度地告訴別人，這樣既能為別人的平凡生活帶來陽光與

歡樂，也會讓自己有一個良好的人際關係。

　　奧里森‧馬登的好友美國管理專家查爾斯‧施瓦布被認為是一個鋼鐵業的天才，他在當時每天可以領 3,000 多美元的薪水，年薪為 100 萬美元。但事實上，查爾斯‧施瓦布卻對奧里森‧馬登如此詮釋自己的成功：「我認為我所擁有的最大財富是我能夠激起人們極大的熱誠。要激起人們心目中最美好的東西，其方法就是去鼓勵和讚美。我從來不指責任何人，我信奉激勵人去工作。所以我總是急於表揚別人什麼，而最討厭吹毛求疵。如果問我喜歡什麼東西，那就是誠摯地讚揚別人。」「在我們生活的人際交往中，我在世界各地見到過許多成功人士和普通人，我仍然要去尋找發現一個人，不管他的身份多高、多重要，他在讚揚面前總比在批評面前工作得更好，花費的精力更小。」

　　施瓦布的祕訣就是在公開或私下的場合，讚美別人。讚美可以使人奮發向上，促使一個人走向光明的路程，是前進的動力。在溝通過程中，真誠地讚揚和鼓勵，能滿足人的榮譽感，能使人終身難忘。美國作家馬克‧吐溫說：「一句好的讚美語言，能使我不吃不喝活上兩個月。」他這句話的內在含義，就是指人們時常需要受人讚美。

　　說一句簡單的讚美話，真的不是一件困難的事情，只要你願意並留心觀察，處處都有值得讚美的地方。適時說出來，會產生意想不到的效果。

　　法國總統戴高樂 1960 年訪問美國時，在一次尼克森為他舉行的宴會上，尼克森夫人費了很大的心力布置了一個美觀的鮮花展臺：在一張馬蹄形的桌子中央，鮮豔奪目的熱帶鮮花襯托著一個精緻的噴泉。精明的戴高樂將軍一眼就看出這是女主人為了歡迎他而精心設計製作的，不禁脫口稱讚道：「女主人為舉行一次正式宴會要花很多時間來進行這麼漂亮、雅致的計劃和布置。」尼克森夫人聽了，十分高興。事後，她說：「大多數來訪的大人物要不

是不加注意，就是不屑為此向女主人道謝，而他總是想到並且不吝在話語中提及。」事後，在以後的歲月中，不論兩國之間發生什麼事，尼克森夫人始終對戴高樂將軍保持著非常好的印象。

由此可見，一句簡單的讚美的話，會帶來多麼好的回響。

英國著名首相邱吉爾曾說過一句話：「要人家有怎麼樣的優點，就怎麼讚美他！」這說明讚美具有開發潛能的效果。

所以說，你如果吸引別人，那適度讚美就必不可少，它絕對是人際溝通中最有效的工具。

不過，需要注意的是，讚美別人，一定要有誠意，更要講究口才與方法，具體地講，需要注意一下幾個方面：

審時度勢，因人制宜

讚美別人的方法很多，可以面對面地直接讚美，也可以在公眾場合對某個人或某些人進行讚美，還可以在背後讚美。在什麼情況下採用什麼樣的方法，使讚美的效果更好，這就需要讚美者抓住一定的時機，因人而異，恰到好處地把自己的讚美之情表達出來。

讚美不僅要因人而異，因場合而異，還要考慮不同的階段。如當你發現有值得讚美的事物和人的良好品格的機會時，應當立即抓住這個時機，給予讚美對象一個美好的鼓勵；如果人的優點和美好的事物已完全體現，那麼你就必須給予讚美對象以全面肯定和充分讚美。不同的階段使用不同的讚美語，不僅能克服人本身普遍的毛病，而且能給人一種實在感和具體感。

實事求是，措詞適當

實事求是是指讚美應以事實為依據，這是讚美與「阿諛奉承」本質上的區別。「阿諛奉承」是出自主觀的願望，是為了一己之私，有著明顯的巴

結奉迎的目的，即俗話所說的「拍馬屁」。而真誠的讚美應是在客觀事實的基礎上，是一種真情的流露，目的在於使人快樂，與人進行感情的溝通。此外，真誠的讚美除了要以事實為依據外，措詞也要適當。主要應該注意兩個方面：一是不要誇張，二是不要過分。

不要誇張，就是說讚美的語言應該樸實、自然，不要有任何修飾的成分，不要誇大其辭。

不要過分，指的是讚美話要適度，有的話讚美一次兩次，一句兩句就足以使對方歡樂，而如果一句讚美話說過多次或者對某個人堆上許多溢美之辭，那麼對方會認為自己不配，或者會疑心你的動機不純。

熱誠具體，深入細緻

日常交往中經常可聽到這樣的讚美辭：「你這個人真好」，「你這篇文章寫得真好」等等。究竟好在哪些方面，好到什麼程度，好的原因又何在，不得而知。這種讚美語顯得很空洞，別人以為你不過是在客氣，在敷衍。

所以，讚美語應盡可能做到熱誠具體、深入細緻。比如讚美一個人穿的衣服漂亮，你不妨說：「這件衣服穿在你身上很合身，顏色鮮豔，顯得你很有精神。」美國社會心理學家 H·H·克林納德認為，正確的讚美方法是把讚美的內容具體化，其中需要明確三個基本因素：你喜歡的具體行為；這種行為對你的幫助；你對這種幫助的結果有良好感受。有了這三個基本因素，讚美才不至於籠統空泛，才能使人產生深刻的印象。

攻其不備，出其不意

在讚美語的運用上，如能攻其不備，出其不意，往往能使人喜出望外，收到意想不到的效果。

我們在日常交往中，如果能注意觀察他人，並對那些被我們忽略了的優點、美德及時讚美，往往比讚美那些眾所周知的優點效果更好。如一位著名

科學家、著名演員或著名作家，或在某些方面有較突出成就的普通人等，他們在各自的領域裡都有所建樹，而對他們在各自領域裡所取得的成績的讚美聲也就會不絕於耳。那麼，我們不妨另闢蹊徑，比如讚美他們和諧的家庭生活，他們漂亮的衣著打扮，他們親切的微笑，以及優秀的品格等等，這樣肯定會使他們喜悅倍增。

「雪中送炭」勝過「錦上添花」

俗話說：「患難見真情。」最需要讚美的不是那些早已功成名就的人，而是那些因被埋沒而產生自卑感或身處逆境的人。他們平時很難聽到一聲讚美的話語，一旦被人當眾真誠地讚美，便有可能振作精神，大展宏圖。因此，最有實效的讚美不是「錦上添花」，而是「雪中送炭」。

此外，讚美並不一定總用一些固定的詞語，見人便說「好……」。有時，投以欣賞的目光、做一個誇獎的手勢、送一個友好的微笑也能收到意想不到的效果。

當我們目睹一個經常讚美子女的母親是如何創造出一個完滿快樂的家庭、一個經常讚美學生的老師是如何使一個班級團結友愛天天向上、一個經常讚美下屬的領導者是如何把他的機構管理成和諧向上的群體時，我們也許就會由衷地接受和學會人際間充滿真誠和善意的讚美。

透過第三者傳達對下屬的表揚

當上司直接讚美下屬時，對方極可能以為那是一種口是心非的應酬話、恭維話，目的只是安慰其下屬罷了。

然而，讚美若是透過第三者的傳達，效果便截然不同了。此時，當事者必定會認為那是認真的讚美，毫無虛偽，於是往往真誠地接受，為之感激不已。

公開表揚，刺激鼓勵

對於有成就、貢獻突出的下屬，應當在全體員工面前進行表揚，這是許多領導者經常採用的一種激勵方式。事實證明，這種激勵方式雖然簡單，但它產生的效果卻是十分明顯的。為什麼呢？因為人的社會性決定了每個人都希望自己能夠得到他人的肯定與社會的承認。上司在特定場合對他的表揚，便是對他熱情的關注、慷慨的認可和由衷的肯定。這種關注、肯認，必然會使他產生感激不盡的心理效應，乃至於視你為伯樂，更加對你忠心耿耿。同時，這種表揚，能夠激發其他下屬的上進之心，從而努力進取為公司創造更大的效益。

有的上司、領導者一味追求效益，忽略了對貢獻突出者心理的了解。只知道用人，而不知道去激勵下屬、激發他們工作的主動性、創造性。久而久之，一些有能力、對公司做出非凡業績的員工，就會產生「上司只會利用自己」的思想，在情感上疏離公司，進而工作熱情逐漸消沉，甚至自行辭職，「跳槽」出去另尋其主。

管理者絕對不能忽視對員工、特別是有一技之長，獨當一面的員工對公司的感情的培養。如果要籠絡住他們，就要在他們取得一些成績時給予他們充分的肯定，在公開的大場合上進行表揚、鼓勵。

公開表揚的魅力是巨大的，因為它公開認可和肯定了下屬的價值。既能對受表揚的人發揮很大的激勵作用，又會對其他員工產生推動力。

千萬不可以自我吹噓

人活著並不是給別人看的。每個人都有表現欲，但表現欲一旦過火，那就成了自我吹噓。自我吹噓的下場是 —— 朋友不信任，同事討厭你，與人交往遭人嫌棄。

　　奧里森‧馬登認為，每個人都有表現欲，有了成績總希望別人知道，最好能受到讚美，這種心理很正常。但是每個人都討厭別人在他面前吹噓自己，有涵養的人會顧及你的面子，假裝微笑，假裝欣賞，但你千萬別認為每個人都這麼有涵養。大多數時候，你不會那麼幸運。很多人會在你吹噓自己的時候冷冷地刺你一下，把你自我吹噓時不小心露出的漏洞捅出來。

　　喜歡自我吹噓的人很容易給人一種不踏實的感覺，留給他人不好的印象。試想一下，等你走入社會以後，想得到一個好的工作，但你擔心短時間內不能把你的優點和成績全告訴面試者，於是拚命地顯示自己的優點，把自己大大吹噓一番，那麼招聘者只會認為你這個人好大喜功，做事肯定不會腳踏實地。既然面試者對你留下了這樣的印象，那你的工作肯定是沒有希望了。

　　喜歡自我吹噓的人經常會有意無意地貶低別人。有時候，你並沒有想到要貶低別人，但在說話時一味強調自己，旁人聽了就會感覺到你在抬高自己、貶低旁人。在開會時，輪到你發言，你一口氣羅列了幾十條成績，有些的確是你的成績，但肯定有些工作也是搭擋和你共同完成的，你也攬在自己名下，你的搭擋明面上不會說什麼，但會在投票考評的時候，給你一個零分。

　　喜歡自我吹噓的人往往缺少團隊合作精神。他們喜歡表現自己，喜歡搶功勞，喜歡爭名奪利。在需要合作完成任務時，他們首先會盡可能地一個人進行工作；不得不請別人幫忙的話，他們也會在工作的過程中有意識地分清你我，讓別人清楚，哪些是自己做的。你有能力自己工作倒也無妨，最可恨的是那些做起事來縮在後面，工作告一段落以後搶在前面的人。當然，這樣的人不喜歡群體，群體也不會喜歡他，所以，喜歡自我吹噓的人往往是孤獨的。

　　喜歡自我吹噓的人也容易自我陶醉，容易得意忘形，容易忽視別人。稍

微有點能力的自我吹噓十分自以為是，在自我陶醉時，當然也最容易忘乎所以，導致做事的過程中漏洞百出。

我們都知道自我吹噓不討人喜歡，自我吹噓的人也往往會在孤獨中體會到這一點。但問題是很多時候你很難管得住自己，非要說個痛快不可。要改變這種情況，首先要凡事多為別人考慮一下，千萬不能一味地以自我為中心，需要分清彼此，最基本的是不能搶別人的功，如果能讓一些功給別人，那就更好了。但不管如何，切記在你張口的時候要先說別人的功勞，然後再提自己的那份。

其次，你應該時刻提醒自己：一旦成績被別人看到了，就千萬不要畫蛇添足地再找個機會說明了。其實，有的人被人冠以「自我吹噓」，也是有點冤枉的，因為他們說的的確都是實話，只是喜歡在別人知道以後還不厭其煩地自己的成績。事實上，即使別人暫時沒看到，但遲早也會知道，你不必擔心成績會馬上消失。有的人是生怕所有的人不知道，不厭其煩地標榜自己。要記住：別人傳播你的優點會比你自己去說可信一百倍。如果你能在你做了好事無人知曉的情況下，一言不發，那你就一定會成為一個受人尊敬的人。

做人不是為了給別人看的，而是為了自我充實，自我滿足。如果凡事都要別人肯定，自己才能高興，那也太可悲了。活在別人的「眼光」裡是很累的。

會與不喜歡的人相處

每個人都喜歡與自己性格相近的人相處，但不論你到什麼地方，總會遇到各種各樣與你性格不和、氣味不相投的人，甚至是你非常不喜歡的人，但你又必須面對這些人，這就要求你要學會與不喜歡的人相處。

奧里森・馬登認為，在與人相處時，對不喜歡的人不要千方百計地去打

擊，而是盡量的和平相處，這是一個成功者應有的素質。

由於每個人都有他的原則和個性，他們不喜歡的人也非常多。但不喜歡不代表討厭，而你不喜歡的人對你也許會有幫助，所以你應該學會與他交流互動。

一個能取得成功的人不僅要能與喜歡的人友好相處，還要善於與自己不喜歡的人交往，這是成功者必須具備的能力。人的某種本能趨勢就是與自己喜歡、欣賞的人靠近，同樣也就遠遠地躲開那些自己不喜歡、不願意打交道的人。然而，生活中沒有那麼多的隨心所欲，由於各種各樣的原因，我們經常要與自己不喜歡的人，甚至是與自己相敵對的人打交道，這就需要用到一些技巧，那就是用真誠的態度對待每一個人，包括你不喜歡的人。

哈蒙德（John Hays Hammond）曾被譽為全世界最偉大的礦產工程師，他從著名的耶魯大學畢業後，又在德國弗萊貝格工業大學攻讀了 3 年。畢業回國後他去找美國西部礦業主哈斯托。哈斯托是個脾氣執拗、注重實踐的人，他不太信任那些文質彬彬的專講理論的礦務工程技術人員。

當哈蒙德向哈斯托求職時，哈斯托說：「我不喜歡你的理由就是因為你在弗萊貝格做過研究，我想你的腦子裡一定裝滿了一大堆傻子一樣的理論。因此，我不打算聘用你。」

哈蒙德假裝膽怯，對哈斯托說道：「如果你不告訴我的父親，我將告訴你一句實話。」哈斯托表示他可以守約。哈蒙德便說道：「其實在弗萊貝格時，我一點學問也沒有學回來，我只顧著工作，多賺點錢，多積累一點實際經驗了。」

哈斯托立即哈哈大笑，連忙說：「好！這很好！我就需要你這樣的人，那麼，你明天就來上班吧！」

在有些情況下，別人所爭論不休的論點，對自己來講反而不那麼重要。

比如，哈蒙德從哈斯托口中得來的偏見，這時，我們所需要的不是去斤斤計較，而是尊重他的意見，維護他的「自尊心」而已。

敏銳的人在對付反對意見時常常盡量讓自己做一點「小讓步」。每當一個爭執發生的時候，他們總是在心裡盤算著：關於這一點能否作一些讓步而不損害大局呢？因此，無論在什麼時候，應付別人反對的唯一的好方法，就是在小的地方讓步，以保證大的方面取勝。另外，在有些場合，應該將你的意見暫時完全收回一下。

此外，面對你討厭和無法理解的人、關係僵持的人，你還可以嘗試從以下幾點做起：

(1) 站在對方的角度考慮問題，多看看別人的優點，而不是死咬缺點不放，學會寬容尊重對方，關心對方，多讚揚對方，不要不捨得開金口。在關係僵持或惡化的時候，一定要主動表示友好，不要礙於面子、難為情。

(2) 和攻擊性較強的人相處，無論別人怎樣虧待你、小看你、批評你、忌恨你、損害你的權利，除了侮辱人格時應嚴肅對待以外，都不要介意，不要放在心上。要樂於寬恕他們，容忍他們。面對傳言坦然冷靜，如果聽說有人中傷或誹謗自己，聽到後，應當避免「二次傳播」，冷靜坦然的表現能顯示風度，將更受人敬重。

(3) 厚道待人，大方相處，少打小算盤，朋友相處之道在於真誠，不在於利益得失。吃小虧贏大局，寬仁大度、寧可他人負我，我不負人。大智若愚的朋友更有人緣。存真誠的心，說真誠的話，做真誠的事。說謊造假是人和人之間許多糾紛的起源。

(4) 不論與多少人相處，總要存心公正，一視同仁，不可特別與一兩個人親近，卻與其他的人疏遠。尤其不可袒護自己所喜歡的人，一有

這種情形，勢必引起別人的嫉妒，許多糾紛就因此發生了。

(5) 不要因為自己的優點而心高氣傲，也不要小看那些有短板的人。與
　　 人相處，要多顧念別人，竭力體恤別人，幫助別人，甘心當別人的
　　 助手。不可向比你弱的人輕易發怒，喝斥他們，給他們難堪。這不
　　 只會使他們受痛苦也使你自己受損害。

學會與他人有效合作

　　 奧里森‧馬登認為，在他生活的時代，人們已經很難像詹姆斯‧艾倫
（19 世紀英國著名作家）一樣，悠然移居海邊，日出時漫步海邊，日落後回
家寫作，靠著皇室的稿費，他度過了自己的餘生。這種景象對現代人來講更
加近乎一種幻想。我們每天都得奔波於塵世，都得與各種各樣的人去交往。
與他人保持良好的合作，是我們必須面對的事情。下面這些方法一定對你大
有幫助：

別將你的想法強加於他人

　　 想贏得他人的合作，就要徵詢他的願望、需求和想法，讓他覺得他是出
於自願。沒有人喜歡被強迫購買或遵照命令行事。許多人為了讓別人同意自
己的觀點，滔滔不絕，說個沒完，好像非如此不可。這未免有點太心急。心
急並不能把事情做好，也許適得其反。尤其是推銷員，常犯這種錯誤。每個
人都重視自己，喜歡談論自己，但他們是不願聽一個嘮嘮叨叨的人自吹自擂
的。尋求合作時，最好先讓對方說。即使你不同意他的意見，也不要打斷
他的話。因為那樣做會引起對方的抵觸。因此，你要耐心聽著，抱著一種
寬容的心態，運用你在前面章節所學的「傾聽原則」，讓對方充分說出他的
看法。一位法國哲人說：「如果我想樹立敵人，只要處處壓過他，霸占他就
行了。但是，如果你想贏得朋友，就必須讓朋友超過你。」每個人都有相同

的需求：都希望別人重視自己，關心自己。給他人一種優越感，你們的合作就會很順利地進行下去。那麼，怎樣才能做到「讓他人覺得想法是自己的」呢？

1. 尊重合作對象，讓他盡可能多說，你少說

尊重是一劑解藥，它可以解開彼此的冷漠與隔閡。

2. 引導他們表達自己的想法與看法

對此，你不妨採用「投其所好」的方法。投其所好並不難。「投其所好」的目的是為了達成共識，然後自然過渡到合作的事情上，依然要遵循「讓他人先說」的原則。

（1）不要主動挑起話題。比如對一個喜歡寫詩的人，你卻大談特談如何寫詩。這也許會令他大為反感。因為他在這方面是專家，你所說的在他看來，也許是班門弄斧。

（2）做到無意中流露出興趣，讓他人盡興地談。一定要自然。

（3）透過多種方式，了解他人的興趣與愛好。自己也得在這個愛好上有所準備。

以他人的觀點看問題

要與他人很好地相處與合作，不妨尋求以他人的觀點看問題，以達到同步。奧里森·馬登認為這樣便「能創造生活中的奇蹟，使你得到友誼，減少摩擦與困難。」以他人的觀點看問題所達成的同步確實具有實質性的效果。那麼，如何才能達成同步呢？

1. 學會做到同步呼吸

曾經師從榮格、研究心理分析學的一位學者認為：「呼吸的同步具有

誘導性，它可以誘導溝通者和自己的心靈產生感應，從而使雙方步調一致，彼此配合。」這就是說，共同的呼吸是達成同步的方法之一。那麼如何才能做到同步呼吸呢？

要選擇合理的位置。與你的合作者最好坐成 90 度的夾角。這個角度能夠感應到呼吸，且能看到對方一起一伏的胸膛。面對面及坐成一排（180 度）的效果均不如坐 90 度的效果明顯。當然，還可根據環境的不同，視情勢而定。

(1) 觀察彼此呼吸的節奏。男人一般用腹部呼吸，女人是用胸部呼吸。

(2) 同步。對方呼氣，你也呼氣；對方吸氣，你也吸氣，並注意掌握呼吸的輕重緩急。

(3) 說話時呼氣比較多，聽他人說話時，就得呼氣。相反，對方沉默時，也要求同步。

(4) 自己開口說話時，言詞應盡可能配合對方的呼氣。吸氣則可以稍加忽略。

研究表明，同步呼吸法最適用於合作的雙方感情和情緒變化激烈之時。另外，在會議等場合一定要運用得當，否則會鬧出笑話。

2. 做到視覺同步

「說話時要看著對方的眼睛。」這已成為現代社交法則的一句名言。事實也正是如此。注視對手的眼睛，最起碼可以暗示對方：「嘿！我們的合作是真誠的，有什麼話或想法就全說出來吧！」

(1) 他人轉移視線時，你也轉移；他人眨眼睛時，你也眨眼睛。當然，做這些動作時，不要過分專注，要顯得自然，盡量讓對方相信你只是朝他的眼睛說話。跟蹤對方視線，隨著對方視線的調整而調整自己視線的方向。

(2) 初次見面時，不要死盯著對方不放，那會使對方不自在、尷尬，結果將適得其反。

做到身體語言的同步

身體語言是一個人性格的外在表現。你只要注意到他人的身體語言，並予以配合，就能獲得很好的溝通效果。況且，身體語言的同步是相互影響的。例如，你和一個蹺著二郎腿的朋友談得很投機，過了一陣子，你也許會同樣地蹺起腿。要是這個朋友放下腿來，身體往前傾，過不了幾分鐘，你也許會做同樣的動作。路上遇見一位朋友，他跟你打手勢問好，你肯定會不由自主地也打手勢給予回報。

因此，用你的肢體語言去響應他人的肢體語言，你會發現，不知不覺間，你們已建立起很好的合作基礎。

語速與音量的同步

不要有語速與音量的優越感。合作時的溝通可不是為了辯論賽爭拿冠軍，你要與他人同步。心理學研究表明：相同的語速與音量可以打消溝通中的緊張感與戒備心態。對一個細聲慢語的人，就不能採用高速而大聲的交談方式；相反，面對一個快言快語的人，又不能採用緩慢而凝重的方式。

正確的做法是 —— 對方說話大聲時，你也大聲；對方快言快語時，你也加快語速。他人說話時，你並不一定要回話，更多的時候你應該傾聽，這就需要你配合對方的說話速度。當他談吐緩慢時，你要緩慢地點頭；當他說話快速時，你要迅速地點頭或反應。

要做到這一點，就要求你平日多練習自己的觀察力 —— 察言觀色。只有具備敏銳和善感的觀察力，才能夠和他人的速度隨時配合。

心理活動的同步

　　這才是從他人的觀點看問題的關鍵。當然，心理活動往往是透過呼吸的急促、語氣、眼睛、肢體語言等方面表現出來的。當你了解了他人的內心活動，做到以上四個方面的同步後，再適當地投其所好，給予他人必要的心理需求（包括被尊重、被讚揚、虛榮心的滿足等），就能做到很有效果的合作。

　　關於這一點，你最好牢記哈佛商業學院院長華萊士・唐漢（Wallace Brett Donham）說的一段話：「會見某人之前，我寧願在他辦公室前面的人行道上多走 2 個小時，而不貿然走進他的辦公室。因為腦海中沒有清晰的概念，不知道該說些什麼，也不知道他 —— 根據我對他的興趣及動機的認識判斷 —— 大概會怎麼回答。」

► ► ► 下篇　完善自我，追求卓越

第十章
良好的習慣是成功之母

　　沒有什麼比習慣的影響力更能影響一個人的命運了，我們的整個人生幾乎都取決於習慣。我們是自身習慣的產物，這些習慣在應用一段時間後，就會變得無法抗拒，變得不由分說，變得自然而然。

良好習慣可助你成功

　　奧里森・馬登認為，良好的習慣對於獲取成功有著非常關鍵的作用。

增強心理暗示

　　成功學家曼狄諾是奧里森・馬登的學生，他曾說過一項培養成功的心理暗示，他反覆不停地對自己說：「今天我要重新振作起來，將那飽嘗失敗的生命，毀滅了從頭再來。」

　　「今天我要重新開始生活，你看那翠綠的葡萄樂園，那裡的花朵鮮豔，水果豐盛。」

　　「我要摘下那最大最甜的葡萄，把它放在金色的盤子裡，細細品嘗。」

　　「那是成功的果實。是我播種的成功的種子。」

　　「你看那騰躍而出的朝陽，永遠也不會悲觀和失望。我選擇了遠方，我準備了希望。」

　　「你看我如何渡過那波濤洶湧的海洋，並且不必擔心迷失了方向。指南針就掛在我的胸前，我不怕有千難萬險。」

　　「失敗像天使一樣，她努力搧動著一雙翅膀，引導我找到成功的方向。」

　　「失敗就像魔鬼一樣，不過他已喪失了邪惡的魔法，並且被那全能的上帝，關進了一個長頸的瓶子。」

　　「成功的背後是失敗的烙印。我在挫折中堅毅地鼓足勇氣。」

　　「造物主總是那麼神奇。我曾經是一隻醜小鴨，但現在是白天鵝。」

　　「我曾經像一個洋蔥一樣生長，我現在厭煩了，誰也不能阻止我，我要成為最了不起的橄欖樹。」

　　「我要到達成功之岸。」

促進事業成功

如果你既沒有創立宏大事業的知識，又沒有任何經驗，而且曾經在無知中遊蕩。甚至還跌進過自憐的深淵。那麼，你該怎樣養成那些良好的習慣呢？事實上，這個答案很簡單。在沒有知識和經驗的情況下，仍然可以開始你的旅程，因為造物主已經給你遠比森林裡面任何獸類都多的知識和本能。只是人們將經驗的價值看得太高了。

說實話，經驗是對教訓的一種總結，但是要獲得經驗必須花上很多年的時間，而且，等到人們獲得它的知識的時候，其價值已隨著時間的流逝而減低了。結果呢，經驗豐富了，這個人也死了。再說，經驗只是一時的，一個今天很有用的措施，明天不一定依然有效和實用。

只有原則可以經久不變，而這些原則現在都在你的手裡。因為這些帶你走向成功之路的原則，都寫在這裡，它的教導，會使你防止失敗，獲得成功。

事實上，已經失敗了的人和已經成功了的人之間，唯一不同之點，在於他們本身具有不同的習慣。良好的習慣，是一切成功的鑰匙。不良的習慣，是一切失敗的根源。因此，我們應該遵守的第一個法則就是：養成良好的習慣，全心全力去實行。你若會為感情而衝動，就要全力培養良好習慣。在你一生過去的行為當中，你的行動受俗念、情感、偏見、貪婪、恐懼、惡劣環境、習慣所支配，而這些行為裡，最壞的是習慣。

因此。如果決定要全心全力養成習慣的話，一定要全心全力養成良好的習慣。必須將壞習慣全部摧毀，準備在新的田地，播下新的種子，一定要大聲告訴自己：「我要養成良好的習慣！」並全力以赴。

我們必須革除生活上的壞習慣，培養一種能使我們走向成功之路的好習慣。

增強活力

良好的習慣隱藏著人類本能的祕訣。當你每天堅持培養良好習慣的時候，它們很快就會成為你精神生活的一部分。而最重要的是。它們會灌輸進你的心靈，變成奇妙的源泉，永不停止，創造出無限的財富，並使你事業的帆船不斷地航向成功的彼岸。

當培養良好習慣的話語被奇妙的心靈完全吸收的時候，每天早晨，你便開始帶著以前從未有過的一種活力醒過來。你的元氣將會增加，你的熱情將會升高，你事業成功的欲望，將會使你克服一切恐懼，你將會變得更快樂。

最後，你發現自己已有了應付一切情況的方法。不久，這些方法就能運用自如了。因為，任何方法只要經過練習，就會熟能生巧轉為容易了。

當一種方法，由於經常反覆地練習而變得容易的時候，你就會喜歡去做。你一旦喜歡去做，就願意時常去做，這是人的天性。當你時常去做的時候，它就成了你的一種習慣，你也就成為它的支配者。因為它是一種好習慣，也就是你的意願。

堅定成功信念

良好的習慣能使我們堅定成功的信念。

我們要鄭重地對自己宣誓說，沒有東西能夠阻礙我們事業成功的信念。實際上，每天在良好的習慣上花費幾分鐘，對於將要屬於你的那種快樂和成功來說，只是相對微小的一點代價，但已經播下了成功的種子。只要你這樣去做，你就能培養出良好的習慣，消除不好的壞習慣。

做好家庭的財務預算

有一個人從一無所有變成一個全城最富有的人，許多人就去找他詢問致富的方法，富翁說：「假如你有一個籃子，每天早晨在籃子裡放進10個雞蛋，

每天晚上再從籃子裡拿出 9 個雞蛋，最後將會出現什麼情況呢？」「總有一天，籃子會滿起來，」有人回答，「因為每天放進籃子裡的雞蛋比拿出來的多一個。」富翁笑著說：「致富的原則就是在你放進錢包裡的 10 個硬幣中，最多只能用掉 9 個。」

在一項有關現代人的煩惱的調查中，人們發現 70% 的煩惱與金錢有關。比如缺錢，比如有錢不知道如何花，比如賺錢的方法。那麼如何擺脫這種煩惱呢？答案就是做財務預算。

奧里森‧馬登曾說過：「預算是一張藍圖，一個經過計劃的方法，用以幫助你從你的收入中得到更大的好處。」

下面我們就介紹一些方法來幫助你完成自己的家庭財務預算。

記錄每一件開銷，使你對支出情形有個清楚的了解

除非我們知道錯在哪裡，否則我們就無法改進任何情況。如果我們不知道為什麼要刪減、刪減什麼以及如何刪減，節約就是毫無意義的事。所以我們應該在一段嘗試期間，記錄下所有的家庭開銷 —— 例如，記錄 3 個月看看。

根據家庭的特殊需要，設計出自己的預算

首先，把你這一年裡的固定開銷列出來 —— 房租、飲食費、債務利息、水電費、學費、交通費、社交開支等等。每個人都知道，這不是件容易的事。擬定計畫需要決心、家庭合作，有時候還需要嚴謹的自制力。我們不能買下每一件東西 —— 但我們可以決定什麼東西對我們最重要，然後犧牲掉一些不重要的東西。你願意擁有一個舒適的家而放棄買漂亮的衣服嗎？你願意買一臺電視機還是吃一頓大餐？這些決定都必須由你和你的家人來做。

至少要把每年收入的 10% 儲蓄起來

規定你自己一個固定開銷。至少要把 1 ／ 10 的收入儲蓄起來，或拿去投資。也許你還可以想辦法建立一筆額外資金，拿來做特殊用途，譬如買房子或汽車。

準備一筆意外或緊急用途的資金

大部分的預算專家都勸告每一個年輕家庭，至少要存下 1 至 3 個月的收入，用於緊急事件。但是，這些專家警告說，想要存太多錢的人，會發覺很難辦到，結果根本就存不了錢。與其要斷斷續續的隔幾週才一次存 5 元，倒不如每週固定地存下 2 元，效果會更好。

使預算的計劃成為全家人的事。

預算的計劃必須得到全家人的合作。經常舉行家庭預算討論會，往往可以減除情緒上的不和 —— 因為我們大家對於金錢的態度，都會受到自己的經驗、氣質與教育程度的影響。

考慮人壽保險的問題

經過人壽保險，你的家庭能夠得到一些基本保障。保險中一次付款和分期付款是不同的，而且各有各的好處。關於付款的方法也有許多不同的選擇，現代人壽保險具有雙重目的：如果一個人太早去世了，人壽保險就可以保護這個人的家庭；如果他活著要享受餘年，人壽保險就可以供給他獨立的基金。

養成惜時如金的習慣

你珍惜生命嗎？那麼就請珍惜時間吧，因為生命是由時間累積起來的。

奧里森・馬登曾說過，能好好地利用時間是很重要的，每天 24 小時的時間，如果不能認真計劃一下，一定會無緣無故地浪費掉，會跑得不見蹤影，

人們什麼也得不到。

　　分配時間對於成功或失敗而言十分關鍵。人們經常以為，在這浪費幾分鐘，在那消耗幾個小時沒什麼關係，但是它們卻有很大作用。這種差別對於時間來說顯得很微妙，要經過很多年才能被人們察覺。可是有的時候，這種差別也是顯而易見的，貝爾就是一個很典型的例子。

　　當初，貝爾在發明電話的時候，還有一個叫格雷的人也同時在進行這項工作。他們兩個人近乎同時取得了突破性進展，讓人意想不到的是格雷比貝爾晚到達專利局兩小時。當然，他們兩個人互相都不認識對方，可是貝爾就由於這兩小時取得了巨大的成功。

　　時間是你自己可以握在手中的最寶貴的財富，請認認真真地、合理地安排時間，不要平白無故在無聊的事上消耗任何一分鐘，千萬別忘了不珍惜時間就相當於不珍惜生命。

　　時間的一個顯著特點，就是不能挽回、不可逆轉，也不可能儲存。它是一種永遠不會再生的、與眾不同的資源。所以奧里森・馬登這樣說：「一切節約歸根到底都是時間的節約。」

　　時間相對於每一個人、每一件事情都是毫不留情的，是霸道的。時間可以被肆無忌憚地消耗掉，當然也一定可以被很好地利用起來。很好地運用時間，就是一個效率的問題。換句話說，在單位時間裡對時間的利用價值就是效率。有限的時間一點一滴地累積成為人的生命。假設以 80 歲的年紀來計劃一個人的一生的話，那麼大概就有 70 萬個小時。在這之中人們可以精力充沛地進行工作的時間僅僅有 40 年，大概相當於 35 萬個小時，減去吃飯睡覺的時間，大約還可以有 20 萬個小時的工作時間。我們在這些有限的時間裡最大限度地發揮作用就能體現生命的有效價值。最大限度地增加這段時間裡的工作效率就相當於延長了你的壽命。很明顯，「效率就是生命」，這是

不容置疑的。

　　美國麻省理工學院對 3,000 名經理作了調查研究，結果發現凡是成績優異的經理都可以做到非常合理地利用時間，讓時間的消耗降低到最低限度。《卓有成效的管理者》（The Effective Executive）一書的作者杜拉克說：「認識你的時間，是每個人只要肯做就能做到的，這是每一個人能夠走向成功的有效的必經之路。」根據相關領域專家的研究和許多領導者的實踐經驗，可以從以下幾個方面駕馭時間，提高工作效率：

　　一是要善於集中時間。千萬不要平均分配時間。應該把你的有限的時間集中到處理最重要的事情上，不可以每一樣工作都去做，要機智而勇敢地拒絕不必要的事和次要的事。

　　一件事情發生了，開始就要問問：「這件事情值不值得去做？」千萬不能碰到什麼事都做，更不可以因為反正我沒閒著，沒有偷懶，就心安理得。

　　二是要善於把握時間。每一個機會都是引起事情轉折的關鍵時刻。有效地抓住時機可以牽一髮而動全身，用最小的成本取得最大的成功，促使事物的轉變，推動事情向前發展。

　　如果沒有抓住時機，常常會使已經快要到手的成果付諸東流，導致「一著不慎，滿盤皆輸」的嚴重後果。因此，取得成功的人必須要擅長審時度勢，捕捉時機，掌握「關節」，做到恰到「火候」，贏得機會。

　　三是要善於協調兩類時間。對於一個取得成功的人來說，存在著兩種時間：一種是可以由自己控制的時間，我們叫作「自由時間」；另外一種是關於對人和事的反應的時間，不由自己支配，叫作「應對時間」。

　　這兩種時間都是客觀存在的，都是必要的。沒有「自由時間」，完完全全處於被動、應付狀態，不會自己支配時間，就不是一名有效的領導者。

　　可是，要想絕對控制自己的時間在客觀上也是不可能的。想把「應對時

間」，變為「自由時間」，實際上也就侵犯了別人的時間，這是因為每一個人的完全自由必然會造成他人的不自由。

四是要善於利用零散時間。時間不可能集中，常常出現許多零碎的時間。要珍惜並且充分利用大大小小的零散時間，把零散時間用來去做零碎的工作，從而最大限度地提高工作效率。

五是善於運用會議時間。我們召開會議是為了溝通資訊、討論問題、安排工作、協調意見、做出決定。好好運用會議的時間，就可以使工作效率提高，節約大家的時間；運用得不好，則會降低工作效率，浪費大家的時間。

保持正確的飲食習慣

正確的飲食習慣與旺盛的生命力是緊密相關的。依據現代科學指出，抵抗壓力的一個重要因素便是營養，而營養主要是從飲食中直接得來的。我們只有從飲食中攝取了養分，才會有處理壓力的資本。所以保持正確的飲食習慣相當重要。

當人們在生活中注意了飲食方法以及飲食宜忌的規律後，並且依據自身的需要來選擇適當的、有利於自己身心健康的食物進行調養，這樣便能有效地發揮並維持生命的活力，提高新陳代謝的能力，保持身心健康。具體一點說，飲食，正確的飲食具有補充營養、預防疾病、治療疾病、延緩衰老的作用。

人的飲食要節制，切忌暴飲暴食，不能隨心所欲，講究科學的飲食方法至關重要，要知道，人們的健康很大程度是從飲食中獲得的。如果在短時間內，飲食過量，使大量食物進入食道，必然會加重腸胃的負擔，超出腸胃承受能力之外，食物滯留於腸胃，不能被及時消化，這樣，很明顯就會影響到營養的吸收和輸送。久而久之，脾胃因不堪重負，其功能當然會受到損傷，

所以「食量大的人是不會健康的」，奧里森‧馬登這樣說。

　　現代的許多有關醫學方面的實驗都證明，減少食物的攝取量是延長壽命的最好的方法之一。奧里森‧馬登指出：「如果你能只吃七分飽，那麼你會保持身體健康。」針對這一點，德克薩斯大學的一位博士做了一個很有意思的實驗，為我們提供了有力的證據。他的實驗是圍繞一群實驗鼠進行的，他把一群實驗鼠分為三組：他任由第一組的實驗鼠隨便進食；把第二組的食量減了四成；第三組的實驗鼠食物中蛋白質的攝取量減少一半，然後便任由它們吃。兩年半以後，實驗結果為：第一組老鼠存活率為33%，第二組的存活率為97%，第三組存活率為50%。

　　該實驗表明了什麼呢？恆溫動物延緩衰老、延長壽命的唯一有效途徑就是減少營養，這是迄今為止所知的恆溫動物的生理特徵之一，該論點同樣適用於人類。所以我們可以從中得到有關保健、長壽的規律，即要盡可能地限制食量，因為這樣可以大大延緩生理上的衰老和免疫系統的衰退，用一句話概括之，就是：吃得少，活得久。

　　接下來，便將討論如何行動才能養成這種飲食節制或禁食飲食的習慣。據此，奧里森‧馬登為我們提出了以下的建議。

　　首先，大約每天攝取含1,000至1,500卡路里熱量的食物，同時，需要保證能固定地補充礦物質與維生素，以此來維護身體的健康。

　　其次，要改變以往喝湯、吃飯的順序，即改變用餐時的順序。先喝湯，然後吃蔬菜類的食物，最後再吃肉類食品和米飯，因為高熱量食物有違以上講述的健康飲食方法，而先吃熱量低的食物便可以減少對高熱量食物的食欲。

　　第三點，奧里森‧馬登告誡人們，尤其是食欲很好的人，盡量保持每餐七分飽，不要吃到撐了還不停口。所以說，採取少食多餐的飲食習慣是相當

適宜的。

第四點，大家可能知道，脂肪的儲存是導致肥胖的直接原因，並且過多脂肪也有害身體健康。所以吃完飯後，先不要急著躺在床上休息，應該稍微活動，讓脂肪在尚未儲存前就先消耗掉。

第五點，是盡量減少油脂的使用量。脂肪中所含的熱量遠遠高於蛋白質和醣類，甚至是兩倍以上，而油類中便含有大量的脂肪。

第六點，大家都知道多喝水可以促進新陳代謝，有助於熱量的消耗。所以建議口渴時，只喝白開水，因為汽水和可樂中含有高熱量，避免飲用。

第七點，要提醒大家，一定要抵抗像巧克力、蛋糕、油炸食物等等的引誘，因為這些食物富含高熱量。所以，千萬別隨便受了它的誘惑。

由此看來，如果你想避免忍受飢餓之苦，並且能夠保持身材的苗條，就應該做到針對食物的不同特性，多吃些富含纖維並且低熱量的食物，而同時遠離油脂類的高熱量食物。

此外，喝水是非常重要的。有學者大膽提出：藥丸並不能治療體內的毒素，而喝水卻能將毒素排出體外。

眾所周知，地球表面水量豐富，覆蓋率高達70%，而人的身體也約有70%是由水組成的。那麼人類所攝人的食物中所含水量應是多少百分比呢？其實，是70%。因為有了足夠的水，才能保證人體的新陳代謝正常進行，使細胞保持生命的活力。由此看來，我們除了每天定量補充一定的水分、茶或牛奶之外，還應適當地補充一些新鮮的水果和蔬菜，因為僅是一定的白開水還是不夠的，而且水果中榨出的新鮮汁液對人體是相當有利的。

風行於歐美各國的「自然飲食」，強調過「飲食正確為健康之本」，「腸胃健康乃身體強壯之根本」。與此同時，它也提出：人類的一切疾病皆由體內的毒素引起的。那麼有必要知道這些毒素的來源。事實上，那些不正確

的飲食習慣、被污染的空氣、以及人類自身的壓力所造成的內分泌失調以及由不正確的心態而引起的荷爾蒙紊亂是它的主要來源。如此看來，如果每天能多吃一些天然且富含水份的食物，那將是淨化我們體內循環系統的最佳方法。像水果、蔬菜、豆芽菜等植物，食用這類食物能提供給我們豐富的水份及維生素，有利於將毒素排出。

為自己選擇一項運動

奧里森‧馬登曾經發出這樣的感慨：健康是我們一生中所應努力去達到的目標，但我們中的大多數人對此卻是漠然、粗心或者毫不在乎！我們對健康的關注多麼少！我們花在讓自己鍛鍊出強健的體魄，以便去成就偉大事業的時間又是多麼地少啊！

奧里森‧馬登他還一針見血地指出，為數不少的年輕人由於採取了懶散的、不科學的生活方式，結果讓許多寶貴的財富和機會白白地喪失。如果他們為贏得成功與幸福而強身健體，讓自己在打拚的過程中一直洋溢著青春的活力與激情；如果他們能夠深刻地意識到鍛鍊身體、保持健康有著不可估量的重要性，那麼，那些寶貴的財富和機會絕對不會白白地喪失。

事實上，對健康的重視向來為人們所提倡。「健全的心靈寓於健康的身體。」這句格言可以追溯到羅馬時代，而且歷久彌新，到今天仍然適用。生命在於運動，人若不動，也就不能生存，更不能成為有思維有感情的「高等動物」，但運動必須合乎科學依據，按照科學規律去運動，才能達到健身的目的。一個人如果不按科學規律去運動，盲目地做一些不適合於自己身心的運動，那就不僅得不到健身的效果，反而會損害健康。

合乎科學的適度鍛鍊是延緩衰老、增強體魄的最佳方案。應該在日常生活中堅持鍛鍊身體，事實上，即使每天抽出 15 分鐘慢跑或 20 分鐘步行，也

會收到良好的效果。

　　奧里森・馬登說：「我發現，煩惱的最佳『解毒劑』就是運動。當你煩惱時，多用肌肉，少用腦，其結果將會令你驚訝不已。這種方法對我極為有效 —— 當我開始運動時，煩惱也就消失了。」

　　生命在於運動。這一命題不論是 2,300 年前古希臘哲學家亞里斯多德所原創，還是 300 多年前法國作家伏爾泰所倡導，它確實揭示了生命的奧祕所在。

　　世界衛生組織（WHO）認為，「健康乃是一種身體上、精神上的完滿狀態，以及良好的適應能力，而不僅僅是沒有病或非衰弱狀態。」健康分為身體、心理和社會 3 個維度。你可以對照世界衛生組織提出的健康 10 條標準，看看自己是否健康。

　　世界衛生組織健康標準：

（1）精力充沛，能從容不迫地應付日常生活和工作壓力而不感到過分緊張。

（2）處事樂觀，態度積極，樂於承擔責任，不挑剔。

（3）善於休息，睡眠好。

（4）應變能力強。

（5）能夠抵抗一般性感冒和傳染病。

（6）體重適當，身體勻稱，站立時頭、肩、臂位置協調。

（7）眼睛明亮，反應敏銳，眼瞼不發炎。

（8）牙齒清潔，無空洞，無痛感；牙齦顏色正常，不出血。

（9）頭髮有光澤，無頭皮屑。

（10）肌肉、皮膚富有彈性，走路輕鬆有力。

　　「運動是健身的法寶。」這是古今來仁人智士、養生者、長壽者的共識。

因此，很早以前，體育運動就被作為延年益壽、預防疾病的重要手段。經常參加運動的人，其死亡率比同齡不參加運動的人低。有關參與運動和死亡危機率之關係的研究指出：時常做適量運動的男性死亡率比沒有參加運動的人低 30%，女性則低 50%，可見適量運動對身體健康的重要性。

人類社會中所有的美和激情都是運動的衍生物，那麼我們應該如何去選擇一項運動，一項適合我們自己的運動呢？有健康專家提供了一些運動法，我們不妨試一試。

散步

散步是日常生活中最簡單又易行的運動法，運動的量不大，但健身效果卻很明顯，而且不受年齡、體質、性別、場地等條件限制。人常說：「飯後百步走，能活九十九。」「百練不如一走」，足以說明散步在保健中的作用。古今中外的一些長壽老人，都把散步作為延年益壽的手段。當然，散步的關鍵不在於形式，而在於能否持之以恆。

太極拳

太極拳巧妙地融合了氣功與拳術的長處，動靜結合，在全身運動的基礎上，尤側重腰脊及下肢的鍛鍊。它運動量適中，老少咸宜。既適用於強健者增強體質，又適用於多病者康復鍛鍊，尤其適用於中老年人強身抗衰，故成為中老年人的黃金項目。許多研究報告表明，長期進行太極拳鍛鍊，不僅對骨關節、肌肉、神經、血管等運動系統有益，而且對內臟，尤其是心血管系統也都有良好的影響。

當然，對於行動不便者，靜坐何嘗不是一項很好的運動呢？靜坐可使人氣血平和，陰陽調和，還可以祛病強身，增強耐寒和消化能力，也可潤澤肌膚，達到美容的功效。

　　每個人的實際情況不同，不可能從事多種運動，只能在自己身體條件允許的情況下，選擇一項適合自己的運動項目。對一般人來講，運動就是為了強身健體，而不是為了奪冠，所以，選擇一項適合於自己的運動項目是沒有什麼困難的，也可以自己根據實際情況自行設計適合自己的運動項目。

　　選擇一項運動項目，關鍵是要能持之以恆，堅持下去就會見到效果，不僅加強了自己的身體素質，而且，也培養了意志和毅力。如果一個人一直堅持一項運動項目，就有可能成為這方面的強手和高手，也可能因此而獲得比賽的獎盃。很多金氏世界紀錄就是被這樣一些堅持一項運動的人所奪取的。

讀書是追求成功的法寶

　　讀書是我們追求成功的最重要的法寶，因為任何真正的成功都離不開知識的鋪墊，千萬不要把讀書看成是分配給你不得不執行的任務，你最好把它看成是一個令人羨慕、不可多得的提升自己的機會。奧里森‧馬登說過這樣一段話：「即使再貧窮的孩子也可以利用自己的閒暇時間來讀書，豐富自己的知識，書籍可以使我們把可能浪費的點滴時間節約起來。它可以使我們那些原本會被浪費掉的人生積累成為珍貴的記憶。想一想，這些點滴時間帶給我們的寶貴財富，那是多麼的可貴啊！」他還認為，「生活在美國的年輕人可以透過讀書獲得比在大學更好的教育」。

　　現代人的生活，豐富多彩，有看不完的電視節目，有奇趣無窮的網絡世界，有永遠也玩不完的電子遊戲，還有廣播、電影、各種俱樂部、酒吧……，而對於讀書，你是不是已經提不起多大的興趣呢？

　　人變得浮躁，很難靜下心來讀書。

　　但是，這並不說明讀書在你的生活中已不再重要。讀書不但仍然是我們獲取知識和技能的重要途徑，還是陶冶我們的情操、豐富我們的生活，以至

有益於我們的身體健康的優良習慣。

　　在這裡要說明的一點是，所謂讀書，是廣義上的「讀書」，如今的你可以讀紙質的書，也可以讀「電子書」、「有聲書」。總之，可供學習的一切「書」，你都可以讀。

　　讀書，是我們掌握知識的法寶之一。人非生而知之，都是透過後天的直接實踐和讀書學習獲得知識的。而直接經驗與間接經驗相比，後者占的比重更大。利用書籍，你能使自己在短暫的人生中，學習那些超出自己所能體驗的數個世紀之前的智慧。一位醫學家曾經說過：「假如世界上沒有書的話，就沒有神、沒有正義、沒有自然科學、沒有完美的哲學、沒有文學……而且，世界上的一切，都彷彿在黑暗之中。」

　　一本好書通常是作者多年或一生智慧的結晶，你以短短的幾小時或幾天的時間來換取這些智慧，真是一件幸運的事。愛迪生說：「書籍是天才留給人類的遺產，世代相傳，更是給予那些尚未出世的人的禮物。」我們應該這樣來提高讀書的自覺性。

　　我們如今所處的時代是知識經濟的時代。1991 年，美國企業界就有人認識到知識價值和知識資本的重要性，認為「現在的資本意味著知識，而不僅僅是金錢。」世界財富將轉移到知識資源掌握者手中。

　　人類正在脫離工業文明時代，進入知識經濟文明時代。在這個時代，誰擁有更多的知識，誰就擁有更多的主宰權。

　　在今天，誰沒有知識，誰就可能被淘汰。知識當然要透過實踐來最終學到，但除了沒條件讀書的人外，完全靠在實踐中摸索，那是愚蠢的人的做法。當然，書本知識要和實踐結合，但不讀書，又從哪裡得來書本知識呢？

　　如果你有遠大志向、渴望為人類做出大貢獻，那自然要有深厚的知識功底，即使你只想做一個普通人，也需要求職，要勝任工作，要生存下去，在

今天這個競爭激烈的社會，沒有足夠的知識也是不行的。你或許羨慕電腦軟體工程師的高薪，但要知道，他們是靠知識才掙來不菲的報酬的。為了擁有專業知識，他們付出的學習時間和精力遠比常人要多。你要去做理財專家嗎？你怎麼能不懂財務的知識？你要在股市上賺錢，你就應該有基本的證券知識。生物技術、奈米技術、電子商務、資本運作、企業管理、國際金融……你要成為某一領域的佼佼者，你就得讀書，就得學習。知識的更新非常快，你必須要有終生學習的心理準備。

一切東西都可以滿足，金錢，住房，汽車，享樂……只有讀書和學習不可以滿足。在這方面，要永遠不知足。

奧里森・馬登說：「任何一種容器都裝得滿，唯有知識的容器大而無邊。」

或許會有人會說：「我已經有了夠花幾輩子的錢，我為何還要讀書學習？」當然，你可以不讀書了，但你今後的人生必定是庸人、愚人的人生。王安石說：「貧者因書而富，富者因書而貴。」這個「貴」，是指氣質的高貴，人品的高貴。你願意當一個沒有知識修養的土氣財主嗎？

古人說：開卷有益。讀專業書，有益於自己的工作。讀雜書，則可以開闊自己的視野。讀優秀人士的書，則可以培養自己高尚的情懷。英國哲學家培根說：「讀史使人明智，讀詩使人靈秀，數學使人嚴謹，物理學使人深刻，倫理學使人莊嚴，邏輯學、修辭學使人善辯。凡有所學，皆成性格。」這段話精闢地說出了讀書對人的修養的益處。

也有人說：「我也想讀書，但實在是沒有時間。」真的沒有時間嗎？魯迅說：「世界上哪有什麼天才，我只是把別人喝咖啡的時間用在工作上了。」他還說：「時間就像海綿裡的水，只要你願意擠，總還是有的。」宋代大文學家歐陽脩說他讀書是在「三上」：馬上，枕上，廁上。

當然，讀書也自有學問，不是只要讀書就能獲益。

讀書要有選擇

　　俄國文學批評家別林斯基說：「我們必須學會這樣的本領：選擇最有價值、最適合自己所需的讀物。」俄國另一位作家屠格涅夫說：「不要讀信手拈來的書，而要嚴格加以挑選。要培養自己的趣味和思維。」讀書要有選擇，不僅是因為書籍很多，我們的時間和精力有限，更重要的是書籍中良莠不齊。不加選擇地讀書，很可能讀了一堆「垃圾書」，不但白白浪費精力，還使自己思維混亂、趣味變得低下。在圖書的選擇上，可以聽聽父母、師長和名家的推薦意見。在美國，就有為中學生規定的 20 多部必讀書，其中文學、哲學、自然科學都有。其實這些書，對於那些沒讀過的成年人，也是值得一讀的。

讀書的面向不要過窄

　　讀書的目的有多種，有的人讀書是為了消遣，有的人是為了學習實用知識，也有的人是為了充實自己的人生。從讀書的最佳目的講，我們應該在消遣和實用之外，更注重人生的充實，這就不應該只讀武俠、言情小說等消遣性書籍，更應該讀一些優秀的文學和社會科學讀物，科普讀物和哲學讀物也應該讀一讀。這樣讀書能使我們開闊視野和心胸，有助於人格的完善。讀書也不要只讀自己偏愛的作者的書。魯迅說過：「只看一個人的著作，結果是不大好的，你就得不到多方面的優點。必須如蜜蜂一樣，採過許多花，這才能釀出蜜來，倘若叮在一處，所得就非常有限、枯燥了。」

讀書要能消化

　　讀書是為了獲得知識，而不是只圖「眼飽」。這就如同吃了許多食物，胃部卻沒有消化吸收，只會對身體有害。俄國教育家烏申斯基說：「書籍不僅對那些不會讀書的人是啞口無言的，就是對那些機械地讀完了書而不會從死字母中吸取思想的人，也是啞口無言的。」

精讀與泛讀

　　為了解決書多和時間精力有限的矛盾，聰明的讀書人都採取精讀和泛讀相結合的辦法。就是對於必須讀的書仔細閱讀，而對於只須大致了解的書則粗略一些。陶淵明愛好讀書，他的方法是對已知的內容或不重要的內容「不求甚解」，而對於重要的內容或有新意的內容則「每有會意，便欣然忘食」。魯迅一生讀很多書，除了許多書他是精讀外，對其餘的書則採取「隨便翻翻」的辦法。泛讀也絕對不是不動腦子的機械讀書，而是先注意其中的閃光點，一有發現，這閃光點的部分就會成為精讀的內容。這種讀書方法需要一個鍛鍊的過程，身為讀書經驗尚少的人，還是應以精讀為主，寧可初期讀得慢一些，也不可「一目十行」地囫圇吞棗。

　　讀書還有許多好的經驗，如做讀書筆記、摘錄、背誦好文章等，如古人說的：熟讀唐詩三百首，不會做詩也會吟。這裡就不一一細說了。

　　總之，養成讀書的習慣吧！讀書能使你成為完善的人。知識像燭光能照亮一個人，也能照亮無數後人。

　　最後，讓我們欣賞一段關於書與輸的繞口令：書是書，輸是輸；有書不會輸，輸的不會是書；輸了要認輸，不要任書；看書不會輸，不看書就會輸；怕輸的人看見人家看書他也看書，看書的人喜歡別人看書，他一點也不怕輸；怕輸就不能無書；無書不怕輸也會輸；無書又怕輸肯定輸了又輸。

養成勤學好問的習慣

　　法拉第如何發現電磁感應原理，而使電氣發動機和電流傳達變為現代最有用的東西呢？貝爾的電話是偶然發明的嗎？馬可尼的無線電是碰巧發明的嗎？這些發明家所看見的現象，也是其他人都看見的，他們儲藏事實的倉庫並不比普通人大多少，但常人所創造出的東西卻比他們少，這是什麼原因呢？

　　在奧里森‧馬登看來，這些人成功的祕訣，說起來實在簡單。他們每人在心智的門前站了一個哨兵，尤其是他們的眼睛和耳朵，查詢每一個進來的客人，不斷地問一些這類的問句：你是什麼人？為什麼要進來？你與剛才進來的那一些有什麼關係嗎？你為什麼要長成這樣？你的聲音與我剛才所聽見的不同？你有什麼優點？為什麼你能被允許進來？為什麼？為什麼？為什麼？

　　這些科學家勤學好問的習慣幾乎達到無法控制的地步。

　　提出疑問是有代價的，但是，假如你沒有得到結果又如何呢？如果你不斷地問，問得足夠時，最後，便會引導你問到一個最關鍵的問題上去。如果你從來不問，便會看不到問題；如果從來沒有見過問題，當然就不能嘗試努力解答。每一個成功的事物都是問題的答案。

　　奧里森‧馬登說：如果一個人不停止問問題，世上就沒有愚蠢的問題和愚蠢的人。

　　如果有人說我們的問題問得蠢，多半是因為他們不能回答的緣故。父母回答兒女的問題，也是直到他們不能回答時，便停止不許再問。一個工頭如果懂得不多，也是不喜歡工人多問問題的，因為這會使他出醜。在另一方面，問問題是一種藝術。一個人不可在不適當的時候問問題，也不應以一種糾纏的態度或故意取笑被問者無知的態度來問問題。

　　當你問問題卻得不到滿意的結果時，很可能表示你問錯了人。這次碰釘子並不是說你以後不應再問了，而是你應當找別的方法去得出答案來。如果一定要問別人才能得到答案，就必須問一個確實知道這個答案的人。去糾纏那些不曉得答案的人是一件最蠢的事，這不過是使他們不高興而已，去問知道的人吧！

　　最好的方法，還是自己找出自己所要問的答案。無論什麼問題，一旦想

解決，絕不是拿著別人無知的話當作最後的決斷。成功者未必能解決每一個問題，但是他們不會相信因為別人說不能解決，便以為真的不能解決。

愛迪生的一生，從孩提時期直至逝世，沒有停止問：「為什麼？」他雖然沒有將自己所問的問題都求出答案來，然而他所得出來的答案卻是多得驚人。例如：有一天，他在路上碰見一個朋友，他看見朋友手指關節腫了。

「為什麼會腫呢？」愛迪生問。

「我還不知道確切的原因是什麼。」

「為什麼你不知道？醫生知道嗎？」

「每個醫生說的都不同，不過大多醫生認為是痛風症。他們告訴我說這是尿酸淤積在骨節裡。」

「既然如此，他們為什麼不從你骨節中取出尿酸來呢？」

「他們不知道怎麼取出。」病者回答。

這時的情形好像一塊紅布在一隻鬥牛面前搖晃一樣，「為什麼他們會不知道怎麼取出呢？」愛迪生生氣地問道。

「因為尿酸是不能溶解的。」

「我不相信，」這位世界聞名的科學家回答著。

愛迪生回到實驗室裡，立刻開始試驗看尿酸到底是否能溶解。他排好一列試管，每只管內都灌入 1/4 的不同化學液體，每種液體中都放入數顆尿酸結晶。兩天之後，他看見有兩種液體中的尿酸結晶已經溶化了。於是，這位發明家有了新的發現問世，這個發現也很快地傳播出去，現在這兩種液體中的一種在醫治痛風症中普遍受到採用。

重要的，不是在於你能否得到答案，而是在於保持一種疑問的態度。一名著名學者說：得到真正教育的唯一方法便是發問，我們只問我們要學的，你之所以問一個問題，便是因為你想知道它的答案，因為你想要知道，於是

就在心裡記得。所以，一個時時產生問號的頭腦是一項很大的財產。

　　一個時時產生疑問的人可以從好多方面以一種不驚動別人的方法得到知識。我們當然無須糾纏那些不知道回答的人，然而，在另一方面，假如你努力尋找知識或答案，你可以從很卑微或想不到的地方而獲得。林肯利用「問話式的交談」得到許多關於他所急欲獲得的知識，菲爾德曾從一個看門的人那裡得到許多有價值的知識。這個看門的人認識所有重要的顧客，他們有多少小孩，他們的年齡等等。他也認識各店的總經理，對於店鋪各方面的知識面非常之廣。當菲爾德在溫泉區休養的時候，就堅持送信給這看門的人要他來住幾天，然後一直問他問題 —— 希望把他所有的知識都擠出來。

　　許多人不願意問別人，不喜歡承認別人比他們懂得多，這是一種極愚昧的自傲心理作祟。假如你請教他人時是抱著一種早已知道的態度，那你最好不問。不論你所請教的人如何卑微，你的發問態度必須誠懇，要有一種真正想知道的態度。想從別人身上得到知識的唯一祕訣，便在於你能使別人感覺到你確實承認和敬佩他們高深的知識。這種誠意的敬重便能打開別人如泉湧般的心門，而你也能得到收益。

　　要端正關於問問題時應持的態度，就要不斷地承認你自己在某些方面無知，承認世上有許多事情都有待你去學習。譬如，即使你承認一個傭人所知道的有關家務方面的常識比你知道得多，或許你也可以從她那學什麼。反之，即使你自以為比旁人知道得多，即使你和他們交談是要證明他們比你愚蠢，那你已在朝成功的路途上走錯了方向。

　　一位博士提出了一些問題，看你是否能在碰到的機會裡盡量利用你的好奇心，看看自己對這些問題能否給出肯定的答案。

　　「你是否盡量用好奇心證明你是一個很活躍的人呢？」

　　「你是否充分利用了你的好奇心想要知道你事業的一切以及與事業有關的事？」

「關於科學、經濟、藝術、道德或歷史等書能激起你的好奇心嗎？這類讀物是否都引起你好奇的行動呢？假如不是如此，那麼你的心智便容易變得空虛無物。」

戒絕吸菸的惡習

我們已經看慣了抽菸的人，習慣了香菸的味道，雖然我們都知道吸菸有害於身體健康，但大多數人對此往往不予重視。

在這個問題上，奧里森‧馬登並不想與成年人討論到底該不該抽菸的問題，在奧里森‧馬登看來，成年人有權決定自己的愛好，可以為自己的身體健康負責，對於吸菸的人來說，他們都知道吸菸有害身體健康，但是他們總能找到這樣或那樣的理由讓自己繼續保持這種惡習。

奧里森‧馬登最想做的是提醒那些還沒有成年或者還沒有菸癮的年輕人，不要去接近香菸，不要去猜測香菸的味道。事實證明，絕大多數人如果青年時代沒有吸過菸，那麼其一生都很難養成吸菸的惡習。

第一次吸菸的年輕人應該捫心自問 —— 我能夠冒得起這麼大的風險嗎？我難道要步那麼多人的後塵，讓香菸毀掉我的健康、力量和智慧，現在和將來所有的幸福嗎？

這是奧里森‧馬登對年輕人的勸誡，他認為對於這個問題，年輕人應該堅決地說：「不，在我的身心變得更加成熟前，我絕對不會嘗試吸菸。」另外，奧里森‧馬登還認為，吸菸所造成的另外一種可怕的結果就是它對人們精神和智力上的損害。在他看來，宇宙中人類是最偉大，而人類的偉大就在於他有智慧。而對於一個吸菸者來說，他就是在親手破壞自己的智慧。

對於正在長身體的青少年來說，香菸的第一危害就是會傷害他們的身體，會毀了他們的健康。菸草中含有的尼古丁，是一種有毒物質，它能使人

體的中樞神經產生興奮和快感，吸一兩支菸有令人清醒的效果，在這種「魅力」的誘惑下，有人錯誤地認為吸菸能提神，還可解除疲勞。

其實，菸吸多了，就會有鎮靜、麻醉作用，使人的肉體和精神都產生一種需求，這就是不可思議的「菸癮」。

直接吸菸有害，間接吸菸也無益，會對呼吸道、心血管系統、消化系統等器官有不同程度的危害。

德國一位腫瘤防治專家根據研究得出一個驚人的結論，即被動吸菸比直接吸菸的危害更大，吸菸時產生的 40 多種有害物質特別是高濃度的亞硝胺擴散到周圍空氣中，被動吸菸的人比直接吸菸的人吸入的更多，相當於每小時吸 30 支菸。

一位醫學專家曾做過這樣一個實驗：他每天對狗噴菸，過了一段時間，發現狗竟得了肺癌。在吸菸所誘發的癌症中，肺癌居第一位。其次是舌癌、唇癌、食道癌、喉癌等。

把吸菸稱為「現代的鼠疫」，如今不會被認為是危言聳聽了。菸草可以說是一種慢性自殺劑。它的化學成分十分複雜，僅有毒物質就含 20 多種。而香菸點燃後產生的菸霧中，據分析竟有多達 750 種以上的刺激和毒害細胞的物質，而且濃度之大很是驚人。例如，在抽菸的房間裡，空氣中的一氧化碳的含量要比一般房間高出幾十倍。吸菸的人大口大口地直接吸入肺中，肺中的一氧化碳大大高於平常人。這就降低了血液運送氧氣的能力，影響人體的新陳代謝，降低了氧氣對大腦的供應。這是抽菸人出現頭痛、頭暈的重要原因。

菸草中含有菸鹼（尼古丁），對人的血液循環系統危害很大。它使血管發生痙攣，血壓升高，膽固醇易於沉積在血管壁上，使人的血液流通產生阻塞，形成冠狀動脈硬化相關的心臟疾病。

　　香菸中含有劇毒物質菸焦油，會使肺上的皮細胞損傷和變形，皮細胞粘液分泌增多，減弱纖毛運動，降低人體的排痰能力。菸焦油內所含的苯比蓖麻毒蛋白和亞硝胺具有強烈的致癌作用，可直接使吸菸者發生癌病變。

　　香菸中的菸霧微粒對人的呼吸系統危害明顯。這種微粒對人的呼吸道的長期刺激，使氣管和支氣管發生炎症，慢慢會形成支氣管炎。嚴重者還可能進一步發展成肺氣腫和肺源性心臟病。

　　吸菸雖然有時能給予人暫時的快感和興奮，但過後所產生的麻痺和傷害，卻是更為持久的。

　　事實證明，吸菸對青少年的健康危害更大。由於青少年正處於生長發育的過程中，各種生理器官都還沒有發育成熟，對外界各種有害物質的抵抗能力較弱，易受傷害。據統計，肺癌發病率與開始吸菸的年齡有直接關係。如，20 ～ 26 歲開始吸菸者，肺癌發病率為不吸菸者的 10 倍，15 ～ 19 歲開始吸菸者為不吸菸者的 15 倍。小於 15 歲吸菸者為不吸菸者的 17 倍。童年時期就有吸菸習慣的成年人比不吸菸者死亡率高。如 15 歲以前開始吸菸者比 25 歲開始吸菸者死亡率高 55%，比不吸菸者高 1 倍多！

　　以上是從吸菸危害個人健康的角度說明不應吸菸的道理。再從經濟方面看，要吸菸就得手頭有錢，年輕人尤其是學生經濟尚不獨立，一旦吸菸成癮，勢必要想方設法找錢買菸。由吸菸開始而步入歧途的學生為數相當不少。

　　同時，還要看到，吸菸不僅危害個人，還會造成環境衛生的污染，人際關係的腐化，更有約 15% 的火災也是由於吸菸不慎而釀成的。可見，吸菸是有百害而無一利的，它不再是無關宏旨的個人小事了。隨著整個社會文明的未來發展，吸菸終將被摒棄於現代生活之外。對於這一點，我們應當有足夠的認識。你如果不相信，請看以下事實：

　　世界衛生組織曾在 1970 年、1971 年、1976 年的世界衛生大會中制訂戒菸策略，在 1986 年第 39 屆世界衛生大會上又通過了戒菸的 22 項決議。北歐的瑞典，1964 年在世界上首先成立了全國性吸菸與健康協會，進行大規模的衛生宣傳教育活動。1970 年就出現了令人欣慰的狀況：肺癌的發病率急劇下降。

　　反吸菸運動在美國已成為一種政治策略，有 17 個州，數百個地區規定在辦公室吸菸屬於違法行為。報紙招募廣告上往往特意標出：「只招收不吸菸者」，在職吸菸者則有被解雇或失去晉升機會之虞。自 1964 年以來，美國抽菸者的比例大幅度下降，進行調查時有 40％的成人抽菸，當時美國醫生普遍提出了抽菸與癌症、心臟病及其他健康問題的關係，並對此提出警告。到 1986 年底，經全國疾病控制中心對 1.3 萬多美國成人進行調查，發現成人抽菸已下降為 26.5％了。由公共衛生署直接領導的戒菸運動一浪高過一浪。

　　日本等國家採取了錄製戒菸錄音、打戒菸電話等措施。

　　義大利最近頒布了世界第一部「嚴禁吸菸法」。

　　……

第十一章
專心做好一件事

　　成功人士的人生就像一個槍手射擊靶標。如果沒有靶標，無異於浪費彈藥。不管幹什麼，都必須命中靶心。因此，人的一生當中，必須做有用的事情，否則將一事無成。

做事要保持專注之心

專注 —— 成功的神奇之鑰。在把這把鑰匙交給你之前，先讓奧里森‧馬登告訴你它有哪些用處：

它將會打開通往財富之門。

它將會打開通往榮譽之門。

它將會打開通往成功之門。

在很多情況下，它還將會打開通往教育之門，讓你進入所有潛在能力的儲藏之所。

於是，在這把神奇之鑰的幫助下，我們就會一一打開通往世界所有各種偉大發明的祕密寶庫之門了。

每一個獲得巨大成功的人，如卡內基、洛克斐勒、摩根等人都是在使用了這把鑰匙，擁有了一種神奇的力量之後，變成大富翁的。

除了這些，它還會打開監獄之門，把人類的渣滓變成有用的、有責任感的人。

是的，就是這麼神奇，就是這麼有效，只要你擁有了這把「神奇之鑰」 —— 專注或者叫做專心。

現在，我們來看應該如何學會專注：

一、切勿分散力量

《成功》雜誌慶祝創刊 100 周年時，編輯們曾經摘錄了一些早期雜誌中的優秀文章。在這些優秀文章中，令人印象最深的是一位採訪記者寫的一篇摘錄文章。

以下是他和愛迪生訪談的部分內容：

記者：「成功的第一要素是什麼？」

愛迪生：「每個人整天都在做事。假如你早上 7 點起床，晚上 11 點睡覺，你做事就做了整整 16 個小時。其中大多數人肯定一直在做一些事。不同的是，他們做很多很多事，而我卻只做一件事。假如你們將這些時間運用在一件事情、一個方向上，那就更有可能取得成功。」

二、把握現在

包括我們在內的大多數人不是略微超前，就是略微落後，但又有誰能準確無誤地把握現在呢？假如他們正在與人交談，他們可能同時回想自己剛才說的話、別人說過的話、甚至一些無關的事情。

我們不妨去從表演藝術中學習寶貴的經驗。在表演藝術中，最好的演員最能融人現在。他們即使把臺詞背得滾瓜爛熟，也會對接下來的臺詞有著全新的感覺。我們缺乏的就是這一點。

我們也必須融入現在。融入現在需要集中注意力，必須做到兩個方面：一是目標，要注意正在發生的事；二是密集度，由於集中所有的力量在一件事情上，也就產生了密集度。

奧里森‧馬登曾經問有名的動物訓練師岡瑟‧格貝爾-威廉斯（Gunther Gebel-Williams），對繼承他事業即將成為馴獸師的兒子有何建議時，他回答：「我告訴他要在場。」這位世界知名的馴獸師進一步解釋：「當他在馬戲場上與獅子、老虎、豹在一起時，他絕對不能心不在焉，他的心一定要在馬戲場上，否則就有性命危險。」當然，不光在馬戲場上，心不在焉對任何事情都有可能造成災難。

三、激發「沉浸」狀態的潛能

所謂「沉浸」狀態，是發生在精神高度集中之時，由於心智狀態過於專注而忽略其他無關的事物的存在，完全投入於活動本身的心智狀態。

專精於研究「心流」概念的專家奇克森特‧米哈伊曾經利用類似競賽的

挑戰狀態，成功地激發出「沉浸」狀態。透過試驗證明滿溢狀態最有可能發生在個人處於與任務的難度約略相當的情況下。一般而言有兩個方面：如果任務很難，人會感覺焦躁不安；如果任務太簡單，人反而覺得更無聊。

由於處在「沉浸」狀態下的人會喪失對時間的感覺，而且在「沉浸」狀態下，人會完成通常所無法完成的高難度工作，所以「沉浸」狀態行為被列入時間管理技巧。在《像藝術家一樣思考》（Drawing on the Right Side of the Brain）一書中，貝蒂・愛德華描述了可以造成「沉浸」狀態或類似的經驗技巧，她的方法是根據左腦的機制：語言、分析、符號、理智、數字、邏輯與線型；而右腦的機制則由非語言、組合、非理智、直覺與道德的觀念而來。愛德華對這種經驗有著精妙的描述：「那是一種從未有過的經驗。當我工作得很順利的時候，我感到自己的工作就如同畫家與手中的作品合二為一，我興奮極了，但極力克制著。那種感覺並不完全是快樂，倒更像是幸福。」

四、狂熱與沉迷

這種技巧像其他技巧一樣未必適合於每個人，有的人很有成就但對沉迷並不那麼感興趣。無論怎麼說，沉迷於事業、工作的人，可以做比平常人更多的事情，並且通常很有效率。

作家以撒・艾西莫夫（Isaac Asimov）為了不影響自己的寫作，竟放棄了度假。他認為，最難做的事情是，有人打斷他寫作時，而他還得強顏歡笑。亨利・福特（Henry Ford）也有同感。「我有得是時間，因為我從來不離開工作崗位；我不認為人可以離開工作，他應該朝思暮想，連做夢也是工作。」這些話讓我們聽來，覺得有點不可思議。

有人會認為這些人不該把精力和時間浪費在這些事物上，但他們並不這麼認為。因為在他們眼中，那是樂趣而不是犧牲。我們沒有必要為這些沉迷

的人感到難過，雖然其中原因很多，有些是來自無知、天真或沮喪，甚至有的是來自罪惡感。無論怎麼說，我們應為他們那種沉迷的態度而嘆服，我們也該沉迷於自己所做的事，豐富我們所接觸的每一件事。

做事要分清輕重緩急

奧里森・馬登成功學的一個核心觀點就是「專心做好一件事」，在陳述這個觀點時，奧里森・馬登指出，要想一步一步地把事情做的有節奏、有條理，就必須注意做事的章法，不能全部一把抓，分不清輕重，否則，會導致很糟糕的結果。

有些人，在處理日常生活時，總是想著一下子做完，看到那件急那件，不知道事情的輕重緩急，以為每件事都很重要，每件事都要做好，結果不但時間被忙碌打發掉，事情也會一件都做不好。

善於做事的人是根據事情的緊迫感，而不是事情的優先程度來安排先後順序的。

把一天的時間安排好，這對於一個想好好做成事的人是很關鍵的。

在緊急但不重要的事情和重要但不緊急的事情之間，你首先去處理哪一個？面對這個問題你或許會很為難。

在現實生活中，有些做事沒有章法的人就是這樣，這正如法國哲學家布萊茲・帕斯卡（Blaise Pascal）所說：「把什麼放在第一位，是人們最難懂得的。」對這些人來說，這句話不幸地戳中痛點，他們完全不知道怎樣把人生的任務和責任按重要性排列。他們以為工作本身就是成績，但這其實是大錯特錯。

奧里森・馬登舉了一個這樣的例子，我們在學校學習的過程中，最缺的是什麼？可能有許多人都有同感，我們最缺的就是金錢。在這個時期，我

們可以認為，對於我們的一生而言，學習對我們是重要的，但卻不是最緊急的，而金錢對我們是緊急的（我們會舉出許多理由，如我們已經長大了，不想要父母的經濟援助等等），但卻不是最重要的。在這個十字路口，我們選擇什麼？

對這個問題，不同的人有不同的選擇。有的早早就選擇棄學從商，有的依然選擇在校學習，而更可悲的人還有，無論他是棄學經商還是在校學習，他都不知道他在做什麼。

實際上，懂得如何取得成功的人都是明白輕重緩急的道理的，他們在處理一年或一個月、一天的事情之前，總是按分清主次的辦法來安排自己的時間。

把重要事情擺在第一位

商業及電腦鉅子亨利‧羅斯‧佩羅（Henry Ross Perot）說：「凡是優秀的、值得稱道的東西，每時每刻都處在刀刃上，要不斷努力才能保持刀刃的鋒利。」佩羅認識到，人們確定了事情的重要性之後，不等於事情會自動辦得好。你或許要花大力氣才能把這些重要的事情做好。而始終要把它們擺在第一位，你肯定要花費很大的力氣。下面是有助於你做到這一點的三步計畫：

‧估價

首先，你要用上面所提到的目標、需求、回報和滿足感四原則對將要做的事情做一個估價。

‧去除

第二步是去除你不必要做的事，把要做但不一定要你做的事委託別人去做。

・估計

記下你為達到目標必須做的事，包括完成任務需要多少時間，誰可以
幫助你完成任務等資料。

精心確定主次

在確定每一年或每一天該做什麼之前，你必須對自己應該如何利用時間
有更全面的看法。要做到這一點，你要問自己四個問題：

・**我從哪裡來，要到哪裡去**

我們每一個人來到這個世界上，都有著屬於自己的命運。我們每個人
都肩負著一個沉重的責任，按照自己制訂的目標前進。可能再過 20
年，我們每個人都有可能成為公司的領導者、大企業家、大科學家。
所以，我們要解決的第一個問題就是，我們要明白自己將來要做什
麼？只有這樣，我們才能持之以恆地朝這個目標不斷努力，把一切和
自己無關的事情統統拋棄。

・**我需要做什麼**

要分清輕重緩急，還應弄清自己需要做什麼。總會有些任務是你非做
不可的。重要的是你必須分清某個任務是否一定要做，或是否一定要
由你去做。這兩種情況是不同的。非做不可，但並非一定要你親自做
的事情，你可以委派別人去做，自己只負責監督其完成。

・**什麼能給我最高回報**

人們應該把時間和精力集中在能給自己最高回報的事情上，也就是會
比別人做得更好的事情上。在這方面，讓我們用柏拉圖法則（80/20
法則）來引導自己：人們應該用 80％的時間做能帶來最高回報的事
情，用 20％的時間做其他事情，這樣使用時間是最具有戰略眼光的。

· 什麼能給我最大的滿足感

有些人認為能帶來最高回報的事情就一定能給自己最大的滿足感。但並非任何一種情況都是這樣。無論你地位如何，你總需要把部分時間用於能帶給你滿足感和快樂的事情上。這樣你會始終保持生活熱情，因為你的生活是有趣的。

根據輕重緩急開始行動

在確定了應該做哪幾件事之後，你必須按照它們的輕重緩急開始行動。大部分人是根據事情的緊迫感，而不是事情的優先程度來安排先後順序的。這些人的做法是被動的而不是主動的。懂得生活的人不能這樣，而是按照優先程度展開工作。以下是兩個建議：

1. 每天開始都有一張優先表

伯利恆鋼鐵公司總裁查爾斯·M·施瓦布 （Charles M. Schwab）曾會見效率專家艾維利。會見時，艾維利說自己的公司能幫助施瓦布把他的公司管理得更好。施瓦布承認他自己懂得如何管理，但事實上公司不盡如人意。可是他說自己需要的不是更多知識，而是更多行動。他說：「應該做什麼，我們自己是清楚的。如果你能告訴我們如何更好地執行計畫，我聽你的，在合理範圍之內價錢由你訂定。」

艾維利說可以在 10 分鐘內給施瓦布一樣東西，這東西能使他的公司的業績提高至少 50%。然後他遞給施瓦布一張空白紙，說：「在這張紙上寫下你明天要做的 6 件最重要的事。」過了一會又說：「現在用數字標明每件事情對於你和你的公司的重要性次序。」這花了大約 5 分鐘。艾維利接著說：「現在把這張紙放進口袋：明天早上第一件事是把紙條拿出來，做第一項。不要看其他的，只看第一項。著手辦第

一件事，直至完成為止。然後用同樣方法對待第二項、第三項……直到你下班為止。如果你只做完第一件事，那不要緊。你總是做著最重要的事情。」

艾維利又說：「每一天都要這樣做。你對這種方法的價值深信不疑之後，叫你公司的人也這麼做。這個試驗你要做多久就做多久，然後把支票寄給我，你認為值多少就給我多少。」

整個會見歷時不到半個鐘頭。幾個星期之後，施瓦布向艾維利寄去一張 2.5 萬美元的支票，還有一封信。信上說從錢的觀點看，那是他一生中最有價值的一課。後來有人說，5 年之後，這個當年不為人知的小鋼鐵廠一躍而成為世界上最大的獨立鋼鐵廠，而其中，艾維利提出的方法功不可沒。這個方法還為查爾斯‧M‧施瓦布賺得一億美元。

2. 把事情按先後順序寫下來，定個進度表。

把一天的時間安排好，這對於你成就大事是很關鍵的。這樣你可以每時每刻集中精力處理要做的事。但把一週、一個月、一年的時間安排好，也是同樣重要的。這樣做能夠給你一個整體方向，使你看到自己的宏圖，從而有助於你達到目的。

總之，無論做什麼事都要分清輕重緩急，做出最恰當的決定，最合理的安排，生命才有意義。

一定要把眼前事做好

　　任何大事業的成功，不僅需要解決長遠的問題，更重要的是解決眼前的問題。有時眼前問題的解決，可以收到意想不到的結果。

　　電話的發明者貝爾是每個理想有所成就的小孩心目中的偶像。但是貝爾最初並沒有選擇發明電話為目標。如果等他有了這種理想，再去發明電話，

那他的成功就不會如此地快。往往是一個偶然的機會，成就了一番事業。他之所以發明了電話，是他在追求另一個目標時的偶然所得。

他曾是一個學校的教師。在那裡工作幾年後，和他的一個學生結了婚，他積累了許多試驗的經驗，想發明一種用電的工具，使他的妻子能夠聽見聲音，在種種的實驗中，偶然的一次機會，便發明了電話。

這是一種偶然的事嗎？奧里森‧馬登給出的答案是否定的，他認為這是偶然中的必然，是因為貝爾做了大量徹底的研究，是因為貝爾沒有坐著空想成為一個大發明家，是因為貝爾不懈地追求眼前要解決的問題，解決不了，決不罷休。

有一種情況會造成人的自滿，而忘卻了自己眼前該做的事情，那就是 —— 如果一個人對自己的目標想得太遠大，而忘卻了自己的實際情況，就會產生錯覺，覺得自己和目標的距離咫尺之遙。

大學生有一種危險，那就是關心其他的問題，勝於關心眼前的問題，年輕人過於自信，把許多事務看得過於簡單，而認為不值得花費全部精力去完成，導致失敗屢見不鮮。

前進中的速度，一般的年輕人想像得特別重要。而忽略了最重要 —— 我現在付出的努力是否能幫助我達到最終的目地。許多大人物之所以從一種工作換到另一種工作，是因為他們走到了死路。大人物的眼光能看到一種情況發展的可能性，也能看到一種情況前途的閉塞。

如果不是卡內基的高瞻遠矚，恐怕他一生都脫離不了鐵路。因為他想實現一個籌建已久的計畫，於是很乾脆地拒絕了升他為賓夕法尼亞鐵路管理局副局長的機會。他設想中的大發展，是賓夕法尼亞鐵路局所不能給予的。

世界上有許多門，但並不是每扇門都能打開，也不是每扇門都不能打開。要試著打開一些門，成功的道路可能就在這些門當中。不要畏懼門的數量。

克里夫蘭著名的銀行家克拉斯（Klaas Henderikus Willem Knot），有一個掌控一家大銀行的理想。在實現的過程中也走過很多彎路，做過各式各樣的工作，積累了很多經驗最後才達到他的目標，實現了理想。他曾經做過交易所的員工，收銀員，折扣計算員，出納員等。他在這種種的職位上總是留心注意著與他理想相關的銀行知識。意志不堅定的人，經過這種磨難，可能會心灰意冷。但他卻利用這經驗，實現了自己的理想，達到了目的。

他說：「一個人目的的到達可以有幾種不同的途徑。時常地變換工作時，首先要明白做的是什麼事，為何要做這件事。如果我換工作只是為了賺錢，我便沒有現在。我之所以換工作是因為我對那方面想得到的經驗，已經學完而沒有可以再學的了。」

一個目標應當作為一種指南，指導你是否要換工作，換何種工作，應當把精力用在何處，以及如何應付枝節問題。目標不是一個固定點，而是前進中的一個指南。

生命不息，進取不止，這才是偉人的一貫作風。如果你達到了一個目標，以為自己到了輝煌的頂點，激流勇退，那麼你就不可能成為一個偉大的人。因為沒有了努力，光輝的火焰便會漸漸熄滅。直到老死還念念不忘你的所謂的輝煌。這便失去了人生的意義，這也是對生命的一種浪費，實在是錯誤至極。

人類的欲望，始於對現實的不滿。

不滿足始於較好東西的誘惑，這種誘惑可以催促你向著好的方面發展。

怨天尤人，把人生的不幸遭遇歸咎於別人或自然環境，由此而發洩內心的不滿或怨氣，這是非常錯誤的做法；讓不滿激發你的鬥志與精神，採取一種豁達的廣闊的人生觀，這樣才會更快地獲得成功。

做事要學會選擇和放棄

　　我們在做事時，總會遇到各種各樣的緊急時刻，這時候就需要權衡利弊，果斷放棄某些利益，選擇做適合自己的事情，以求得長遠發展。

　　關於這一點，奧里森・馬登曾做過一個形象化的比喻：一個不能做適合自己的事的人，就像是離開水的魚，他的鰭變得毫無意義，只會成為障礙，他只能在不屬於自己的環境裡苦苦掙扎。然而一旦魚鰭接觸到了水，魚鰭就有了存在的意義。

　　為了強化這個論點，奧里森・馬登還用了一則寓言故事來做進一步的說明。

　　據說，王在迦尸國治理國家時，菩薩是他的政法顧問。

　　有一次，邊境發生了一場動亂，當地駐軍連忙派人向國王報信，懇求增派部隊前往支援。

　　然而，國王這時卻自顧自地來到御花園休憩，並準備在花園裡紮營。

　　在等候營帳的時間裡，國王看見侍者正將蒸熟的豌豆倒入木槽裡餵馬。與此同時，御花園裡的猴子開始騷動起來。

　　忽然，有一隻猴子飛快地從樹上跳下來，從木槽裡撈了一把豌豆，接著立即把豆子全塞進嘴裡，隨即牠又抓了一把，這才滿意地回到樹上，愉快地吃著手中的豆子。

　　但是，因為吃得太急了，有一顆豆子從牠的手中掉了下來，只見這隻猴子居然不假思索地扔掉手上所有的豌豆，跳下樹，著急地尋找剛剛落下的那顆豌豆。

　　結果，不僅那顆豆子沒有找到，連手上原本的豆子也找不回來了。

　　國王看到這隻猴子可笑的舉動，禁不住問菩薩：「您對這隻猴子的舉動有什麼看法？」

菩薩回答說，「國王啊！只有無知的蠢材才會因小失大啊！」

國王聽見菩薩意有所指地這麼說，這才想起剛剛使者來自邊境的緊急報告，連忙返回波羅奈城去。

在邊境騷亂的強盜們聽說國王親征，決心把強盜趕盡殺絕後，連忙逃跑了！

奧里森・馬登提醒我們，先別嘲笑猴子愚蠢，也別嘲笑國王搞不清楚狀況。仔細想想，我們是否也曾經像小猴子一樣捨本逐末，忽略手中所掌握的機會，去追逐早已錯過的機會？是否也像國王一樣不知輕重，只顧著享樂而漠視眼前的災厄？有人這樣說：品味人生，最大的快樂莫過於做出正確選擇，最大的痛苦也莫過於做出錯誤選擇，所以，每個人都應該學會選擇。

要做到兩全其美往往是很難的事情，要選擇的先決條件就是要抓住重點，學會放棄。其實人最犯難的並不是選擇，而是不知怎樣選擇才好，解決這個問題只有一招——「放棄」。

羅大佑的《童年》、《戀曲 1990》等經典歌曲影響和感動了一代人。羅大佑起初是學醫的，後來他發覺自己對音樂情有獨鍾，所以他棄醫從樂，事實證明，他的選擇是對的。

「空中飛人」喬丹成名前曾嘗試轉行到一家二流職業棒球隊打棒球，結果，在取得了很一般的成績後悻悻而歸，最終他選擇了籃球，這個選擇讓他成為體育界最知名的人物。

伽利略是被送去學醫的。但當他被迫學習解剖學和生理學的時候，他學習著歐幾里得幾何學和阿基米德數學，偷偷地研究複雜的數學問題，當他從比薩教堂的鐘擺上發現鐘擺原理的時候，他才 18 歲。

放棄有時候是十分困難的，甚至是十分痛苦的。適時地放棄，不僅需要勇氣和膽識，更需要遠見和智慧。人生之樹，只有捨棄空想與浮華，才能摘

取豐碩甜美的果實。

比爾蓋茲中學畢業的時候，他父母親對他說：「哈佛大學是美國高等學府中歷史最悠久的大學之一，是一個充滿魅力的地方，是成功、權力、影響、偉大等等的象徵和集中體現。你必須讀一所大學，而哈佛是最好的。這對你的一生都會有好處。」

比爾蓋茲聽從了父母親的勸告，進了美國最著名的哈佛大學。他當時填的專業是法律專業，但他其實並不想繼承父業去當一名律師。

比爾蓋茲在哈佛既讀本科又讀研究生課程（這是哈佛學生的特權），但他的真正的興趣依然在電腦上。他曾經和朋友一起認真地討論過創辦自己的軟體公司。他認定「電腦很快就會像電視機一樣進入千家萬戶，而這些不計其數的電腦都會需要軟體」。

大學二年級的時候，比爾蓋茲終於向父母說了他一直想說的話：「我想退學。」

他的父母聽了非常吃驚，也非常傷心。但他們無法說服比爾蓋茲改變主意。於是，他們請了一位受人尊敬的商界領袖去說服他。

比爾蓋茲在與這位商業巨頭會面的過程中像個布道者一樣滔滔不絕地向對方講述自己的夢想、希望和正在著手做的一切。這位商業巨頭不知不覺地被感染了，彷彿又回到了自己當年白手起家的創業時代。他忘記了自己的使命，反而鼓勵比爾蓋茲：「你已經看到了一個新紀元的開始，而且正在開創這一個偉大的時刻。好好放手去做吧，年輕人。」

父母親無奈，只能同意了比爾蓋茲的要求。

從此，比爾蓋茲一心一意地投身於自己的電腦軟體領域中，他真的在夢想成真的成功之路上，開創了世界矚目的業績。

我們的人生之所以充滿那麼多困頓和挫折，往往是因為我們在關鍵時刻

做了錯誤的選擇。所以說，難以兩全其美的時候，不管放棄有多麼困難，有多麼痛苦，你都應勇敢地做出適當的放棄，否則，你就很有可能「賠了夫人又折兵」。然而，這種結局是完全能夠避免的，不是嗎？

做事要有永不放棄的精神

只有一種人是永遠失去了改變自己人生的機會的人，那就是 —— 死人，只要自己還活著，有什麼事情不能解決呢？

奧里森·馬登認為，堅定地朝目標前進，從不妥協，從不灰心，永不放棄，在人類社會當中，沒有哪種品格比這種品格更值得人們尊敬了。

下面是奧里森·馬登在其作品中提到的一個例子。

法國《ELLE 雜誌》總編輯尚 - 多米尼克·鮑比（Jean-Dominique Bauby）才華洋溢，個性非常豁達、開朗，因為他的生活哲學是：「生活，簡單、快樂就好！」

但是，如此放得開的人，卻不幸地遇上了可怕的病魔。

有一天早上，43 歲的鮑比突然因腦中風倒下，而他的人生，也在此時發生了重大的轉折。

死裡逃生的鮑比，經過幾個星期的搶救，終於度過了危險期。但是，病魔仍然奪走他身上的許多東西，他癱瘓了，不能言語也不能行動，甚至連呼吸也要依靠輔助。

不過，他卻仍然樂觀地告訴自己：「還好，我還能思考！」

他靠著還能靈巧活動的左眼與外界溝通。這隻深色的眼睛，時而瞇著，時而閉上，時而瞪大，他努力地用這幾個簡單動作，傳遞自己生命的活力與訊息。

鮑比利用這隻眼睛，努力地與醫生溝通。當醫生拿著字母反覆朗讀時，

會仔細觀察鮑比的左眼，只要他眨一次眼睛，便表示「是」，眨兩次便代表「不是」，然後醫生會記錄下鮑比所選擇的字母。

兩個人居然就在這個「眨眼」的動作中，完成了一本書，名叫《潛水鐘和蝴蝶》（Le Scaphandre et le Papillon）。

該書出版後更是引起一陣熱烈的討論，因為，每個人都被這個不可思議的寫作方式感動，並感到震撼。

當厄運降臨時，鮑比仍能靠著自己樂觀的意志力，爬出命運的深谷，並重新展翅在燦爛的陽光下，實踐他「快樂生活」的人生態度。那麼我們這樣四肢健全、頭腦發達的正常人呢？是不是應該有更多快樂生活的理由？

生活可以用很多方式表現，只要還能呼吸，我們就有很多事情可以繼續。即使是失去了一條腿的青蛙，也還能靠著水流，到達牠夢想的天地。我們又豈能因一點點的不幸而失去對生活的希望？

「飛雅特」是「義大利杜林汽車製造廠」的縮寫，飛雅特歷經 90 年艱辛坎坷的創業，從小到大，從國內到國際靠的就是堅韌不拔的精神。

1970 年代初期，西方世界爆發了能源危機，汽車工業首當其衝，受影響最大。創辦者阿涅利在嚴峻的現實面前，勇於開拓進取，千方百計降低生產成本，研製低油耗車，飛雅特最終以競爭性的價格贏得了勝利。

當阿涅利集團丟掉「病入膏肓」的愛快‧羅密歐汽車公司的包袱時，福特汽車公司準備全部購買，乘機侵入義大利市場。為了「拒狼於門外」，阿涅利適時地拋出一套全面拯救羅密歐的計畫，這一舉動一下子轟動了當時的歐美世界，卻也因此遭到許多嘲諷和譏笑，但阿涅利毫不顧及那些，下定決心，毫不動搖，在義大利政界及各派勢力的協助下，阿涅利戰勝了強敵，使「帝國」的版圖得以擴大。

阿涅利以堅韌不拔的創業精神使飛雅特成為歐美各界聞名遐邇的大

公司。

　　所以當你盡了最大努力還是沒有成功的時候也不要放棄，只要開始另一個計畫就行了。拿破崙‧希爾和他的朋友，他們合作開發一種產品，雖然產品成功地開發出來了，但是賣不出去，希爾幸運地退出了，而他的朋友卻損失了很多錢。但是他的朋友卻說：「我並不怕失去金錢，使我真的害怕的是失敗讓我變成一個怯懦的人，如果是那樣的話，我就永遠沒有成功的機會了。」

　　美國柯立芝總統曾說過一句富有哲理的話。「世上沒有一樣東西可以取代毅力，才能也辦不到。一事無成的天才非常普遍，學無所用的人比比皆是。只有毅力和決心使你百戰不殆。」

　　就像奧里森‧馬登說的：「如果你看到自己為之付出一生的事情遭到了破壞，那麼就請彎下身子，從頭再把它們建造起來吧！」

　　在一個人的體內，有一種任何失敗和挫折都無法將其擊垮的東西，一種能夠克服任何失敗和挫折所造成的磨難的東西。如果能意識到這一點，你就已經在自己偉大的生命中打開了新的資源寶庫，你就能利用一種新的從未被利用過的力量。當人們在前無去路、後有追兵的時候，當人們陷入絕望境地的時候，這種力量就會在人的身上表現出來。如果他們此時此刻仍然帶著一種永不屈服的堅定決心，拒絕承認失敗並屹立不倒的話，他們的經歷中就會留下一些值得自豪的東西。他們不會為過去感到羞愧，他們會對未來充滿自豪感，對重新開始生活充滿自信心，利用從過去的失誤中得到的智慧來創造一個嶄新的未來。

做事要準確並且迅速

　　奧里森‧馬登曾經對一位向自己請教做事之道的年輕人說：做事時，若

能準確而迅速地做出判斷並付諸行動，你成功的機會就要比那些猶豫不決，模棱兩可的人大得多。

現實生活中，有些人躊躇滿志，下定決心要做一番大事業，而且也以莫大的勇氣去做了，然而往往沒有取得成功，其原因就在於做事缺乏奧里森・馬登所說的準確性和迅速性。

一個能迅速而又準確地對事物做出判斷的人，比那些猶豫不決、模棱兩可的的發展機會人多得多。所以，請盡快拋棄那些不良習性吧！它只會浪費你的精力。

一個希望能取得成功的年輕人，一定要有堅強的意志。在工作之前，必須要確信自己的主意，即使遇到任何困難與阻力，發生任何錯誤，也不可輕易放棄。我們處理事情時，應該事先仔細地分析考慮，對事情本身及其環境做一個正確的判斷，然後再制訂決策；而一旦付諸實施，就要全力以赴地去做。

判斷力不準確和缺乏判斷力的人通常很難決定真正開始做一件事，即使決定開始做了，也往往很難收場。他們的大部分精力和時間，都消耗在猶豫和遲疑當中，這種人即便具備其他獲得成功的條件，也不會真正獲得成功。

舉凡成大事者都須當機立斷，把握時機。一旦對事情考察清楚，並制訂了周密計劃後，他們就不再猶豫、不再懷疑，而是能勇敢果斷地立刻去做。因此，他們做任何事情往往都能做到駕輕就熟，馬到成功。

造船廠裡有一種力量強大的機器，能把一些破爛的鋼鐵毫不費力地壓成堅固的鋼板。善於做大事的人就與這部機器一般，他們做事異常敏捷，只要他們決心去做，怎樣複雜困難的問題到了他們手裡都會迎刃而解。

如果一個人目標明確、胸有成竹，那麼他絕不會把自己的計畫拿來與人反覆商議，除非他遇到了在見識、能力等各方面都高於他的人。一個頭腦清

晰、判斷力強的人，一定會有自己堅定的主張，他們絕對不會糊裡糊塗，更不會投機取巧，他們也不會猶豫不前，不會一遇挫折便賭氣退出，只要做出決策、計畫好的事情，他們一定會勇往直前。

英國當代著名軍人基秦拿就是一個很好的例子。這位沉默寡言、態度嚴肅的軍人勇猛如獅、出師必勝，他一旦制訂好計畫，確定了作戰方案，就會集中心思運用他那驚人的才能，鎮定指揮，他不會再三心二意地去與人討論、向人諮詢。在著名的蘇丹戰役中，基秦拿率領他的駐軍出發時，除了他的參謀長外誰也不知道要開赴哪裡。他只下令，要預備一輛火車、一隊衛士及一批士兵。此外，基秦拿聲色不動、滴水不漏，更沒有拍電報通知沿線各地。那麼，他究竟要去哪裡呢？士兵們也不知道。戰爭開始後，有一天早上六點，他忽然神祕地出現在城內的一家旅館裡，他打開這家旅館的旅客名單，發現幾個本該在值夜班的軍官的名字。他走進那些違反軍紀的軍官的房間，一言不發地遞給他們一張紙條，上面簽署了自己的命令：「今天上午十點，專車赴前線；下午四點，乘船返回倫敦。」基秦拿不聽軍官們的解釋和辯白，更不聽他們的求饒，只用這樣一張小紙條，就對所有的軍官下了一個警告，產生了殺一儆百的作用。

基秦拿將軍有無比堅定的意志和異常鎮靜的態度，但他深知自己在戰鬥時所負有的重大使命。因此，他為人處世嚴謹而端正，公正無私，指揮部下時也從不偏袒，做任何事情不成功就絕不罷手。從這些地方，就可以看出基秦拿將軍的偉大魄力和遠大抱負。

這位馳騁沙場、百戰百勝的名將非常自信，做起事來專心致志，富有創意和魄力，也極富判斷力，行動果斷，為人機警，反應敏捷，每遇機會都能牢牢把握充分利用。他是嚮往獲得全面成功者的最好典範！

第十二章
在困境中如何磨礪心志

　　不要認為富家的子弟，得到了好的命運。大多數的紈絝子弟，做了財富的奴隸，他們不能抵抗任何誘惑，以至陷於墮落的境地。要知道，慣於享樂的孩子，不會是那些出身貧賤的孩子的對手。一些窮苦的孩子，早期往往是在困境中掙扎著成長，但成人之後卻往往能成就一番大事業，所以說，困境往往最能磨礪一個人的心志。

每個人都要面對挫折

任何成功的人在達到成功之前，沒有不遭遇過失敗的。愛迪生在歷經一萬多次失敗後才發明了燈泡，而沙克也是在試用了無數介質之後才培養出可以有效治療脊髓灰質炎的疫苗。

人生不如意事十之八九，一帆風順者少，曲折坎坷者多，成功是由無數次失敗構成的。在追求成功的過程中，還須正確面對失敗，樂觀和自我超越就成為能否戰勝自卑、走向自信的關鍵。正如奇異公司創始人所說：「通向成功的路，就是把你失敗的次數增加一倍。」但失敗對人畢竟是一種「負面刺激」，總會使人產生不愉快、沮喪、自卑的心理。

面對挫折和失敗，唯有樂觀積極的持久心，才是正確的選擇。奧里森·馬登認為在遭受挫折或失敗時，正確的做法有四點：其一，採用自我心理調適法，提高心理承受能力；其二，注意審視、完善策略；其三，用「局部成功」來激勵自己；其四，做到堅忍不拔，不因挫折而放棄追求。

要戰勝失敗所帶來的挫折感，就要善於挖掘、利用自身的「資源」。應該說當今社會已大大增加了這方面的發展機遇，只要勇於嘗試，勇於打拚，就一定會有所作為，雖然有時個體不能改變「環境」的「安排」，但誰也無法剝奪其作為「自我主人」的權利。屈原被放逐乃賦〈離騷〉，司馬遷受宮刑乃成《史記》，就是因為他們無論什麼時候都不氣餒、不自卑，都有堅忍不拔的意志。有了這一點，就會掙脫困境的束縛，迎來光明的前景。

若每次失敗之後都能有所「領悟」，把每一次失敗都當做成功的前奏，那麼就能化消極為積極，化自卑為自信。身為一個現代人，應當具有迎接失敗的心理準備。世界充滿了成功的機遇，也充滿了失敗的風險，所以要樹立持久心，以不斷提高應付挫折與干擾的能力調整自己，增強社會適應力，堅信失敗乃成功之母。

　　成功之路難免坎坷和曲折，有些人把痛苦和不幸當作退卻的藉口，也有人在痛苦和不幸面前復活和再生。只有勇敢地面對不幸和超越痛苦，永保青春的朝氣和活力，用理智去戰勝不幸，用堅持去戰勝失敗，我們才能真正成為自己命運的主宰，成為掌握自身命運的強者。

　　其實失敗就是強者和弱者的一塊試金石，強者可以愈挫愈勇，弱者則是一蹶不振。想成功，就必須面對失敗，必須在千萬次失敗面前站起來，用持久心戰勝一切。

　　人生中的不幸，成功道路上的失敗，每個人都會遇到的，也往往會為我們帶來極大的痛苦，只有設法盡快擺脫痛苦，才能堅定不移地向既定的目標前進。

　　事實上，害怕失敗是因為人本身的性格與心理需求決定的。正如同很多人害怕貧困、害怕生病、害怕遭到批評，而同時又極為渴望富有、健康、受人歡迎一樣，在追求成功的道路上害怕失敗，這些恐懼實際上是相伴而生的。所以，害怕失敗的人實際上對一切有可能打破現有平衡、一切有負面影響的事都存有恐懼。生活中能有幾件事是有利無害的呢？如果逃避成了對待生活的一種普遍態度，這將使我們創造力退化、熱情降低、缺乏活力，最終就會因生活乏味而憂慮。

　　奧里森‧馬登說過：「我們的力量來自我們的軟弱，直到我們被戳、被刺，甚至被傷害到疼痛的程度時，才會喚醒包藏著神祕力量的憤怒。偉大的人物總是願意被當成小人物看待，當坐在占有優勢的椅子中時，他會昏昏睡去，當他被搖醒、被折磨、被擊敗時，便有機會可以學習一些東西了；此時他必須運用自己的智慧，發揮他的剛毅精神，他會了解事實真相，從他的無知中學習經驗，治療好他的自負精神病。最後，他會調整自己並且學到真正的技巧。」

然而，挫折並不保證你會得到完全綻開的利益花朵，它只提供利益的種子，你必須找出這顆種子，並且以明確的目標給它養份並栽培它，否則它不可能開花結果。上帝正冷眼旁觀那些企圖不勞而獲的人。

你應該把挫折當作是使你發現你思想的特質，以及你的思想和你的明確目標之間關係的測試機會。如果你真的能夠了解這句話，它就能調整你對逆境的反應，並且能使你繼續為目標努力，挫折絕對不等於失敗 —— 除非你自己這麼認為。

你應該感謝你所犯的錯誤，因為如果你沒有和它作戰的經驗，就不可能真正了解它。

人生可失意不可失志

奧里森・馬登認為，困境是一個人成就大事業所必須經歷的，但是，如果一個人的目標明確，有著堅不可摧的遠大志向，你便會發現，這個人雖然有時候會遭遇困境，會陷入低迷，但是他遲早能振作起來，繼續朝著自己的目標邁進。

奧里森・馬登將追求成功的人分為兩類，一類是真正的強者，他們具有強大心理承受能力，並且能在逆境中煥發出巨大的能量，因此，即使面對失敗有一時的失意，他們仍然能屢敗屢戰，一直堅持到最後一刻，最終成為真正的勝利者；而另一類是虛假的強者，他們就好像是巨大的充氣玩偶一樣，看似高大強壯，但卻在一陣風的吹動下，就搖搖擺擺，一旦遇到了真正的挫折就會像洩了氣的皮球一樣迅速萎縮成一團爛泥。前者即使失敗也不失志，而後者卻既失敗又失志，這是追求目標過程中來兩類人的不同反應。

在奧里森・馬登看來，一帆風順大多只是人們的一種美好願望，真正一帆風順的人生幾乎是沒有的，如果有，那也只是因為他沒有經過什麼大的風

浪，平平淡淡過完了自己的一生。一個人如果希望自己的人生不至於太過平凡和平淡，那麼挫折和失敗是最好的推力。

大部分人在一生中都不會一帆風順，難免會遭受種種挫折和不幸。但是成功者和失敗者非常重要的一個差別就是，失敗者總是把挫折當成失敗，從而使每次挫折都能夠深深打擊他勝利的勇氣；成功者則是永不言敗，在一次又一次挫折面前，他或許會一時失意，但總是會及時對自己說：「我不是失敗了，而是還沒有成功。」一個暫時失利的人，如果繼續努力，打算贏回來，那麼他今天的失利，就不是真正失敗。相反的，如果他失去了再戰鬥的勇氣，那就是真正的輸了！

有一句古老的諺語說得好：「從來就沒有所謂的失敗，除非你不再嘗試。」如果在挫折面前不再嘗試，那麼就永遠不再有翻身的機會，相反的，只要不斷地嘗試，那麼成功就會在前面向你招手。

在美國好萊塢，曾經有一位窮困潦倒的年輕人，在他最困難、最失意的日子裡，即使他身上全部的錢加起來也不夠買一件像樣的西裝，但他仍全心全意地堅持著自己心中的志向，他想當演員，拍電影。

當時，好萊塢共有 500 家電影公司，他逐一數過，並且不止一遍。後來，他又根據自己認真訂定的路線與排列好的名單順序，帶著自己寫好的量身訂做的劇本前去拜訪。但第一遍下來，所有的 500 家電影公司沒有一家願意聘用他。

面對百分之百的拒絕，這位年輕人沒有灰心，從最後一家被拒絕的電影公司出來之後，他又從第一家開始，繼續他的第二輪拜訪與自我推薦。

在第二輪的拜訪中，500 家電影公司依然拒絕了他。

第三輪的拜訪結果仍與第二輪相同。這位年輕人咬牙開始他的第四輪拜訪，當拜訪完第 349 家後，第 350 家電影公司的老闆破天荒地答應願意讓他

留下劇本先看一看。

幾天後，年輕人獲得通知，請他前去詳細商談。

就在這次商談中，這家公司決定投資開拍這部電影，並請這位年輕人擔任自己所寫劇本中的男主角。

這部電影名叫《洛基》。

這位年輕人的名字就叫席維斯·史特龍。現在翻開電影史，這部叫《洛基》的電影與這個日後紅遍全世界的巨星都榜上有名。

在經歷 1849 次拒絕後，第 1850 次的嘗試終於取得了成功，這是一種什麼樣的精神？這恐怕可以和當年愛迪生發明電燈泡的燈絲所失敗的次數相提並論了吧！

大哲學家尼采說過：「受苦的人，沒有悲觀的權利。」道理其實很簡單，如果你不想再受苦，那你就必須要克服困境，悲傷和哭泣只能加重傷痛而不能幫助你解決任何問題，所以在挫折和逆境面前不但不能悲觀，而且要比別人更積極。在冰天雪地中歷險的人都知道，凡是在途中說「我撐不下去了，讓我躺下來喘口氣」的同伴，很快就會死亡，因為當他不再走、不再動時，他的體溫就會迅速地降低，接著死亡便會降臨。

同樣，在人生的旅途中，如果失去了跌倒以後再爬起來繼續朝著目標邁進的勇氣，那麼得到的只能是徹徹底底的失敗。

其實，經歷的挫折越多，我們就越接近成功。當年愛迪生在發明電燈時，實驗了很多種用來做燈絲的材料都沒有成功。有人好心的安慰愛迪生說：「失敗了那麼多次，算了吧。」愛迪生說：「不是你說的那樣，我已經成功地證明了哪些材料不行，我很快就會找到合適的材料了。」每一次的挫折和失意，都可以看作是一個辯證的過程。這樣不行，那樣不行，在排除了眾多錯誤之後，剩下的不就是正確的道路了嗎？但問題是，在這個時候，已經

有太多的人選擇了放棄。

　　練健身的人都知道，只是將槓鈴舉起來是沒有用的，練習者必須在舉起槓鈴之後，以比舉起時慢兩倍的速度，將槓鈴放回舉起前的位置，這種訓練稱為「阻抗訓練」，這時所需要的力量的控制力比舉起槓鈴時還要多。

　　失敗就是你的阻抗訓練，當你遭遇挫折時，應當主動將自己拉回原點，並將注意力集中到拉回原點的過程上。利用此方法，可使自己再次出發後，能有長足的進步。

　　你應該從以上陳述中認識到：每當你失敗一次，離成功就近了一步，在成功與失敗的互換推動與轉化中，你的人生將日益成熟與完美，你所追求的目標也就一定會實現。

頑強讓我們跨越逆境

　　頑強是一種勇於挑戰自己的性格力量。只有勇於頑強地挑戰自我，才能使自己的能力達到真正的提升與飛越。所以我們應該時時刻刻以自己為對手，戰勝自己，直面自己。就像許多成功者那樣，我們要時時有一種危機意識。這樣，透過不斷完善自己，才能使自己強大起來，永遠立於不敗之地。

　　頑強是成就事業的精神支柱。翻閱歷史名人的成功史不難看出：凡是有偉大成就的傑出人物，都是從大風大浪中頑強的撐了過來。不論是面對激烈的戰火，還是洶湧的波濤；不論是忍受無情的打擊，還是潛移默化的腐蝕；不論是招架別人的謾罵指責，還是來自四面八方的流言蜚語，都需要我們具有頑強的精神，而日常生活中需要頑強來面對的事情也隨處可見，常常遇到。如果具備了頑強，那麼，一種大器的、豁達的、開明的、偉人般的性格就會在無形之中形成。

　　那麼，我們應該怎樣學會頑強、挑戰自我呢？讓我們先看看奧里森‧馬

登的朋友自述的一段經歷吧：

若干年前，我實現了人生理想：房地產事業蒸蒸日上，有舒適的住宅，兩輛跑車，還有一艘帆船，婚姻美滿。應有盡有。

突然，股票市場崩潰，一夜之間人們似乎對購置房產毫無興趣。在賺不到一分錢的情況下，我還要負擔沉重的利息，幾個月就耗盡了儲蓄。以為情況壞到不能再壞的時候，太太還要跟我鬧離婚……

那段日子真是度日如年，為了遠離這些煩惱，我決定揚帆遠行，沿海岸從康乃狄克州南下佛羅里達州。可是到達紐澤西州海岸之後，我竟然轉向正東航行，直奔大海。幾小時後，我靠著欄杆，心想：「讓海水吞了我該多好。」

突然間，船被大浪托高再疾墜。我失去平衡，幸好抓住欄杆，但兩隻腳卻已浸在了冰冷的海水裡。我勉強爬回船上，嚇壞了，心想：「是怎麼回事？我可不想死。」從那時起，我知道必須振作精神，戰勝自己，才能渡過難關。舊的生活已去，必須重建嶄新的生活才行。

如果你再問：頑強是什麼？這就是頑強！這位朋友在絕望之中突然意識到生命的可貴，這就是一種頑強！每一個想成就人生的人要頑強地從挫折中慢慢走出來。不要陷入挫折的泥潭而不能自拔，挫折是可以戰勝的。前提就是我們具有勇於挑戰自我的性格，只有具備了這種性格，我們才能最終戰勝挫折，經歷「失敗 ── 成功 ── 再失敗 ── 再成功」的盤旋上升的成功之路。

碰到挫折，我們既不要畏懼，也不要迴避，而要勇敢向自我挑戰，直面挫折並擁有為了打垮它而英勇打拚的氣魄。無論任何事情，只有勇敢地嘗試，多多少少都會有所收穫。那些有成就的人都認為如果恐懼失敗而放棄挑戰自我的機會，那麼就永遠也不會進步。沒有勇敢嘗試就無從得知事物的深刻內涵，而嘗試過以後，則由於對實際的痛苦有過親身經歷，就會使得這種

種的體驗為將來的發展做鋪墊和準備。

頑強是一個人最珍貴的心理特質，是應對厄運、克服困難、謀求生存、成就事業的最關鍵因素，是克服困難改變命運的銳利武器，是人的精神支柱。要真正做到從險中得安、愁中見喜、苦中取樂、驚中見奇，達到如此境界，就需要頑強的品格和樂觀的精神。

作戰勝利的桂冠，是由頑強打造的；運動場上光燦燦的金牌，是用頑強的汗水鍛鑄的；航海家如果沒有頑強，就會沉船；科技工作者如果沒有頑強，經歷一次又一次失敗的打擊，就沒有衛星飛向天際，科技的發展，人們可能還處在茹毛飲血的年代。

不妨把困難和挫折當成人生的一道風景，人生如遊覽名川大山，在看到美麗的同時，自然也面對高山路險，崎嶇坎坷，試想，平坦的道路上會有奇異的景色嗎？人生如同蕩舟出海，在遊覽宏大與浩翰的同時，自然會遇到驚濤駭浪，狂風巨潮，試想，在平靜如鏡的小池塘裡能見到多大的波浪壯闊？

人生如同展翅長空，在俯瞰世界的同時，自然也會遇到風雨雷電，也會有著無窮的驚險。試想，如果為求平穩，安於現狀，腳不離地，有辦法把一切盡收眼底嗎？

在人生漫長的路上，我們都有可能遇到坎坷和挫折，遇到疾病和災難。不管生活賦予我們的是什麼，我們只有勇敢面對，勇敢承受，在困難和挫折面前，在面臨疾病和災難的時候，我們不能怨天尤人，我們只有樂觀地去面對它，找出最佳解決辦法，即使不能解決，也不能自暴自棄，也要讓生活每一天都充滿陽光。

讓我們記住奧里森‧馬登的這句話：頑強是一種品格，是任何人展開雙臂迎接成功之前必須先具備的心理特質！

貧窮是最大的財富

　　奧里森・馬登透過對數量眾多的美國成功人物的研究發現，他們中的大部分成最初都是窮苦的孩子。由此，奧里森・馬登得出一個結論：偉大人物無一不是經由苦難而造就的。

　　有人問一位著名的藝術家，一位跟他學畫的青年將來是否能成為一位著名畫家。那藝術家回答道：「不，不可能！他每年有著 6,000 英鎊的收入呢！」這位藝術家知道，人的能力是從艱難困苦中磨練出來的，而在富裕的境況下很難產生有所作為的青年。

　　奧里森・馬登曾經說：「不要認為富家的子弟得到了好的命運。大多數的紈絝子弟，做了財富的奴隸，他們不能抵制任何誘惑，以至陷於墮落的境地。要知道，慣於享樂的孩子，不會是那些出身貧賤的孩子的對手。一些窮苦的孩子，甚至窮苦得連讀書的機會都沒有的孩子，成人之後卻成就了大事業。一些普通學校一畢業就投入企業界的苦孩子，開始做著非常平凡的工作。但這些苦孩子，或許就是無名的英雄，將來能擁有很豐富的資產，獲得無上的榮譽。」

　　為脫離艱難的境地而努力掙扎，是擺脫貧窮的唯一方法，而這件事最能造就人才。如果人類社會的成員一生下來口裡就有一把金湯匙，就不需要因為生存的壓迫而去工作，那麼恐怕人類文明直到現在還會處於十分幼稚的階段。

　　在美國，有許多來自外國的移民，他們並不精通英文，也沒受過高深的教育，既沒朋友相助，也沒有優裕的生活，可是他們竟在美國獲得了顯要的地位，擁有巨額的資產。這些成就，足以使家境富裕、知識豐富而最終默默無聞的美國青年自慚形穢！

　　偉大人物無不是經由苦難而造就的。一個人如果好逸惡勞、貪圖享受，

就無法戰勝困難，也絕對不會有什麼發展。俗話說得好：「生前沒有經歷困難的人，他的生命是不完整的。」

如果一個年輕人從出生到長大，一貫地依賴他人，從不想為自己的麵包而奮鬥。這種青年，將會白白地葬送掉他的一生，實在可惜！森林裡的橡樹之所以高大挺拔，是因為它和狂風暴雨戰鬥的結果。

貧窮就好像我們健身房裡的運動器械，可以鍛鍊人，使人體格強健，所以，貧窮是我們努力奮鬥最有利的出發點。奧里森‧馬登說：「一個年輕人最大的財富莫過於出生於貧賤之家。」貧窮本是困厄人生的東西，但經過奮鬥而脫離貧窮，便是無上的快樂。

兩度出任美國總統的史蒂芬‧格羅弗‧克里夫蘭（Stephen Grover Cleveland）起初不過是個窮苦的店員，拿著每年 50 美元的薪水。他後來說：「的確，極度窮困所激發的雄心來得更為切實且有力。」

如果一個青年人的境遇不逼迫他工作，反而讓他感到生活上的滿足，那麼他就不會再努力奮鬥。工作上的努力，一方面固然是滿足自己生活的需要，一方面卻是在發展自己的人格，造福人類社會。當然，有的人往往只為自己而奮鬥，他的努力也僅僅求得滿足自己的渴望。

一個生活富裕的人說：「一早就起床工作，有何意義呢？我擁有大量財富，足夠享用一生。」於是，他翻過身來，再睡一覺。而唯有那些無所憑藉、無所依賴的孩子，一早就起床，勤勤懇懇地工作。因為他知道，除了自己的努力外，再也沒有第二條出路可走。他沒有人可以依靠，沒有掌權者的垂青，只有靠自己，為了自己的前途而努力。

但狡點的大自然就是透過這種方法，來實現了促進人類發展的目的。大自然偏愛那些努力奮鬥的孩子，賦予他們高尚的品格、富足的資產和優越的地位。

　　自然賦予人絕好的機會，使每個人在經驗的大學裡，受多年的訓練，以完成他的工作。至於經由努力得來的資產，所享有的榮譽，不過只是意外的收穫。大自然跟在人的後面，以巨大的代價，來回報那些奮發有為的青年。

　　世間的很多貧窮都是一種病態，是千百年來不良思想、不良生活、不良環境的結果。我們知道，貧困的境遇是一種反常的狀態，是不會受任何人歡迎的。許多事例證明：世界上一切事業，只要人們勇敢地堅持去做，總會獲得成功，貧窮的環境總是可以打破的。

　　如果普天之下的貧窮人，能夠從黑暗和沮喪的環境中回過頭來，去朝著光明和愉快的方向努力，並且立志要脫離貧困，那麼即使在最短的時間裡，也能使貧困消失。但有很多人想脫離貧窮，卻不肯去努力。

　　就事實而論，世間的大部分貧困都是由懶惰造成的，都是由奢侈、浪費、不願努力、不肯奮鬥造成的。而且懶惰往往與浪費攜手同行，懶惰的人常常也浪費，浪費的人一般都懶惰。

　　但人類有著幾種堅強的品格，是和貧困勢不兩立的，那就是自信和勇敢。有許多人雖處貧困，雖遭患難和不幸，但他們有著自信和勇敢的秉性，最終能夠制服貧困這個惡魔。如果一個人缺乏勇敢和自信的卓越品格，而只是過著一種懶惰、畏縮的生活，那麼他就永遠也不能戰勝貧困、奮發有為。

　　如果一個人立意堅定，要永遠地擺脫貧困，要從服裝、面容、態度等生活的各個方面拭去貧困的痕跡，要表現自己卓越的品格，要一往無前地去爭取「富裕」與「成功」，那麼世界上應該沒有一件事能夠動搖他的決心。這樣，自然會增強他的自信，使他發揮出潛在的力量，最終擺脫貧困，獲得驚人的成就。

　　如果一個人安於貧困，視貧困為常態，不想努力掙脫貧困的狀態，那麼身體中所潛伏的力量就會失去效能，他的一生將永遠不能脫離貧困的境地。

　　還有一些人，缺乏脫離貧困的自信，並把貧困視為他們自己的命運，那麼他們實在是沒有希望，除非他們能恢復已失去的自信，並擺脫甘受命運擺布的思想。

　　奧里森·馬登認識一個年輕人，在美國一所著名大學畢業。他說，如果他父親一星期不給他 5 美元，他就要挨餓。

　　真是一個沮喪的青年，他不相信他能做什麼；他也嘗試過很多事情，屢遭失敗。他對自己的才能也沒有信心，他總是不相信自己所做的事業會成功，因此今天做這個，明天就做那個，終究一事無成。

　　奧里森·馬登認為，貧窮本身並不可怕，可怕的是貧窮的思想，以及認為自己注定貧窮、必會老死於貧窮的錯誤觀念。一旦處於貧窮的境地，就認為自己注定貧窮，這確實是絕大的謬誤。

　　如果你覺得目前自己前途無望，覺得周圍一切都很黑暗慘淡，那麼你就應當立即轉過身回過頭，走向另一面，朝著希望和期待的陽光前進，並將黑暗的陰影盡數拋棄。

　　要迅速地斬除一切貧困的思想、懷疑的思想，忘卻腦海中一時黯淡、憂鬱的印象，而代之以光明的、有希望的和快樂的印象。

　　在偉大的世界裡，造物主為每個人都預備了美滿的結局，我們應該下定決心，集中精力，去努力爭取。爭取這美滿的人生結局是天賦的權利，有成千上萬的人因為能運用這種權利，能夠努力向前，最終脫離了貧困的境地。

千萬不要安於現狀

　　奧里森·馬登說過這樣一段話：想要過上美好幸福的生活嗎？那就養成一個不安於現狀、憧憬美好生活的習慣吧！這樣，你就不會流露出一副愁眉苦臉的神情，就好像世界上美好的事情都與你無緣一樣。讓想像張開翅膀飛

翔吧！擺脫思想的限制，對美好前景充滿期待吧！透過這種途徑，你才能拓寬自己的視野，放飛心情，拓展自己的空間。如果掌握了對生活、對自己美好未來憧憬的方法，你就為自己充分地做好了迎接美好未來的準備。對生活的不滿足將成就人們的事業，從早期時代的科伊科伊人（Khoekhoe）到後來的林肯和威廉·格萊斯頓，他們就是最好的例證。

的確，一個人如果安於現狀，滿足於既得的成就或者逆來順受，他就不可能成就一番事業，不可能取得偉大的成就。

奧里森·馬登早年還沒有成名的時候，在某工廠工作時認識了兩個同事。兩個人的工作都很簡單，就是守在車床旁，當零件轉到身邊時，就把車床上的一個手柄向左邊扳一下。第一位同事非常好學，業餘時間都花在進修上了。他曾經對奧里森·馬登說：「我必須不斷地學習，我現在擁有的技能僅僅是『向左邊扳一下手柄』，將來如果廠裡有什麼變故，我可能連飯都吃不飽。」他先是自修統計學，然後自修會計學，到後來，甚至還拿到了註冊會計師的證書。第二位同事卻有另一番看法：「工廠裡有兩千多工人，怕什麼，難道這麼大的工廠還會垮掉，還會讓我們受餓？」他的業餘時間，都花在了娛樂上，朋友倒是結識了一大批，但能力還是局限於熟練地「向左邊扳一下手柄」，向右邊扳就顯得很笨拙。很多年之後，奧里森·馬登非常巧合地先後碰上了他們兩個。第一位同事已經是一家會計事務所的合夥人，開著自己買的名牌轎車。而第二位同事，則由於經濟蕭條、工廠倒閉導致失業，四處漂泊，碰到奧里森·馬登時，他在一個建築工地裡賣苦力，晒得像黑炭一樣黑。

不安於現狀者，擁有了更好的現狀；安於現狀者，現狀越來越糟糕。這不是命運造成的，是自己造成的。透過這次經歷，奧里森·馬登收穫良多，他認為，一個對自己充滿期待的人就應該不斷地嘗試著拓寬自己相對窄小的

生活圈子，延展自己有限的知識，把目光投向更高更遠的地方，走得比周圍的人更遠一些，就像第一位同事那樣，他不安於現狀，高瞻遠矚，期望著得到那些為他準備的最好的東西，最終果然取得了成功。

再來看一則寓意深長的寓言故事：

深山裡有兩塊石頭，第一塊石頭對第二塊石頭說：

「我們一起去經歷一下艱險坎坷和世事的磕磕碰碰吧，如果能夠有一段冒險，也不枉來此世一遭。」

「不，何苦呢？」第二塊石頭嗤之以鼻，「安坐高處一覽眾山小，周圍花團錦簇，誰會那麼愚蠢地在享樂和磨難之間選擇後者，再說那路途的艱險磨難會讓我粉身碎骨的！」

於是，第一塊石頭隨山溪翻滾而下，歷盡了風雨和大自然的磨礪，它依然義無反顧執著地在自己的路途上奔波。第二塊石頭譏諷地笑了，它在高山上享受著安逸和幸福，享受著周圍花草簇擁的暢意抒懷，享受著盤古開天闢地時留下的那些美好的景觀。

許多年以後，飽經風霜、歷盡塵世之艱難險阻的第一塊石頭已經成了世間的珍品、石藝的奇葩，被千萬人讚美稱頌，享盡了人間的富貴榮華。第二塊石頭知道後，有些後悔當初為什麼不和第一塊石頭一起下山，現在它想投入到世間風塵的洗禮中，然後得到像第一塊石頭那樣擁有的成功和高貴，可是一想到要經歷那麼多的坎坷和磨難，甚至滿目瘡痍、傷痕累累，還有粉身碎骨的危險，便又退縮了。

一天，人們為了更好地珍存那石藝的奇葩，準備為它修建一座精美別致、氣勢雄偉的博物館，建造材料全部用石頭。於是，他們來到高山上，把第二塊石頭粉了身碎了骨，為第一塊石頭蓋起了房子。

兩塊石頭不同的命運，正是折射出了人生不同的結局和歸宿。第一塊石

頭就像那些不甘於平庸的、勇敢的成功者，他們有著強烈的成功意願，不安於現狀，為了實現自我的人生價值，憑藉著持久的激情，撐過千難萬苦、千山萬水，最終到達成功的彼岸。

　　成功之路充滿艱辛，如果缺乏強烈的意願，缺乏不安於現狀的野心，那就無法踏上征途，也就無法堅持到最後。所以，對於可望成功的人來說，一定要有一顆不安於現狀的心！

　　當然，不安於現狀，的確要付出許許多多的汗水，甚至要承受痛苦，但是，取得一個又一個新的成績後，那又是無比快樂的。不安於現狀，體會到的人生樂趣，絕對是安於現狀者無法體會到的。正如當你攀上又一座高峰時，回頭看看你經歷的，你會覺得那根本算不了什麼，站在峰頂，「一覽眾山小」的快意境界，更是他人無法分享的。

學會藐視一切的困難

　　奧里森・馬登認為，這個世界不屬於優柔寡斷、膽小怕事的人。在他看來，一個人想要取得成功就必須克服前進道路上的重重障礙，藐視一切困難，排除萬難，最終實現自己的目標。然而，奧里森・馬登也指出，並不是所有的人都能夠意識到如何正確面對前進道路上的障礙。在選擇了某條前進的道路之後，他們想像著前面有數不清的障礙，就像綿綿不絕的山峰一樣擋在面前。無論做什麼事情，一旦制訂好了計畫之後，他們就開始找尋困難，等待它們的到來。當然，困難是不會讓他們失望的。這些人似乎戴著一幅「障礙眼鏡」，他們看到的是，除了困難之外什麼也沒有。他們總是說，「如果」、「可是」或者「不可能」之類的字眼。事實上，這些字眼已經足夠讓他們望而卻步，或者足以使他們洩氣了。

　　「困難的大小，往往不在於困難本身，而在於人。如果你是強大的，困

難就顯得很渺小；如果你很渺小，困難看起來就很強大。」這是奧里森‧馬登的一段經典言論。

那些傾向於誇大困難的人往往缺少獲得成功必要的毅力和勇氣。面對困難，他們不想做出犧牲。想到讀書的辛苦，想到要開創事業的艱辛，他們退卻了。他們總是奢望有人能夠站出來，拉他們一把，推著他們向前走。

有一個高中生告訴奧里森‧馬登說，他非常渴望接受更高等的教育，非常想讀大學。然而，與其他的孩子不同的是，沒有人能夠幫助他。他說，如果他有一個富有的父親送他到大學讀書，他肯定是一個有出息的人。從他的話語中，奧里森‧馬登肯定，他並不是想要接受教育，而是想要不費吹灰之力就擁有一個大學生的學識。他並不像林肯那樣渴望讀書，渴望學習。如果一個人說他不能到大學讀書，那麼，他不僅不能到大學讀書，而且還會丟失了生活當中許多值得追求的東西。

那些意志堅定、不屈不撓、下定決心、不達目的誓不罷休的人也可能看到、遇到困難。不過，他們不怕困難，因為他們認為與他們堅強的決心、堅定的信心相比，這些困難是微不足道的。他們感到，在他們的內心深處有一股超於常人的力量：他們深信，自己大無畏的勇氣和毅力會將這些困難消滅乾淨的。對於他們堅定的意志來說，這些困難是不存在的。對於拿破崙來說，阿爾卑斯山是不存在的，這並不是因為阿爾卑斯山不夠險峻，而是因為他比它更偉大。對於拿破崙的將軍們來說，阿爾卑斯山是無路可通的。但是，對於他們堅強的領袖來說，越過終年積雪的阿爾卑斯山，就是一望無際的平原。

美國女性主義者、作家和編輯夏綠蒂‧柏金斯‧吉爾曼（Charlotte Perkins Gilman）在〈障礙〉這首詩中描述了一個遊客的經歷。這名遊客背負著沉重的行囊，不斷地沿著山坡向上爬。突然，一個巨大的障礙擋住了

他的去路。他變得驚惶失措起來。在開始的時候，他非常有禮貌地請求障礙走開，不要擋住他的去路。然而，障礙卻一動也不動。他變得生氣起來，並且開始對著障礙破口大罵。然而，障礙仍然是一動也不動。然後，他跪了下來，請求障礙讓開。可是，障礙還是一動也不動。最終，正當這名遊客無望地坐下來想要放棄的時候，他突然變得精神振奮起來，還是讓他自己來說說他是如何處理這個問題的：

「我摘下了帽子，拿起了棍子，

並且把行李安置好，

我帶著心不在焉的神情，

朝著那個可怕的惡魔走去 ——

我徑直地、堂而皇之地穿過它，

就好像它不存在一樣！」

站在困難面前，我們要勇敢地面對它，就好像它不存在一樣大膽地走過去。這樣，它就會像冰雪遇到了太陽一樣融化、消失。

所以說，無論做什麼事情，你都要盡可能地藐視困難與不幸，充分利用可利用的資源，最大限度地發揮自己的潛能，盡可能地減少那些不利因素帶來的負面影響。在養成這樣的習慣之後，你就會發現，這個習慣不僅有利於你的工作，而且還會為你帶來無限的快樂與幸福。它會將不愉快的事情變成令人快樂的事情，將不利的因素變成有利的因素。並為生活帶來比金錢更有意義的東西。不久以後，你就會發現，你已經成為一個強者。

勤奮是擺脫困境的法寶

勤奮是通向成功的最短路徑，也是實現夢想的最好工具，無論是在富裕還是貧困的環境中，只要你肯勤奮做事，付出你的努力，你就一定會有收

穢，因為天道酬勤。

　　人所缺乏的不是才能而是志向，不是成功的能力，而是勤勞的意志。奧里森·馬登更是把勤奮看成是人們擺脫困境的基本條件。的確，一個人如果沒有一點勤奮的精神，不說擺脫困境，要想好好地活下去都不是一件容易的事情。

　　一個人無論做什麼事，有什麼樣的條件，在什麼樣的環境中，只要他能勤奮刻苦，專心致志、堅持不懈、腳踏實地做下去，人生必然成功。所以說，勤奮是做人做事的不敗籌碼，只要你肯下工夫，你就一定能成功。

　　美國最偉大的文學家之一傑克·倫敦在 19 歲以前，從來沒有進過中學。他在 40 歲時就死了，可是他卻為世人留下了 51 部巨著。

　　傑克·倫敦的童年生活充滿了貧困與艱難，他整天像發了瘋一樣跟著一群惡棍在舊金山海灣附近遊蕩。說起學校，他不屑一顧，並把大部分時間都花在偷盜等事情上。不過有一天，當他漫不經心地走進一家公共圖書館內開始讀起名著《魯賓遜漂流記》時，他看得如癡如醉，並受到了深深的感動。在看這本書時，饑腸轆轆的他，竟然捨不得中途停下來回家吃飯。第二天，他又跑到圖書館去看別的書。一個新的世界展現在他的面前 ── 一個如同《天方夜譚》中巴格達一樣奇異美妙的世界。從這以後，一種酷愛讀書的情結便不可抑制地支配了他。他一天中讀書的時間往往達到了 10 至 15 小時，從荷馬到莎士比亞，從赫伯特·史賓賽到馬克思等人的所有著作，他都如饑似渴地讀著。當他 19 歲時，他決定停止以前靠體力勞動吃飯的生涯，改成用智慧謀生。他厭倦了流浪的生活，他不願再挨警察無情的拳頭，他也不甘心讓鐵路的工頭用燈揍自己的腦袋。

　　於是，就在他 19 歲時，他回到中學讀書。他不分晝夜地用功，從來就沒有好好地睡過一覺。天道酬勤，他也因此有了顯著的進步，他只用了一年

的時間就把中學 4 年的課程念完了，通過考試後，他進入了加州大學柏克萊分校。

他渴望成為一名偉大的作家，在這一雄心的驅使下，他一遍又一遍地讀《金銀島》、《基督山恩仇記》、《雙城記》等書，隨後就拚命地寫作。他每天寫 5,000 字，這也就是說，他可以用 20 天的時間完成一部長篇小說。他有時會一口氣向編輯們寄出 30 篇小說，但全部都被退了回來。

後來，他寫了一篇名為《日本海岸外的颶風》的小說，這篇小說獲得了舊金山《呼聲報》所舉辦的徵文比賽頭獎。但是他只得到了 25 元的稿費。他貧困至極，甚至連房租都付不起了。

那是 1896 年 —— 令人興奮和激動不已的一年。人們在加拿大西北克朗代克河，發現了金礦。

跟隨著像蝗蟲一樣的淘金者人流，傑克‧倫敦踏上了克朗代克河之路。他在那停留了一年，拚命地挖金子。他忍受著一切難以想像的痛苦，而最後回到美國時，他的囊中卻仍然空空如也。

只要能糊口，任何工作他都肯做。他曾在飯店中刷洗過盤子；他擦洗過地板；他在碼頭、工廠裡賣過苦力。

後來，有一天 —— 他饑腸轆轆，身上只剩下兩塊錢了 —— 他決定放棄賣苦力的勞苦工作，獻身於文學事業。這是 1898 年的事。

5 年後的 1903 年，傑克‧倫敦有 6 部長篇以及 125 篇短篇小說問世。他一躍而成為了美國文藝界最為知名的人物。

的確，只要勤奮不懈，總有一天能得到自己想要得到的東西，傑克‧倫敦用自己的經歷證明了這一點。

其實，人往往在逆境中、在艱苦條件下，才更有發憤圖強的決心；而一貫養尊處優，則容易喪失進取的決心和打拚的鬥志。所以說，處於困境之中

的人啊，趕緊拿起你最強有力的武器 —— 勤奮，然後去做自己想做並且有益
的事情吧，在這之中，付出汗水和努力，那麼你一定會是一個成功並且幸福
的人。

習慣成功，與奧里森‧馬登對話：
認識自我、抓住機遇、追求卓越，成功學大師的優秀人才養成術

作　　　者：林庭峰，趙建

發 行 人：黃振庭

出 版 者：崧燁文化事業有限公司

發 行 者：崧燁文化事業有限公司

E-mail：sonbookservice@gmail.com

粉 絲 頁：https://www.facebook.com/
　　　　　sonbookss/

網　　　址：https://sonbook.net/

地　　　址：台北市中正區重慶南路一段六十一號八
　　　　　樓 815 室

Rm. 815, 8F., No.61, Sec. 1, Chongqing S. Rd.,
Zhongzheng Dist., Taipei City 100, Taiwan

電　　　話：(02)2370-3310

傳　　　真：(02) 2388-1990

印　　　刷：京峯彩色印刷有限公司（京峰數位）

律師顧問：廣華律師事務所 張珮琦律師

國家圖書館出版品預行編目資料

習慣成功 , 與奧里森 . 馬登對話 :
認識自我、抓住機遇、追求卓越 ,
成功學大師的優秀人才養成術 / 林
庭峰 , 趙建編著 . -- 第一版 . -- 臺
北市 : 崧燁文化事業有限公司 ,
2022.05
　面；　公分
POD 版
ISBN 978-626-332-321-6(平裝)
1.CST: 成功法
177.2　　111005221

電子書購買

‧臉書

定　　　價：399 元

發行日期：2022 年 05 月第一版

◎本書以 POD 印製